鈴木大拙の英訳にもとづく
現代日本語訳

親鸞
教行信証
SHINRAN'S *KYŌGYŌSHINSHŌ*

東本願寺出版

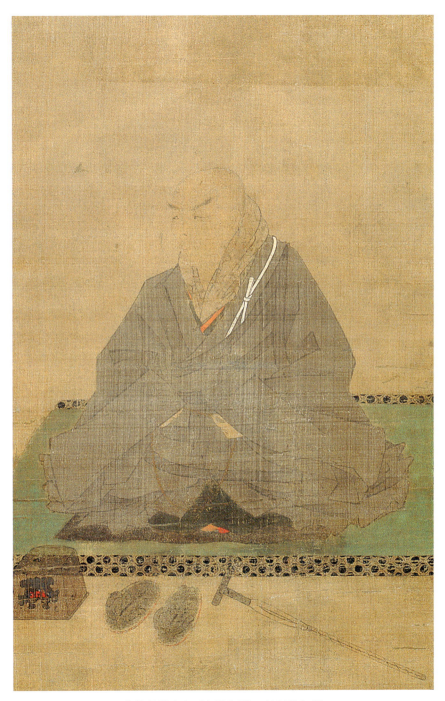

宗祖親鸞聖人（安城御影　東本願寺蔵）

鈴 木 大 拙 師

目　次

現代語訳にあたって ……………………………………………… ii

凡　例 …………………………………………………………… vi

本　文

　前　書 ……………………………………………………………… 1
　《〔ブッダの〕教説》……………………………………………… 5
　《〔本能的〕実践》………………………………………………… 13
　《〔心身を挙げての〕信頼》前書 ………………………………… 97
　《〔心身を挙げての〕信頼》第一部 ……………………………… 101
　《〔心身を挙げての〕信頼》第二部 ……………………………… 145
　《〔精神的〕実現》………………………………………………… 207

後　注 …………………………………………………………… 243

索　引 …………………………………………………………… 257

現代語訳にあたって

プロジェクト・チーム・リーダー
武田　浩　学（中村元東方研究所）

　この国に生まれたのなら、生きている内に、読んでおくべきだ。親鸞（1173-1262）の代表作『教行信証』は、現代日本人にそう訴えるだけの力を有していると信ずる。
　本書は、仏教独特の基礎的概念を習熟するのが目的なのではない。むしろ、そのような基礎を全く有しない人が、親鸞の思想を大まかに理解することができれば……という見果てぬ夢が込められている。

　少し具体的に説明しよう。
　言うまでもなく、『教行信証』は親鸞の主著であり、漢文で記された浄土真宗の根本聖典である。本書は、屈指の大学者、鈴木大拙によって50年ほど前に英訳され、2012年に再刊された『教行信証』、それを底本にして現代日本語に翻訳したものであって、親鸞のそれを直接に訳したものではない。要するに、漢文から英語へ、そして現代日本語へという、一見、迂遠な道程を経たものである。しかし、この遠回りしたかのような作業が、実は、われわれ現代人が、閉鎖的な教養にとらわれずに、難解であっても未来永劫に輝き続けるはずの古典、『教行信証』に直接に親しむためには必須である、と密かに考える。
　もとより、われわれは翻訳家ではなく、一介の仏教研究職人に過ぎない。それでも、あらん限りの努力を傾注したつもりである。われわれの能力が、学術教養はもとより人生経験においても、大拙には遥かに及ばない、ということは自明のことである。ましてや、対象が親鸞の代表作ともなれば、いかなる言語表現を駆使しようと敵うまい。したがって、

現代語訳にあたって

　われわれが現代的な日本語訳を試みるというのは、天空の雲を掴もうとするかの如き無謀な冒険なのだ。それゆえ、着手当初より今日まで、礼譲の自覚だけは肝に銘じた。

　　主たる方針は以下の三点である。
　　　１．大拙の個性を尊重する。
　　　２．英語の正確な理解に努める。
　　　３．現代日本語として朗読に堪えうること（すなわち、仏教独特の用語を用いず、漢文書き下しには戻さない）。
　この他は凡例に記した。

　また、誤解のないよう言っておきたいのだが、大拙一流の英文は、親鸞の施した訓点に基づく漢文書き下し、および、浄土真宗の伝統的な理解とも一致しない箇所がある。それらは、大拙の個性的な解釈、もしくは日本語と英語のそれぞれが創り出してきた文化の違いなのであろう。本書は、テキストの紹介を担うもので、解説書ではない、したがって、意味の不鮮明な箇所と特に注目すべき箇所などに脚注を施してある。いずれにしても、大拙の挿入句や、カンマ、セミコロン、ピリオドを尊重して、現代日本語化した。
　加えて、訳文の作成においては、英語を単純に日本語に置き換えるのではなく、英文の正確な理解と、大拙の個性を尊重するという前提に違わぬことに努めた上で、仏教特有の用語を離れ、現代日本語として朗読に耐えうる美しい響きを持たせようとした。それゆえ、受動態・二重否定・反語等でも、日本語の流れや勢いを優先させた箇所もある。『教行信証』は壮大な論文ではあるが、今回の作業で客観的な文章に特有の「……である」という調子が相応しくないという実感を持った。『教行信証』は親鸞の自釈と引用から成るが、引用であっても、決して第三者的なものではなく、彼が心から信頼している文献の文章を借りて、彼自身が述べているに等しい。そこで、主観的な表現を重用し、具体的なイ

メージに基づいた、あたかも親しい友が語り掛けるかのような、生き生きとした文章にすることを心がけた。就中、善導を筆頭にする、中国の唐代以降の仏教者数人の文章は風格に溢れており、対応する大拙の英訳も手強く感じたので、人物造形においても、勢い意訳せざるを得ない箇所が比較的あった、ということは述べておきたい。さらに、仏教および真宗の慣用的な言葉遣いも極力廃した。その手のものは既に多く出版されていて、新鮮味と普遍性とに欠けると判断したからである。そして、原典の著者すなわち親鸞、およびブッダをはじめとする登場人物への尊崇の念は内に秘め、聖典として尊重されているテキストにつきものの敬語の類いは、やむを得ず使用した数箇所を除き、殆ど用いていない。また、読者の便宜を図るために、必要最小限の〔　〕による補足を行った。これらはひとえに、『教行信証』を、現代日本人が一気に通読できるものにしたかったがためである。現代語ゆえ、どうしても重みに欠けるというきらいはあるが、その難点は原典に戻って回復していただければ幸いである。

　今回のプロジェクト・チームのメンバーは、本多弘之（親鸞仏教センター所長）、嵩海史（元親鸞仏教センター研究員）、常塚聴（元親鸞仏教センター研究員、2013年11月29日まで）、ステファン・グレイス（親鸞仏教センター嘱託研究員）、金石励成（親鸞仏教センター事務長）、大江覚成（親鸞仏教センター主事）、および筆者である。中でも、常塚の数年間にわたる基礎作業に最大の敬意を表したい、彼の訳案が無ければ短期間での完成は望めなかった。また、ネイティブ・スピーカーであり、大拙の禅思想を研究している、グレイスの存在も英文の正確な理解には欠かせなかった。そして、筆者の執拗な作業に伴走してくれた、嵩の人柄と忍耐にも感謝の念が尽きない。

　本書が成るまでの経緯を記すならば、常塚が数年に亘って用意した訳案をグレイスと点検し、それを筆者が、能う限り、徹頭徹尾、表現変更と誤読修正とを行い、嵩・大江と読み合わせ、さらにメンバー全員での仕上げを経たものである。しかしながら、今なお十全なものとは言えな

いと思う。本書の誤謬を正すような、より良い、新たな現代語訳が、そう遠くない時期に発刊されることを願っている。

　最後に、本書で親鸞の思想に少なからぬ関心が引き起こされた読者が存在してくれるならば、ぜひ、大拙の英訳もしくは親鸞の漢文に直に学んでいただきたいと思う。それらは読者の琴線に触れる古風で美しい言葉にあふれ、それを生み出した深遠な思索の痕跡が、その頂きのみを現して、埋もれているはずである。

（2014年11月28日）

凡　例

1. 底本は次の通り。

    THE KYŌGYŌSHINSHŌ

    THE COLLECTION

    OF PASSAGES EXPOUNDING

    THE TRUE TEACHING, LIVING, FAITH,

    AND REALIZING OF THE PURE LAND

    BY SHINRAN

    TRANSLATED BY

    DAISETZ TEITARŌ SUZUKI

    SUPERVISED BY

    SENGAKU MAYEDA

    EDITED BY

    THE CENTER FOR SHIN BUDDHIST STUDIES

    -The Shinshū Ōtani-ha Higashi Honganji-

    Oxford

    2012

    ＊本書では DTS（Daisetz Teitarō Suzuki）と略称する。

    ＊DTS は『教行信証』（正式な題号は『顕浄土真実教行証文類』）全六巻の中、大拙が重要視した前四巻の英訳であり、本書もそれに則っている。

2. 大拙の用いた英語表現およびその原型である漢文の仏教術語の一部には、仏教的教養を極力廃した現代日本語では端的に表現しえないものがある。そのような場合は、初出と特例に限って簡潔な修飾語を〔　〕に入れ、全体を《　》によって表記した。以下に数例を挙げる。

    教 teaching　→《〔ブッダの〕教説》

    行 living　→《〔本能的〕実践》

凡　例

　　文語としての live に「実践」の訳語があり、そこに本能的行為というニュアンスを加えた。「本能」は開発するものであろうし、それが相応しいと思う。

信 faith　→《〔心身を挙げての〕信頼》

　　親鸞が「帰の言は、至なり、また帰説〔よりたのむなり〕なり」としているため。「弥陀をたのむ」は真宗の慣習的用法であろう。そして、『歎異抄』の「弥陀の五劫思惟の願をよくよく案ずれば、ひとえに親鸞一人がためなりけり。されば、そくばくの業をもちける身にてありけるを、たすけんとおぼしめしたちける本願のかたじけなさよ」からも、信頼がふさわしいと判断した。ちなみに、大拙の考える信 faith と信仰との差異については『真宗入門』[a]に詳しい。

証 realizing　→《〔精神的〕実現》

　　大拙の好んだ和讃が「超世の《悲願》ききしより、われは生死の凡夫かは、有漏の穢身はかはらねど、心は浄土に遊ぶなり」[b]であったため。

本願 prayer　→《悲願》[c]

　　大拙はこの『教行信証』のために用意した序文で、「この親鸞の著作を翻訳するにあたり、キリスト教的色彩があるとはい

---

a 『真宗入門』50頁、昭和59年、春秋社。
b 『松ヶ岡文庫研究年報』26巻、「無量光」22頁、2012年。末尾の「あそぶなり」は別本では「すみあそぶ」となっていた（『浄土系思想論』「真宗管見」、69頁、法藏館、昭和53年）ようで、曽我量深も、この「すみあそぶ」になっている帖外和讃の一首を「みなさん一番よく覚えていなさる」と語っている（曽我量深選集12巻「真実の教え」389頁、弥生書房、昭和47年）。また、清澤満之も「すみあそぶ」の和讃を引用する（全集第４巻「他力門哲学骸骨試稿」468頁、法藏館、昭和57年）。この和讃は鈴木・曽我・清澤という近代を代表する思想家が揃って注目するものであったことに注目しておきたい。なお、「すみあそぶ」の底本文献としては、一応、了祥『異義集』巻５（続真宗体系19巻175頁、昭和52年）が挙げられるが、曽我の発言からは、当時の布教師のお得意のネタであったことが推測される。
c "Bodhi-Tree"、DTS p. 33で、マックス・ミュラーが使用している。梵語は pūrva praṇidhāna。これまで、大拙のオリジナリティであったかのように論じられてきた、「（本）願」に対する prayer という英訳語に、先例があったことを証している。

われるものの、筆者は"prayer"と訳する方が"vow"よりもふさわしいと考えるようになった。筆者の言う"prayer"とは、神に対して特定の恩恵を求めるということではなく、単に強烈で真摯である願い、決意、あるいは意志ということを表現しているに過ぎない」と述べている[a]。

本願とは、いわゆる法蔵菩薩神話を離れて言うならば、「あらゆる者を救済するために、止むに止まれず人格的な意志を持って働き出した〈真実の本質〉[b]・〈教えの本質〉[c]・〈それだ〉という真理性[d]・〈〔真実の〕教え〉[e]」のことであろう。しかしながら、今や、その脱神話的な理解は再神話化を要請されているように思える。

回向 ekō（名詞）→《〔すべての者を哀念するがゆえのアミダ自らの献身的な〕働きかけ》・《働き》

回向 turn-over（動詞）→《〔アミダが〕手ずから届ける》

上記の本願を実現するための唯一の手段であろう。ただ、いずれも簡潔かつ十分な現代語に翻訳することができなかったので、ウェブ上の語彙解説 glossary（6. 参照）から以下に引用しておく。

> 回向とは、梵語では「変化」を意味するが、仏教では「めぐらしさしむけること」として用いられる。通常、「自分の修した善因を仏となる（菩提を得る）ことにさしむける」などの自力の回向をいうが、親鸞は自己を罪悪深重と自覚し阿弥陀仏の本願を頼りとして自力を離れるという信に立つので、回向を「阿弥陀仏がその功徳を衆生にめぐら

---

a　DTS p.21.『松ヶ岡文庫研究年報』26号「英訳教行信証のための序文」155〜156頁、2012年。
b　法性 Dharma-nature
c　法性 Dharma-essence
d　法性・如 Suchness
e　法 Dharma

凡　例

　　　し施して救いのはたらきをさしむける」と了解し、他力すなわち本願力の回向として用いる。
3．大拙がローマナイズした英語表現は、大拙が、真宗のオリジナリティを尊重し、あえて説明しなかったもの、と受け止め、われわれの責任において、伝統的解釈と現代的ニュアンスとを勘案して、簡潔に日本語化した。以下に数例を挙げる。

　　　Nyorai 如来　→〈真実の世界から現れた方〉
　　　Śākyamuni 釈迦牟尼　→ブッダ

　なお、サンスクリット語のままのものについても同様にした。以下に数例を挙げる。

　　　Tathāgata 如来　→〈真理から現れた方〉
　　　bodhisattva 菩薩　→〈覚りを求める者〉

　ただし、偉大な菩薩をいうときは〈覚りを成し遂げる者〉とした。

4．本文中の諸括弧の中、（　）・［　］は、大拙が英訳中に使用したものである。〔　〕は「現代語訳にあたって」で述べたように、われわれの補足である。DTSの中で原典の未訳箇所に用いられた〈　〉と《　》は外し、今回用いた〈　〉は日常用語ではなく、元々は仏教術語であることを示し、《　》は（2．）で述べたように、特に注目すべき用語であることを示している。

5．本文中の余白に、底本（DTS）、大正新修大蔵経第83巻（大正）、東本願寺版『真宗聖典』（聖典）との対応ページを記してある。

6．本書は語彙解説がなくても読めることを目指したものだが、必要な方は親鸞仏教センターのホームページ内にある語彙解説 Glossary を参照していただきたい。日英対照の Online Glossary で、専門的で大部のものであるが、本書の「索引」にある見出し語のすべてを検索することができる。

【ダウンロードの手順】
①親鸞仏教センターのホームページを開く。
　URL：www.shinran-bc.higashihonganji.or.jp

②トップページ画面右側の緑色のバナー「SHINRAN'S KYOGYOSHINSHO Online Glossary」をクリックする。

　③英語の画面になるが、少し下へスクロールすると「Download (PDF1.97MB)」があるのでクリックする。

　④「Ctrl＋F」を押し、本書の「索引」にある見出し語を入力して検索する。（ブラウザ上でも検索可能だが、ダウンロードして保存することをお勧めします。）

　＊なお、③の「Download (PDF 1.97MB)」の上に「Go to Full Glossary」があるが、「Go to Full Glossary」では、使用するブラウザによって検索機能を使用できない場合がある。

7．本文中の文献名は、底本の表記を日本語化した。真宗の伝統的呼称や正式な題号は、語彙解説 glossary、または、対応ページから東本願寺版『真宗聖典』（聖典）や大正新修大蔵経第83巻（大正）に遡って確認いただきたい。

8．脚注（ａｂｃ順）は今回作成したもので、後注（１２３順）はDTSのそれを日本語訳した。ただし、後注422には、親鸞が坂東本に引用した『浄土論註』に関する、新たな見解を付してある。

　後注の略号は以下の通り。

　　　T．　大正新修大蔵経
　　　M．　新纂大日本続蔵経

9．本文中に親鸞が引用した経論の中で、現代の良識からは不適当と思われる若干の文言については、われわれの判断によって表現を改めた。

『〈清浄な国土〉の真実の
《〔ブッダの〕教説》・《〔本能的〕実践》・《〔精神的〕実現》
を解説する文集』への前書

『〈清浄な国土〉の真実の
《〔ブッダの〕教説》・《〔本能的〕実践》・《〔精神的〕実現》を
解説する文集』への前書

　わたくし〔親鸞〕は、畏れながら推し量ってみるのだが、すべての者を救済しようというアミダの《悲願》は、私の推察をはるかに超えている。アミダの《悲願》は、果てしない海原を渡ることのできる偉大な船なのだ。アミダの〈光明〉は遮ることができない。アミダの〈光明〉は無智の暗闇を照らし出す〈智恵〉の太陽なのだ。だからこそ、〈清浄な国土〉への機が熟するとき、デーヴァダッタはアジャータシャトル王を唆して父を殺めさせた。さらに、ブッダがこの世に現れてヴァイデーヒーの心を〈平和と幸福の国土〉に向けさせた。このことは、〈清浄な国土〉の《教説》を受け入れる用意の整った一人がそこに存在していた、ということを物語っていたのだ。[a]

　このように、姿を変えて現れた方々の心は憐れみ深く、命あるすべての者を惨めさと苦悩から救おうとし、〈世界で最も勇敢な方〉の慈しみは、最も重い罪を犯した者、〈正しい教えを非難する者〉、そしてさらに、〈教えを聞く心を涵養してこなかった者〉にまで及ぶ。

　それゆえに知ってほしい、「いっさいの制約を受けない、美徳そのものである〈慶ばしい名〉(1)が、悪を善に変えてしまう本当の智恵なのだ、また、人間の分別の及ばない、ダイヤモンドのように純粋な《信頼》が真実なのだ、そして、それによって私たちは根深い疑惑を断ち、《実現》を得ることができるのだ」と。

　よって、この《教説》こそが真実で、小さく無力な私たちにとって、

---

a　アジャータシャトルの母ヴァイデーヒーのこと。

前書

それを実践することは易しく、愚かで無智な私たちにとって、この道を行くのは最も近道だ。〈偉大な賢者〉がこの世界にいた間に述べた、まさに広大な海のような価値を持つ、この《教説》に優るものはない。

清らかさを求め、汚れを拭い去りたいと願う人々よ、正しい実践と正しい《信頼》とを求め、途方に暮れている人々よ、心が闇に覆われて察し得ない人々よ、悪と〔煩悩という〕障碍の重荷に悩まされている人々よ——ブッダが〈清浄な国土〉に向かうようにと勧めていることを謹んで受け止め、この真実にして最も優れた道を確かな依りどころとして、すべてを委ねて《実践》し、この《信頼》のみを心身を挙げて受け入れようではないか。

「すべてのものを遍く救おうというアミダの《悲願》の中に抱かれていることは、なんと幸せなことだろう!」と図らずも思い至るのは、何度も生まれ変わろうと、ごく希なことなのだ。そして、数えきれないほどのカルパを生き続けたとしても、真実の清らかな《信頼》を得ることもまた至難なのだ。もし過去のいくつもの生において最善の〈行為や経験の積み重ね〉〔カルマ〕に恵まれていなかったら、〈清浄な国土〉への《信頼》を抱くとともに、それを《実践》することができるだろうか?

もし疑いという覆いに隠されて、今この機会を逃してしまえば、再び数え切れないほどのカルパを待ち続けねばならない。「すべてのものを救いとって、一人として漏らさない!」という宣言に偽りは微塵もないのだ。〈正しい教え〉とはなんと不思議で、この世のものを超えていることか! だからこそ、躊躇うことなく、それを聴き、それを熟慮してもらいたい!

幸運なことに、わたくし《ブッダの弟子》親鸞は、どうにもならない愚か者だが、インドと中央アジアからもたらされた聖典、そして中国と

---

a 果てしなく長い年月
b old, simple-hearted は漢文に無く、大拙の挿入句、これは大拙当人の名乗り「大いに拙い者」に通じ、old は(愛着をもって)長年に亘ることを強調する形容詞だと理解した。

日本の教師たちの注釈にめぐり逢うことができた！　入手することがとても難しいそれらを、今、手にした！　聴く機会がほとんど無いこの主旨を、今、聞いた！

　私は、それを《実践》し《実現》したいと思い、畏れながらも、〈清浄な国土〉の真実の《教説》への《信頼》を表明したい、そして、特に、〔真理から現れた方々〕が与えてくれた比類なき恵みへの恩に報いたい。それゆえ、私は、聞き当てた慶びをここに心から表すとともに、手にしたすべてを深く胸に刻むのだ。

［以下はこの著作の内容である。］

　1．真実の《〔ブッダの〕教説》について
　2．真実の《〔本能的〕実践》について
　3．真実の《〔心身を挙げての〕信頼》について
　4．真実の《〔精神的〕実現》について
　5．真実の〈覚った方の国土〉について
　6．〈覚った方の変化した体の国土〉について

『〈清浄な国土〉の真実の《〔ブッダの〕教説》・《〔本能的〕実践》・《〔精神的〕実現》を解説する文集』への**前書**　［終］

〈清浄な国土〉の真実の
《〔ブッダの〕教説》を解説する文集

〈清浄な国土〉の真実の《〔ブッダの〕教説》を解説する文集

〔事実として〕愚かで、〔戒律を守る〕僧侶でも信者でもない[a]〔が、真の〕ブッダの弟子〔だと自負する〕親鸞が集めた

『永遠の生命の卓れた経典』
　真実の《教説》
　〈清浄な国土〉の真実の教理

　わたくし〔親鸞〕が、敬意をもって、〈清浄な国土〉の真実の教理を推察すると、そこには《〔すべての者を哀念するがゆえのアミダ自らの献身的な〕働きかけ》が二種類ある。すなわち、〈向かっていく《働き》〉と、〈戻ってくる《働き》〉だ。その〈向かっていく《働き》〉の中に、真実の《教説》、真実の《実践》、真実の《信頼》、そして真実の《実現》がある。
　真実の《教説》は『永遠の生命の卓れた経典』に説かれている。この経典の核心は、
　――〔一つには〕アミダの物語、すなわち、無力で無智な者すべてに深く愛情を注ぎ、最上の《悲願》を起こして〈教え〉の蔵を開き、そこに収められた選りすぐりの価値ある宝を、惜しみなくアミダは与える、ということ、
　――〔もう一つには〕ブッダの物語、すなわち、命あるすべての者を、

---

a 『校正入りラフ・ドラフト』（以下、ドラフトと略称）からは An ignoramus who is neither a monk nor a laymen が大拙の最終的な見解と読み取れる。

《〔ブッダの〕教説》

　輝ける真理の《教説》によって救うために、ブッダはこの世界に現れた、その《教説》ゆえに、〈真にして実なるものごと〉に恵まれる、ということだ。

　このようにして、この経典の主題は〈真実の世界から現れた方〉〔アミダ〕の根源的な《悲願》で、その本体は〈覚った方〉〔アミダ〕の〈名〉なのだ、ということが解る。

　ブッダのこの世界への出現［によって、アミダという〈真実の世界から現れた方〉と、彼の《悲願》を知ることができたが、そのこと］が偉大な出来事だと、私たちはどのようにして知るのだろうか？

　『永遠の生命の卓れた経典』には〔以下のように〕ある。

　　今、〈世界に尊敬される方〉のすべての感覚器官には喜びと安らぎが満ちています。あなたの表情は澄んで清らかです。あなたの顔は、鮮明に映し出すために磨かれた鏡のように、威厳に満ちて輝いています。今、あなたの堂々とした姿は、まぶしく、息をのむほどで、言葉にならないし、かつて目にしたあらゆるものも遥かに及ばない。本当にそうなのです、ああ、〈偉大なる賢者〉よ、私はこのように考えてみました、「今、〈世界に尊敬される方〉は、最も偉大な本質を持つ〈原理〉に遵って生きている。今、〈世界で最も勇敢な方〉は、すべての〈覚った方〉がいる〔心境〕に遵って生きている。今、〈世界の眼である方〉はあらゆる指導者の道を歩んでいる。今、〈世界で最も卓越した方〉は最上の真理〔の心境〕に遵って生きている。今、〈天上界で尊敬される方〉は〈真理から現れた方〉すべての美徳を備えている。過去・現在・未来のすべての〈覚

聖典153

DTS46

---

a 　大拙は、DTS 中に用いた大文字の Dharma を、次の二種の意味で用いているように思われる。1）仏教徒が真理・真実として受け止める、〈ブッダの教え〉に関わるもの。2）法身や一法句などというときの法は dharmatā（実相〔真実の本体〕）を指し、大拙によると、それは「すべての存在を完全円満に保たせる原理そのもの」を意味し、「一切万法をしてそれ自身の存在を保全せしめる原理の自体」である（「浄土観続稿」『浄土系思想論』182頁、法藏館、平成3年）。

った〈方〉は、思いを馳せ合って一つになっている。そこで、私の目の前にいる〈覚った方〉〔であるあなた〕も、すべての〈覚った方〉に、今まさに思いを馳せているのでしょうか？　だから、今、あなたの威厳に満ちた姿は、この上なく光り輝いているのですね？」と。

　そこで、〈世界に尊敬される方〉はアーナンダに尋ねた、「私にそう質問するのは〈神々〉の力添えによるものか？　あるいは君自身の知力によって、私のそのような姿について質問したのか？」と。

　アーナンダが答えた、「〈神々〉の力添えではありません。ああ、〈世界に尊敬される方〉よ、これは私自身の目で見たところからの質問です」と。

　ブッダは言った、「よろしい、おお、アーナンダよ。君がそう質問するのはとても喜ばしい。それは君の深い智恵から出るもので、その言い方は雄弁で誠実だ。君は命あるすべての者への愛情のために、この智恵に満ちた質問をしている。〈真理から現れた者〉が〈三種類の世界〉への無条件の慈しみによってこの世界に現れたのは、〈真にして実(リアル)なるものごと〉によって、命あるすべての者を救いとり、真実の《教説》によってこの世界を照らし出すためなのだ。このような機会には、数え切れないほどのカルパを経ても、ただ一回しか出会えないだろう。それはウドゥンバラの花が咲くことのように極めて希(まれ)なものなのだ。今の君の質問が数多くの恩恵をもたらすのは疑いようも無いほどで、地上の命あるすべての者の心と同様に、天上の〈神々〉の心をも解き放つだろう。おお、アーナンダよ、〈真理から現れた者〉の〈最上の覚り〉は、その中に無限の智恵があり、命あるすべての者が自(みずか)らの暗闇を出でて〈光明〉の中に到ることを促(うなが)す、と知るべきなのだ。その者の真理への洞察を妨げるものはなく、また、それを阻(はば)むものはないのだ」と。[3]

　同じ物語は、『〈永遠の生命という真実の世界から現れた方(かた)〉の集会』には〔以下のように〕ある。

《〔ブッダの〕教説》

アーナンダはブッダに言った、「ああ、〈世界に尊敬される方〉よ、私がそのように考えたのは、〈真理から現れた方〉の晴れやかな姿の輝きが並々ならぬのを自分の目で見たからです。〈神々〉の助言によるものではありません」と。

ブッダはアーナンダに言った、「実によろしい！ その質問はうれしいぞ。君は自らの観察力と巧みな智恵から質問しているのだ。〈無上の覚り〉と〈この上ない慈しみ〉とに遵って生きている〈真理から現れた者〉は皆、命ある者たちを漏らさず救いとろうと決意して、一人の偉大な人間となり、今、この世界に現れた——このことは、ウドゥンバラの花が咲くことのように希な出来事なのだ。そしてまた、君は、命あるすべての者への慈愛の心を抱き、その者たちを救いたいと望んでいる。こういったわけで、君はここで、〈真理から現れた者〉にこのような質問をしているのだ」と。

また、『万人のための〈覚り〉の経典』には〔以下のように〕ある。

ブッダはアーナンダに言った、「ウドゥンバラという植物があるが、果実は採れても、花が咲かない。今、〈覚った者〉がこの世界に現れ、まさに花は咲き誇ろうとしている。〈覚った者〉がこの世界にいる間であっても、〈覚った者〉に出会うことは希なのだ。私は〈覚った者〉としてこの世界に現れた。君は高い徳を有し、また知性と善意とに恵まれている。そして、君は既に私の智恵についてよく理解している。だから、君が今、私のそばにいて奉仕しているのは、利に適っているのだ。君が今、私に質問したことについて〔答えよう〕、よく耳を傾けなさい」と。

憬興は [『卓れた経典』に] 〔以下のように〕注釈している、「今、〈世界に尊敬される方〉は、最も偉大な本質を持つ〈原理〉に遵って生きている」——これは、〈覚った方〉がその超自然的な力によって現した姿である。〈覚った方〉は他の者と異なるだけで

なく、その永久不変であることに及ぶ者はだれ一人いない。

「今、〈世界で最も勇敢な方〉は、すべての〈覚った方〉と同じ〔心境〕に遵って生きている」——これは、〈覚った方〉は〈平等という心境〉に遵って生きているので、最も手強い悪霊であってもすべて打ち負かされるということである。

「今、〈世界の眼である方〉はあらゆる［精神的］指導者の道を歩んでいる」——これは、五種類の視覚［を持つ者］が指導者の道であると呼ばれるのは、それによって命あるすべての者を正しく導くからである。

「今、〈世界で最も卓越した方〉は最上の真理〔の心境〕に遵って生きている」——これは、〈覚った方〉は常に四種類の智恵に遵って生きていることにおいて、ただひとり秀でていて、並ぶものはいないということである。

「今、〈天上界で尊敬される方〉は〈真理から現れた方〉すべての美徳を備えている」——すなわち、〈覚った方〉は、すべての〈神々〉の中で第一に位置づけられる、なぜなら、〈覚っていること〉は〈真実の本体そのもの〉だからである。

「おお、アーナンダよ、〈真理から現れた者〉とは〈最上の覚り〉のことだと知るべきなのだ」——これはすなわち、最も偉大な本質を持つ〈原理〉である。

「〈真理から現れた者〉の真理への洞察をさまたげるものはない」——これは、それが比類なき〈道〉であるからである。

「それを阻むものはないのだ」——これはすなわち、〈真理から現れた方〉の美徳である。(7)

〔以上の引用を総括して、親鸞は言う。〕

ゆえに、〔上に掲げた〕すべての文章には、〔以下の〕事実の証拠が明らかに示されている、——『永遠の生命の〔卓れた〕経典』こそ、真実の《教説》、すなわち、ブッダがこの世界に現れた目的が明言された

《〔ブッダの〕教説》

もの、最も優れた特質を持つ偉大な経典、比類のない〈唯一無二の乗り物〉という究極の《教説》、十分に浸透して即効性のある輝かしい一言、十の方角にいるすべての〈覚った方〉が〈誠意〉をもって賛美する言葉、そして、時宜に適った真実の《教説》なのだ――、と。このように知るべきである。

〈清浄な国土〉の真実の《〔ブッダの〕教説》を解説する文集　［終］

〈清浄な国土〉の真実の
《〔本能的〕実践》を解説する文集

〈清浄な国土〉の真実の《〔本能的〕実践》を解説する文集

〔事実として〕愚かで、〔戒律を守る〕僧侶でも信者でもない
〔が、真の〕ブッダの弟子〔だと自負する〕親鸞が集めた

すべての〈覚った方〉がアミダの〈名〉を称えるという《悲願》
〈清浄な国土〉の《教説》における真実の《実践》
根源的な《悲願》の中に選ばれた真実の《実践》

わたくし〔親鸞〕は、敬意をもって、〈向かっていく《働き》〉を推察し、そして、見いだした、そこには大いなる《実践》と大いなる《信頼》があると。

大いなる《〔本能的〕実践》とは、〈何処にでも届く光という真理から現れた方〉、彼の方の〈名〉を称えることだ。この《実践》の中に、すべての善なるものとすべての価値あるものの核心とが含まれている。それらは〔〈名〉が称えられると〕直ちに完成される。彼の〈名〉は、〈それだ〉という真理性すなわち絶対的な〈真実の本体〉から生じる、広大な海のような価値のある宝物なのだ。だからこそ、大いなる《〔本能的〕実践》といわれるのだ。

この大いなる《実践》は、「〈この上ない慈しみ〉による《悲願》」に由来する。だから、これは「すべての〈覚った方〉によって賞賛される《悲願》」、「すべての〈覚った方〉が彼の〈名〉を称えるという《悲願》」、「すべての〈覚った方〉が心から喝采する《悲願》」ともいう。または「向かっていく働きについての《悲願》」ともいう。さらには、「〈名〉を称えることがなによりも優先される《悲願》」ともいうのだ。

「すべての〈覚った方〉が彼の〈名〉を称えるという《悲願》」につい

《〔本能的〕実践》

て〔述べよう〕。

『永遠の生命の卓れた経典』には〔以下のように〕ある。

　私が〈覚りそのもの〉を得るとしても、十の方角にいる無数の〈覚った方〉すべてが、私の〈名〉を讃えるように称えなければ、〈最上の覚り〉を得たりはしない〔、それが私の決意だ〕。

また、〔以下のようにも〕ある。

　私が〈覚りそのもの〉を得るとしても、私の〈名〉が十の方角に響き渡らず、遂に聞かない者がいるならば、〈最上の覚り〉を得たりはしない〔、それが私の決意だ〕。

　私はすべての者のために宝の蔵を開放し、貴重な価値のある収蔵物をあまねく分け与えよう。私はすべての者と常に共にいて、あたかも吼えるライオンのように〈教え〉を授けよう。　　　　（抜粋）

《悲願》が成し遂げられたことをいう『経典』の諸節には〔以下のように〕ある。

DTS51、聖典158

　十の方角にいる、ガンジス川にある砂のように無数の〈覚った者・真理から現れた者〉すべては、畏れ多い威厳と比類なき価値とを有する〈永遠の生命という覚った者〉を、共に賞賛している。……

　〈永遠の生命という覚った者〉の、畏れ多い威厳さには限りがない。無数にして無限、また人知を超えた、十の方角にいる〈覚った者・真理から現れた者〉すべては、みな彼を賞賛している。……

　彼の〈覚った者〉の根源的な《悲願》の力とは、彼の〈名〉を聞き、彼の国に生まれることを願う人たちはすべて、その国に至って、〈決して後戻りしない〉という〔信念〕を得る、というものだ。

『〈永遠の生命という真実の世界から現れた方〉の集会』には、〔以下のように〕ある。

私〔ダルマーカラ〕は〈真理から現れた方(かた)〉の前で、命あるすべての者をあまねく救い取ろうという《悲願》を、今、表明し得た、だから、私は〈最上の覚り〉に導く要因を手にするのだ。仮にすべての《悲願》を成し遂げなかったら、私は十種の力を有する比類なき者〔、すなわち〈覚った者〉〕にはならない。修行に専念することのできない者たちにも、私の〈名(な)〉の価値を進んで分け与えよう。資質に欠ける者も、それゆえの苦悩すべてから解き放たれるようにしよう。あらゆる恩恵に与(あずか)って、全世界が幸福に導かれるようにしよう。……私は、比類なき者として、修行を必ず完遂(かんすい)させる。私は、資質に欠けるすべての者のために宝の邸(やしき)となる。私は、すべての善(よ)きことを成し遂げる。そこには私と同等な者はいない。私は命あるすべての者のために〈教え〉を説くのだ、あたかもライオンが吼(ほ)えるように。……　　　　　　　　　　　　　　　（抜粋）

　おお、アーナンダよ、こうした理由から、諸々の世界にいるすべての〈覚った者・真理から現れた者〉がどれほど存在しているのかは、計り知れず、数えきれず、考えられず、比較し得ず、限界がないのだが、そのような者すべてが、〈永遠の生命という覚った者〉が有するあらゆる価値を、みな共に賞賛するのだ。

　『〈覚った方々(かたがた)〉の中のアミダという〈無上にして完全な覚り〉を得た方(かた)が人々を救済する経典(きょうてん)』には〔以下のように〕ある。
　第四に、私が心から願うのは〔次の〕ことだ、「私が〈覚りそのもの〉を得るなら、私の〈名(な)〉が、この世界の上下と八つの方角に位置する〈覚った方の国々〉すべてに——その数は計り知れないのだが——私の名を聞かせよう。すべての〈覚った方(かた)〉について言えば、その〈覚った方々(かたがた)〉が〔真の〕価値に満ちた私の国の良さについて出家修行者やその他の者に語るようにしたい、そして、それによって〈神々〉・人間をはじめ、跳ねたり這(は)ったりする動物たちの

《〔本能的〕実践》

すべても、私の〈名〉が称えられるのを聞くや否や、慈しみに満ちた心を呼び起こすようにしたい、〔そして、〕そのあらゆるものたちが歓喜と幸福に躍り、尽く私の国に生まれるようにしたい。この《悲願》が成し遂げられたら、私は〈覚りそのもの〉を得る。それができなければ、私は〈覚りそのもの〉を得たりはしない」と。(16)

『限りなく清浄で普遍的な〈覚り〉の経典』（上巻）には〔以下のように〕ある。 聖典159

 私が〈覚りそのもの〉を得るなら、この世界の上下そして八つの方角にある、膨大な数に上る、〈覚った方の国々〉の隅々にまで、私の〈名〉を知らしめよう。〈覚った方〉すべてが、それぞれの信奉者や他の者たちに、〔真の〕価値に満ちた私の国の美点を賞め頌えてもらいたい。私の〈名〉が発せられて音となった時は、〈神々〉・人間をはじめ、地を這う動物たちも躍り回って喜び、私の国に生まれようと願ってもらいたい。このようにならなければ、私は〈覚りそのもの〉を得たりはしない。(17)

 私が〈覚りそのもの〉を得るなら、前世に私の〈名〉を聞いた他の国々の者が、悪意をもって聞こうが、〈覚り〉のために聞こうが、すべて、私の国に生まれようと願ってもらいたい、そして、その者たちの命が尽きる時には、みな同じく〈三種の悪しき生存状況〉に戻ることがないようにするのだ。それどころか、その者たちの希望に応じて、みな私の国に生まれるべきなのだ。このようにならなければ、私は〈覚りそのもの〉を得たりはしない。(18)

 アジャータシャトル王の息子と、五百人の裕福な家の息子たちは、〈計り知れない清浄性を有する覚った方〉の二十四種の《悲願》を聞き、大いに喜んで跳ね回り、それぞれが同じ願望を抱いて、念じた、「〈覚りそのもの〉を得るならば、われわれも〈広大な清浄性という覚った方〉のようになりたい」と。

 ブッダはその心中を知って出家修行者たちに言った、「このアジ

ャータシャトル王の息子と五百人の裕福な家の息子たちは、数えきれないほどのカルパを経た後、それぞれが〈覚りそのもの〉を得て、〈計り知れない清浄性を有する覚った者〉のようになるのだ」と。

さらにブッダは言った、「このアジャータシャトル王の息子と五百人の裕福な家の息子たちは、数えきれないほどのカルパをかけて、〈覚りを求める者〉に相応（ふさわ）しく修行し、四百億の〈覚った者たち〉に常に捧げ物をした、その上で、今、私のもとにきて捧げ物をしている。このアジャータシャトル王の息子と五百人の裕福な家の息子たちは、曾（かつ）ての、カーシャパという〈覚った者〉の時代では私の弟子であった。一同は今一度ここに集まったのだ」と。このブッダの言葉を聞いて、すべての出家修行者たちは心が躍（おど）り上がり、歓喜に沸（わ）いた。……(19)

〈覚った者〉の〈名（な）〉を聞いたすべての人々は、
喜び、安らぎ、大いなる恩恵に与（あずか）る。
「われわれの如き者も、
みな〔真に〕価値あるものを得て、
すべての国であらゆる良き品を得る」と。
〈計り知れない覚りを有する者〉は、
その人々に〔次の〕決定を伝える、
「前世（ぜんせ）において、私は、命あるすべての人のために《悲願》を立てた、
私が述べる教えを聞く人は、
必ず私の国に来たる、そこに生まれる、
そして、すべての私の《悲願》が実現される。
他の国からやって来る人々は、この国に生まれ、
ただ一度の生涯で〈決して後戻りしない段階〉に達する」と。(20)
その人々は直（ただ）ちに〔この世界を〕跳び超えて、
〈平和と幸福の国土〉に到達する。

《〔本能的〕実践》

〈光に満ちあふれた国土〉に到着して、
無数の〈覚った者たち〉に捧げ物をする。
〔真に〕価値あるものに恵まれていなければ、
この『経典』の名前すら聞かないだろう。
清浄なる戒律を遵守している人だけが、
このような〈正しい教え〉を聴くことができる。
心が邪悪な人、傲慢な人、頑迷な人、あるいは怠惰な人が、
この〈教え〉を信じるのは難しい。
幾つもの前世で〈覚った者〉に会った人々は、
〈世界に尊敬される者〉の教えを聴くことに歓びを感じる。
人間に生まれるのは容易なことではなく、
この世界で〈覚った者〉に会うのも希なこと、
信じるだけの知性を持つことは並々ならぬことなのだ、
〈教え〉を聴く機会を持ち、
弛まずそれを追い求めてほしい。   DTS54
この〈教え〉を聞いたなら、心に留めてほしい。
そして、〈教え〉を目にして敬い、大いに喜ぶのだ。
実に、そういう人こそ私の善き親友なのだ。
だから、すべての人が〈真の道を求める心〉を起こしてほしい。
世界が炎に包まれても、〈教え〉を聴くためならば、
その人々は必ずや炎をかいくぐって行くだろう。
その人々は、確実に〈世界に尊敬される者〉の地位を得て、   聖典161
すべての人が生・老・死という奔流を超えて対岸へ行き着く
ことを助けるのだ。(21)

ダルマクシェーマ訳の『慈しみという白蓮の経典』第二巻の「大いなる施しの章」には〔以下のように〕ある。

　私は心から願うのだ、「〈比類なく完全な最上の覚り〉を獲得したら、〈覚った方の国土〉に住むすべての者――その人数はとても計

り知れない——が、私の〈名〉を聞いたなら、善き成果となるあらゆる修行を始めさせよう。もし、その者たちが私の国に生まれたいと願うなら、死後に必ずそこに生まれさせよう。〔ただし、〕〈五種の重罪〉を犯した者、賢者を罵るように中傷する者、〈正しい教え〉を破壊する者だけは除外する」と。

〔以上の引用を総括して、親鸞は言う。〕
このようなことから、〈名〉を称えることによって、命あるすべての者は、無智を徹底的に打ち破り、心からの願いを満足させることができる。〈名〉を称えることは最も卓越し、最も驚異に満ち、そして最も正しい実践なのだ。正しい実践とは〈覚った方〉を念じることに他ならない。〈覚った方〉を念じることとは南無阿弥陀仏に他ならない。南無阿弥陀仏とは正しく思いを馳せることに他ならない。そう理解してほしい。

[ナーガールジュナの]『「十の段階を説く経典」の注釈』には〔以下のように〕ある。
　　〈覚った方の現前という観想〔瞑想〕〉と〈大いなる慈しみ〉は、すべての〈覚った方〉の住居で、〈真理から現れた方〉はすべて、この二つから生まれるといわれる。この二つについては、〈覚った方の現前という瞑想〉が父で、〈大いなる慈しみ〉が母だ。
　　また［別の解釈では］、〈覚った方の現前という瞑想〉が父で、〈ものごとは〔それ自体として〕生ずることはないという智恵〉が母だともいう。
　　『〈覚り〉の糧』によれば、〈覚った方の現前という瞑想〉は父、〈大いなる慈しみ〉は母で、〈真理から現れた方〉はすべて、この二つから生まれるという。
　　「如何なる過ちも起こらない家」とは、清浄にして無垢ということ。「清浄にして無垢」というのは、〈覚りに至るための六種の行為〉、〈四種類の価値〉、手段、〈覚り〉という〈智恵〉、善、智恵、

《〔本能的〕実践》

〈覚った方の現前という瞑想〉、〈大いなる慈しみ〉、および、あらゆる認識のあり方のこと。これらのすべてが清浄にして無垢、そして過失が無いので、造られた家のことを「清浄にして無垢」という。〈覚りを求める者〉は、自らの家をこれらの清浄なるものから建てる、だから、如何なる過失も無いのだ。

「世間的な道に背を向けて、それを超えた最良の道を行く」。「世間的な道」とは無智な者の歩く道。「背を向ける」とはそれをやめるということ。「無智な者の歩く道」が、人を〈精神的自由の境地〉に導くことはあり得ない、だから、その者は〈生死〉のサイクルの中で終わりなく生まれ変わり続けるのだ。それゆえ「無智な者の歩く道」といわれる。「世間を超えた道」を行くことで、人は〈三種類の世界〉を抜け出す。だから「世間を超えた道」といわれる。「最良の」というのは人知を超えているから。「行く」というのは正しくその道を歩むこと。この心境に達した〈覚りを求める者〉は〈第一の段階〉に入る、その段階は〈歓喜の段階〉といわれる。(24)

聖典162

質問したい。

なぜ〈第一の段階〉が歓喜といわれるのか？

答えよう。

〈第一の成果〉を得て、最終的に〈精神的自由の境地〉に達するように、〈第一の段階〉に達した〈覚りを求める者〉は、常に歓喜の思いを心に抱くのだ。〈覚りを求める者〉は、すべての〈覚った方・真理から現れた方〉の種子を自ずと成長させる。それゆえに、その者たちは善良で賢明な者という称号を得るのだ。

「第一の成果を得たものと同じように」とは、〈汚れのない位〉を得た者のようだということ。その者を、〈三種の悪しき生存状況〉に陥れる門は確実に閉じられている。〈教え〉を知って、そこに入り、そして、それを得れば、その者は、一歩も外に出ずに、そこに留まり、決して挫かれず、ついには〈精神的自由の境地〉を得る。その者は知的な洞察によって断たれるべきものすべてを断ち、そし

て、それゆえに大きな喜びを得る。睡魔に襲われても、怠惰に陥（おちい）っても、その者は決して〈二十九回目の生存〉ªにはならない。

　一本の髪の毛を百に分割して、その百分の一の髪の毛で広大な海の水を掬（すく）い取ることを想像してみるとよい。そのように掬（すく）い取られた二三滴の水が、〈第一の段階〉で取り除かれる苦悩だといえよう。ほとんど減少していない、取り残された大海の水が、いまだ滅していない苦悩に相当する。しかしながら、取り除かれた苦悩が僅（わず）かでも、〈覚りを求める者〉の心は大いなる歓喜で満たされるのだ。

　〈第一の段階〉を完全に獲得することを、「〈真理から現れた方々（かたがた）〉の家に生まれる」という。このような者は、あらゆる〈神々〉、龍、鬼神、ガンダルヴァ、……、〈ひたすら教えを聞く者たち〉、〈独りで覚る者たち〉などから尊敬をもって迎えられ、捧げ物を供（きょう）される。なぜか？　その家には過失が全く無いからだ。それゆえ、〈第一の段階〉を獲得する者は、世間的な道を避けて、世間を超えている道を行く。そして、〈覚った方々（かたがた）〉に敬意を払い、それを歓ぶ、その時、その者は、〈四種類の価値〉と〈覚りに至るための六種の行為〉を実践することで、必然的に善（よ）き果に至る。［このように、その者が獲得してきた］経験を糧（かて）として、〈覚った方（かた）〉の種子を弛（たゆ）まずに育（はぐく）むことで、その者には大いなる歓喜の心が結実するのだ。〈覚りを求める者〉に残された苦悩は二三滴の水に過ぎない。〈比類なく完全な最上の覚り〉を獲得するためには、何十億の何百倍ものカルパを経なければならないとしても、いまだ滅していない苦悩が大海の水のように膨大（ぼうだい）だとしても、この世界の黎明（れいめい）以前からもたらされる〈生死〉の苦悩は、いまや、ほんの二三滴の水に過ぎない。だから、この段階を歓喜というのだ。⁽²⁵⁾

　質問したい。

---

　a　〈生死〉のサイクルを繰り返して、人間の世界と〈神々〉の世界を往復しても、最大二十八回まで、ということ。

《〔本能的〕実践》

　〈覚りを求める者〉がこの歓喜という段階にいると、そこにある多くのものごとが様々な価値を生み出すので、その者は大いに喜ぶのだ。この段階は歓喜と呼ばれるのに相応しい、とはいえ、これほど多くの喜びをもたらすものとは一体何なのだろう？
　答えよう。
　「すべての〈覚った方〉とその偉大な力（教え）に思いを馳せ続けること」は極めて希有な行為なのだ。だからこそ、そこには喜ばしいことが多く、また、喜ばしい機会が多いので、〈第一の段階〉にある〈覚りを求める者〉は大いに喜びを感じるのだ。
　「すべての〈覚った方〉に思いを馳せること」とは、ディーパンカラ等の過去の〈覚った方〉すべて、アミダ等の現在の〈覚った方〉すべて、およびマイトレーヤ等の未来に〈覚る方〉すべてに思いを馳せること。このように、〈世界に尊敬される覚った方〉すべてに、常に思いを馳せ続けていることは、今まさにその方々が眼前に立ち現れているに等しい。その方々は〈三種類の世界〉の中で真に第一の存在で、それ以上に卓れた方はいない。それゆえ、この段階には喜ばしいことが多いのだ。
　〈覚った方〉すべてが具える偉大な力（教え）に思いを馳せること」とは、要約すれば、その方々だけが有する、以下のような四十種の力のことだ。

　１．思いのままに自由な飛行ができる。
　２．自身を如何ようにも変化させることができる。
　３．如何なる音声も意のままに鮮やかに聞くことができる。
　４．ありとあらゆる手段を用いて、すべての者の心をすらすらと読み取ることができる。……

　「〈確約された地位〉にいる〈覚りを求める者〉」とは、〈比類なく完全な最上の覚り〉を実現することが〈覚った方〉に予言されて、

DTS57

〈決して後戻りしない段階〉に達し、〈ものごとは〔それ自体として〕生ずることはないという智恵〉を得た者のことだ。この〈覚りを求める者〉は、数千億もの邪悪な軍勢に脅(おびや)かされても、動揺せず、惑乱(わくらん)しない。この者は〈大いなる慈しみの心〉を有しているので、偉大な人格者の教えを遂行(すいこう)する。……これを、「〈確約された地位〉にいる〈覚りを求める者〉」という。

「希有(けう)な行為に思いを馳(は)せる」とは、〔〈確約された地位〉にいる〕〈覚りを求める者〉が果たす、最も重要で、最も希有(けう)な行為、それに思いを馳(は)せることだ。そのように思いを馳(は)せることで心に歓喜の思いを抱(いだ)く。無智な者はこの思いを抱(いだ)くことはできない、〈ひたすら教えを聞く者たち〉や〈独りで覚る者たち〉も果たすことはできない。〔というのも、〕何ものにも阻(はば)まれることのない〈精神的自由〉を説く〈覚った方(かた)〉の教え、および、すべてを知り尽くす〈智恵〉プラジュナー〔超越的な知性あるいは全知性〕の意義、それらを説き明(あ)かす者〔だけがそれを成し得るからだ〕。そこで、〈十の段階〉にいる〈覚りを求める者〉が所持する教えすべてに思いを馳(は)せる者は、多くの喜びに満たされていると知られよう。だからこそ、〈第一の段階〉に入った〈覚りを求める者たち〉は歓喜する者と呼ばれるのだ。(26)

聖典164

質問したい。

無智な者たちのなかにも、〈覚った方(かた)を成り立たせる最上の道〉を求めるという願望に目覚めた者、もしくは、その願望にすでに目覚めていても、〈第一の段階〉には達していない者もいる。その者たちも、すべての〈覚った方(かた)〉とその偉大な〈教え〉に思いを馳(は)せてほしい。さらに、〈確約された地位〉にいる〈覚りを求める者たち〉、および、その者たちの希有(けう)な行為に思いを馳(は)せてほしい。そうすれば、歓喜の念に包まれるはずだ。〔ところで、〕その者たちの歓喜は、〈第一の段階〉にいる〈覚りを求める者たち〉が抱(いだ)くものと区別できるのだろうか?

DTS58

《〔本能的〕実践》

答えよう。

〈第一の段階〉にいる〈覚りを求める者〉が心に大いに喜びを感じるのは、すべての〈覚った方〉が有する無限の力を確実に獲得することになっているからだ。無限の価値を有する〈覚った方〉すべてに思いを馳せることで、〈第一の段階〉を獲得し、〈確約された地位〉にいる〈覚りを求める者〉は〔次のように〕自覚している、「私もこれらの価値すべてを確実に獲得するだろう」と。なぜなら、この自覚があるのは、すでに〈第一の段階〉に到達していて、〈確約された者たちの一員〉(27)となっているからで、そのような自覚は〈覚りを成し遂げる者たち〉だけが持ち得るからだ。ゆえに、〈第一の段階〉にいる〈覚りを求める者たち〉は大いに喜びを感じるが、他の者たちはそのようには感じない。他の者たちは、すべての〈覚った方〉に思いを馳せても、「私は確実に〈覚りそのもの〉を獲得する」という思いを抱くことができないのだ。

例えば、チャクラヴァルティ・ラージャという王を父とする子が、その家系ならではの容姿を尽く受け継いでいるようなことだ。祖先たちが享受していたあらゆる威厳と美徳とに思いを巡らして、「私にもその王家の容姿すべてが備わっているのだから、必ずや、その巨万の富と威厳とを享受できる」と確信する。王子は大いに悦んだ。その王家の容姿が無ければ、そのように悦ぶことは不可能だから。

同様に、〈確約された地位〉にいる〈覚りを求める者〉も、すべての〈覚った方〉と、その大いなる価値、威厳、そして尊敬に値する人格に思いを巡らして、「私にも〈覚った方々〉の格別な容姿すべてが備わっているのだから、〈覚りそのもの〉を確実に獲得するはずだ」という信念を抱く。これは〈覚りを求める者〉を大いに歓ばせる。しかし、他の［これらの資質に欠ける］者に、このような歓びはやってこない。〔〈確約された地位〉にいる〕者たちの心は、〈覚った方〉の教えに深く入るので、揺らぐことがないのだ。(28)

さらに〔以下のように〕続く。

質問したい。

「《信頼》の増大する力」とはどういうことか？

答えよう。

見るもの聞くものが何であれ、心に疑いを抱かなければ、そうなるということ。「増大」とは「卓越」という意味だ。

質問したい。

「増大」には、量的なものと質的なものの二種がある。ここではそのどちらか？

答えよう。

その両方だ。〈覚りを求める者〉が〈第一の段階〉に入ると、そのすべての価値あるものの趣を感得する。それゆえ、その《信頼》の力もまた増え続ける。《信頼》の力が増大するにつれて、その者は〈覚った方々〉の価値すべてが限りなく深く、人知を超えていると実感し、それを受け入れ、それを信じるようになる。だから、その者の心は量的にも質的にも強められるのだ。(29)

慈しみの心を実践する者には、すべての者への憐れみが全身全霊に満たされている。この思いは骨の髄にまで達する──それほどに深い。すべての者のために〈覚った方を成り立たせる道〉を探し求める、それほど、その慈しみの心は偉大なのだ。その慈愛の心は、すべての者の安寧と幸福に役立つことを求め、それに傾注している。この慈愛の心には三種の局面がある。……(30)

さらに〔以下のように〕続く。

〈覚った方〉の教えには無数のアプローチがある。この世にある道のように、〔行くのが〕困難な道もあれば、容易な道もある。地上を歩いて行くのはうんざりだが、水上を船に乗って行くのは楽しい。〈覚りを求める者〉に相応しい道もそのようなものだ。厳格な修行は難しいが、一方で《信頼》という方法で進むのは易しく、しかも即座に〈決して後戻りしない段階〉に到達できるのだ。……(31)

《〔本能的〕実践》

　〈決して後戻りしない段階〉に即座に達したいと望む者は、崇敬の念に溢れる心で、〈覚った方〉の〈名〉を称え、それを常に心に留めることだ。〈覚りを求める者〉が、〈比類なく完全な最上の覚り〉を成し遂げようとして、この生存の間に〈決して後戻りしない段階〉を得たいと願うならば、十の方角にいる〈覚った方〉すべてに思いを馳せるべきだ。名を称えることについて、『宝月という名の青年の疑問』の「決して後戻りしない段階」の章には〔以下のように〕ある。

　　……西方に善き世界がある。彼の地の〈覚った者〉の体は〈智恵の光〉で輝き、あらゆるものをどこまでも照らし出すから、彼は〈満ちあふれる光〉と呼ばれる。彼の〈名〉を聞いた人は〈決して後戻りしない段階〉に到達する。……(32)

　　計り知れないほどの過去に〈美徳の大海〉と呼ばれる〈覚った者〉がいた。現代の〈覚った者〉すべては、彼に準じて誓いを立てた。彼の寿命は永遠で、彼の〈光明〉はどこまでも届く。彼の国はこの上なく清浄で、彼の〈名〉を聞く人は必ず〈覚りそのもの〉を獲得する。……(33)

　質問したい。
　十人の〈覚った方々〉の〈名〉を聞き、それを心に堅く保持するならば、〈比類なく完全な最上の覚り〉から退かない。仮に、その他の〈覚った方々〉もしくは〈覚りを成し遂げる方々〉がいて、それらの〈名〉を堅く保持してしまっても、〈決して後戻りしない段階〉に達するのだろうか？
　答えよう。
　アミダという〈覚った方〉、またその他の〈覚った方々〉、およびその他の偉大な〈覚りを成し遂げる方々〉がいて、それらの〈名〉を心に堅く保持するならば、〈決して後戻りしない段階〉に到達す

る。それゆえ、アミダやその他の〈覚った方々〉は、尊敬され礼拝され、その〈名〉は称えられるべきなのだ。

　ここで〈永遠の生命という覚った方〉について語ろう。ローケーシュヴァラ・ラージャという〈覚った方〉と、その他［名前は省略する］の〈覚った方々〉は、今、十の方角にある〈清浄な国土〉に住んでいる。みな、アミダの〈名〉を称え、彼の方の根源的な《悲願》に思いを馳せている。アミダはその方々にこう呼び掛けている、「私に思いを馳せ、私の〈名〉を称え、私を〔心から〕頼りにする時、正しく、〈確約された地位〉に到達して〈比類なく完全な最上の覚り〉を得るのだ」と。だから、アミダに思いを馳せるべきなのだ。以下は称賛の詩だ。

　　ああ、〈満ちあふれる光〉の智恵よ！
　　純金の山のような姿のあなたに、
　　今、私の体と、言葉と、心で、
　　合掌して、額ずき礼をしよう。
　　……
　　彼の〈覚った方〉と、彼の無限の力の価値に、
　　思いを馳せることを知れば、
　　〈確約された地位〉に即座に到達する。
　　だから、いつでも、私は彼の〈覚った方〉に思いを馳せる。
　　……
　　〈覚りそのもの〉を得たいと願うなら、
　　アミダに思いを馳せよ。
　　そうすれば、彼の〈覚った方〉は姿を現す。
　　だから私は、彼の根源的な《悲願》の力を〔心身を挙げて〕頼りとする。
　　十の方角にいる〈覚りを成し遂げる方〉すべても、
　　ともに現れて捧げ物をし、彼の〈教え〉を聴くだろう。

《〔本能的〕実践》

だから私は彼の〈覚った方〉に額ずくのだ。

……

善き根を植えても、
疑いを抱けば、花は咲かない。
清らかで疑いのない《信頼》があればこそ、
花は開き、彼の〈覚った方〉を目の当たりにする。　DTS61
十の方角に現在している〈覚った方々〉は、
それぞれの努力や経験から様々に、
みな彼の〈覚った方〉の〔真の〕価値を称賛する。
〔だから、〕今、私は彼の方を〔心身を挙げて〕頼りにし、敬礼
するのだ。

……

〈八種の正しい実践〉という船に乗って、
彼の方は、私たちを、苦難に満ちた海の上を運び、
私たちは彼の方とともに対岸に行き着く。
〔だから、〕私は彼の〈自在なる人〉に敬礼する。
すべての〈覚った方〉は、無数のカルパの間、　　聖典167
アミダという〈覚った方〉の価値を賛美している、
けれども、賛美に尽くせない。　　　　　　　　大正592b
私は彼の〈清浄なる人〉を〔心身を挙げて〕頼りとする。
だから、彼の方の無限の価値を賛美し続け、
そして、この幸ある行いゆえに、
彼の〈覚った方〉が私に思いを馳せてほしいと願うのだ。(36)

（抜粋）

『〈清浄な国土〉の論説』には〔以下のように〕ある。

真に価値あることの説かれる、
経典に依って、

私〔ヴァスバンドゥ〕は〈覚った方〉の教説に相応する、
　　誓いとダラーニの『詩』を詠おう。
　　……
　　〔アミダという〕〈覚った方〉の根源的な《悲願》を精察すると、
　　歓んで受け入れる者にとって、その《悲願》は虚しきものでは
　　ない。
　　確実に、即座に、
　　広大な宝の海のような価値をその者たちに届けるのだ。[37]

さらに、〔以下のようにも〕ある。
　　四つの門（あるいは瞑想の段階）を経て、〈覚りを成し遂げる者〉
　　は自己を向上させる修行を完遂する。〈覚りを成し遂げる者〉が、
　　自身が有する〔真の〕価値を《手ずから届ける》ことで、他者を救
　　済する修行を完遂するのは、第五の門においてであると理解してほ
　　しい。だから、〈覚りを求める者〉は五つの門を自らに課すことで、
　　〈自己の向上〉と〈他者の救済〉の二つを完遂し、今や、即座に
　　〈（比類なく完全な）最上の覚り〉を獲得するのだ。[38]　　（抜粋）

『論説の注釈』には〔以下のように〕ある。
　　敬意をもって、ナーガールジュナという〈覚りを成し遂げる方〉
　　の『十の段階を説く経典』の注釈』を思案するに、〈決して後戻
　　りしない段階〉を手に入れるためには二種のアプローチがある、一
　　つは困難な方法で、もう一つは容易なそれだ。[39]
　　困難な方法とは、〈覚った方々〉が存在しない、〈五種の汚れ〉に
　　満ちた時代に、〈決して後戻りしない段階〉を探し求めることをい
　　う。その困難さは多様だが、概して、三ないしは五種がある。それ
　　らによって「困難」とはどのようなものかが分かるだろう。すなわ
　　ち、

DTS62

《〔本能的〕実践》

1. 〈覚った方〉の教説とは異なる学派によって考えられた善のこと、それは単に相対的なもので、〈覚りを求める者〉の教えを混乱に陥れる。
2. 〈ひたすら教えを聞く者たち〉の実践は自己の向上だけを目的とし、〈大いなる慈しみと親身な心情〉による働きを妨げる。
3. 無遠慮な悪行をなす者は、他者の善行を破壊する。　聖典168
4. 良い結果をもたらす行為を曲解すると、清浄な生活を汚しやすい。
5. 〈自己の力〉が顕著なだけで、〈他者の力〉に少しも支持されていない。

どこを見ても、これらの困難は広く存在している。地上を歩いて行くのが苦難に満ちているようなものだ。

一方、容易な方法とは、唯一、〈覚った方〉への《信頼》を積み重ねた結果として、〈清浄な国土〉に生まれ行くことを願う、そして、〈覚った方〉の《悲願》の力で〈清浄な国土〉へ生まれ行くのが可能となることだ。〈覚った方〉の力に助けられて、〈偉大な乗り物〉の〈正式に確約された乗員〉となり得るのだ。「正式に確約されている」(40)というのは、〈決して後戻りしない段階〉に達した者のこと。それは、あたかも水上を船に乗っていくようで、この上なく愉快なことなのだ。

『「永遠の生命の経典」の論説』とは、〈偉大な乗り物〉の教説の極致で、穏やかに航行し、嵐をものともしない、決して後戻りすることのない船だ。〈永遠の生命〉とは、〈幸福の国土〉にいる〈真実の世界から現れた方〉のもう一つの名前だ。ブッダがラージャグリハとシュラーヴァスティーに滞在していた時、聴衆に向かって、この〈永遠の生命という覚った方〉が有する格別な価値を語った。　DTS63
こうして、彼の〈覚った方〉の〈名〉を本体とする経典が形とな

ったのだ。後に、ヴァスバンドゥという〈覚りを求める聖者〉は、〈真理から現れた方〉の〈大いなる慈しみ〉の教説に誠実に遵い、[〈清浄な国土〉の教えの] 諸経典に沿った『再生を願う詩』を詠った。
(41)

そして、彼は言う、「私の願いは軽々しいものではない。〈真実の世界から現れた方〉が支えてくれなければ、その目的を達することがどうしてできるだろうか？ 現に、彼の方の力があってはじめて、こう告白するのだ」と。
(42)(43)(44)

ヴァスバンドゥは「私は、〈ただ一つの心〉で」という表現を使う。これは〈覚りを求める者〉自らの《信頼》を表わす言葉だ。すなわち、〈何処にでも届く光を有する真実の世界から現れた方〉を心に留め、〈平和と幸福の国土〉に生まれ行くことを願い、この心境を、他の思いが入り込むことなく、保ち続けるということだ。……「私はあなたを〔身も心も〕頼りにします、ああ、十の方角のそれぞれの果てまで照らし出す〈光〉を有する〈真実の世界から現れた方〉よ」という言葉の中、「〔身も心も〕頼りにします」とは「尊敬の念を抱いて礼をすること」の類にあり、「十の方角のそれぞれの果てまで照らし出す〈光〉を有する〈真実の世界から現れた方〉」とは賞賛の証だ。
(45)

どうして、「〔身も心も〕頼りにします」というのが「尊敬の念を抱いて礼をすること」の類なのか？ ナーガールジュナという〈覚りを成し遂げる者〉は、アミダという〈真実の世界から現れた方〉の賛歌を作った時に、「額ずいて、あなたに礼をする」と、時には「私はあなたを〔身も心も〕頼りとする」と、時には「私はあなたを頼りとし礼をする」と述べた。ヴァスバンドゥは『論説』の散文部で、「瞑想における五つの門（あるいは局面）」に言及している。そのうちの一つが、額ずいて礼をすることだ。要するに、ヴァスバンドゥという〈覚りを求める者〉は、[〈清浄な国土〉に] 生まれ行くことを願っているのだから、〈真実の世界から現れた方〉に礼を
(46)

《〔本能的〕実践》

しないことがあり得ようか？　確かに、「〔身も心も〕頼りとする」ことは、敬意をもって、額ずいて礼をすることでもある。しかし、「〔身も心も〕頼りとする」ことには額ずいて礼をすることが伴っているが、額ずいて礼をするというのは敬意を表する仕草に過ぎず、それだけでは「〔身も心も〕頼りとする」ことにはならない。このことから、「〔身も心も〕頼りとする」のは実に重大なことだと推察し得る。この『詩』は著者の言そのものなのだから、当然、「私はあなたを〔身も心も〕頼りとします」と言うべきなのだ。

聖典169

『論説』には、この『詩』の意義が解説されていて、「崇敬の念を抱き、額ずいて礼をする」ことが広く言及されている。この言及と上に挙げた見解とを補い合わせれば、その意味はさらに明瞭となる。なにゆえに、と問われるだろうか？「十の方角のそれぞれの果てまで照らし出す〈光〉を有する〈真実の世界から現れた方〉とは賞賛の証だ」という一文は、散文部の以下のような、すなわち、「どのように称賛するのか？　それは〔〈真実の世界から現れた方〉の根源的な《悲願》と融和するために、〕〈真実の世界から現れた方〉の〈名〉を称えることによ〔って賞賛す〕るのだ、それは〈真実の世界から現れた方〉の智恵の〈光〉、彼の方の〈名〉の意義、そして〈真実の本体なるもの〉と寸分違わず合致しているのだ」という言説から推定される。(47)

DTS64

ヴァスバンドゥという〈覚りを求める者〉は、ここに、「ああ、十の方角のそれぞれの果てまで照らし出す〈光〉を有する〈真実の世界から現れた方〉よ」と述べている。(48) これは、〈真実の世界から現れた方〉すなわち、彼の〈名〉と、彼の光輝く智恵とに合致している彼の方を賞賛することだ。これで、この一文が称賛を言明する行為の中にあると知られよう。「平和と幸福の国土に生まれ行くことを願う」という一文には、(49) ヴァスバンドゥという〈覚りを求める者〉の再生への願いが明示されていて、そこにはアミダを〔心身を挙げて〕頼りとしたいという彼の意向も暗示されている。……

質問したい。

〈偉大な乗り物〉における諸経典と諸論書には、あらゆる所に、「すべての者は生ずることがない、虚空のようなものだ」と書かれている。なにゆえに、ヴァスバンドゥという〈覚りを求める者〉は〔〈清浄な国土〉への〕〈生〉を願うと表明し得るのか？

答えよう。

「すべての者は生ずることがない、虚空のようなものだ」という言明は二通りに解釈し得る。一つは、一般人が理解するような生死は、一見、実在するように思えるが、究極的真実においては生死のようなことは実在しない、すなわち生死とは亀の毛や虚空のよう〔に実在しないもの〕なのだ、ということ。もう一つは、すべての者は、単に様々な原因や条件のもとに生じるのだから、ものごとは〔それ自体として〕生ずることはない、そこで、その者たちは虚空のようで、実在ではない、ということなのだ。

ヴァスバンドゥという〈覚りを求める者〉は知っている、「再生することを願う時の〈生〉とは様々な原因や条件のもとでの〈生〉だ」と。ここでいう〈生〉とは、「実在する者がいる、実在する生死がある」という、一般人の抱くイメージによって知られている意味での〈生〉ではない。

質問したい。

〈清浄な国土〉への〈生〉が可能となるのはどのような意味においてなのか？

答えよう。

〔相対的で限定された〕この世界には、瞑想の五つの門〔あるいは局面〕を実践する幻の人間がいるが、その想念は前後関係のある原因によって一つずつ起こってくる。この世界における幻の人間と、〈清浄な国土〉における幻の人間とを考えてみても、それらが同一なのか別異なのかを定かにすることはできない。一つずつ起こってくる想念も同様だ。なぜか？　その二つが紛れもなく同一ならば、

大正593a

《〔本能的〕実践》

二つの間に因果関係を見ることができないからだ。そして、二つが別異だとしたら、二つの間に整然とした前後関係を説くことができない。この同一と別異とを分別する方法は、諸々の論説の中で詳しく検討されている。以上で、瞑想の三つの門をいう第一段を論じ終える。……⁽⁵⁰⁾⁽⁵¹⁾

DTS65、
聖典170

　真に価値あることの説かれる、
　経典(きょうてん)に依って、
　私〔ヴァスバンドゥ〕は〈覚(かた)った方〉の教説に相応する、
　誓いとダラーニの『詩(うた)』を詠おう。⁽⁵²⁾

質問したい。
　1．何に依るのか？
　2．なぜ依るのか？
　3．どう依るのか？

答えよう。
　1．経典(きょうてん)に依る。
　2．〈真実の世界から現れた方(かた)〉は真の価値そのものを体(からだ)としているから。
　3．瞑想(めいそう)の五つの門〔あるいは局面〕を修行すると〈合致(かっち)〔という心境〕〉が実現する。……

「経典(きょうてん)」とは、十二に分けられる中の、通常、ブッダ自身が説いた教えを編纂(へんさん)したものをいう。四種のアーガマと〈三種の籠(かご)〔とよばれる書籍群〕〉に加えて、〈偉大な乗り物〉の文献もまた経典(きょうてん)と呼ばれる。著者が「経典(きょうてん)に依る」と言う場合は、〈三種の籠(かご)〉以外のいわゆる〈偉大な乗り物〉のそれだ、そして、アーガマでもない。
〔次いで、〕「真の価値」を取り上げるなら、〔真と偽の〕二通りの

価値がある〔ことを言わねばならないだろう〕。一つは、汚れたままの心が養うもの、その心は〈教え〉に合致していない。普通の人間、または〈神々〉の生活における善行と、人間の世界での、または〈神々〔たりえる〕という善き帰結、それらは、原因であろうと結果であろうと、同じように倒錯している。それらはみな偽りで、それゆえに、真ならざる価値と呼ばれる。

　もう一つの価値とは、〔ダルマーカラという〕〈覚りを成し遂げる者〉の智恵から産まれた、諸々の清浄な行為のことだ。その実質的な内容とは、〈教え〉に合致した〈覚った方の努め〉のことで、清浄であることをその様相としている。それらは倒錯してもいなし、偽りでもない。だから、「真の価値」と呼ばれるのだ。

　それらが倒錯していないのはなぜか？〈教え〉に則っていて、〈二つの真理〉に適っているからだ。それらが偽りでないのはなぜか？　すべての者を包摂して、清浄性を有する究極の再生に導くからだ。

　　私〔ヴァスバンドゥ〕は〈覚った方〉の教説に相応する、
　　誓いとダラーニの『詩』を詠おう。

　「ダラーニ」という「要約して保持すること」については、「保持する」とは「散失しない」こと。「要約する」とは「少ない文字で多く〔の意義〕を包含する」こと。……「誓い」とは「〈清浄な国土〉に生まれ行く願い」を表現すること。……「〈覚った方〉の教説に相応する」とは、箱と蓋とがフィットすること。……(53)

　「《手ずから届ける》《働きかけ》」とは、どのようになされるのか？〔ダルマーカラという〕〈覚りを成し遂げる者〉の心は、悲痛な苦悩の中にいるすべての者を決して見捨てることなく、その者たちの救済を願い求めた、そして、彼は、自らの行いから産み出されるあらゆる価値を、その者たちに真っ先に届けようとした。そう

《〔本能的〕実践》

して、〔〈覚りを成し遂げる者〉は〕自らの〈大いなる慈しみの心情(こころ)〉を完全に結実させたのだ。(54)

　この「《手(て)ずから届ける》こと」には二種類の、〈向かっていく方向〉と〈戻ってくる方向〉とがある。〈向かっていく方向〉とは、自(みずか)ら産み出した価値あるものを、あらゆる者に届けること、そして、「その者たちすべてが、一人残らず、アミダという〈真実の世界から現れた方(かた)〉の〈平和と幸福の清浄な国土〉に生まれるように」という願いを表明することなのだ。(55)　　　　　　　　（抜粋）　聖典171

　『安楽集(あんらくしゅう)』には〔以下のように〕ある。
　　『観仏(かんぶつ)という瞑想(めいそう)の経典(きょうてん)』によると次の通りである。
　　　ブッダが、王位にある父に、〈覚(かた)った方を念じる瞑想(めいそう)〉を実習させていた時、王はブッダに尋ねた、「どうして、弟子である私に、〈それだ〉という真理性、すなわち、究極的な〈真実の本体〉をいう〈空(くう)〉を、そして〈覚っていること〉の最終段階の絶対的な価値を実習させてくれないのでしょうか？」と。
　　　ブッダは王に答えた、「〈覚っていること〉の最終段階における絶対的な価値とは、計り知れないほど深く、奇跡に満ちた心境なのだ。それは人智を超えた力を有していて、〈精神的自由そのもの〉なのだ。それは普通の人間の想念や修行が及ぶ範囲をはるかに超えている。だから、私はあなたに〈覚った者を念じる瞑想(めいそう)〉の方を実習させるのだ」と。　大正593b

　　　王は尋ねた、「〈覚った方(かた)〉を念じることにはどのような特徴があるのでしょうか？」と。　DTS67

　　　ブッダは答えた、「40ヨージャナ四方のエーランダの森があるとしよう、その中央に、ゴシーシャ・チャンダナという木が一本あるが、今は、ほとんど芽を出していない。エーランダは臭く匂う木で、その花や実を口にしてしまうと、気が狂って死んでしまう。しばらくして、チャンダナの木が生長し出すと、

徐々に枝を広げていき、遂には立派な木となる。そこから放たれる芳しい香りはあたり一面に広がり、遂には森全体を心地よい香りに満たされた場所に変えていく。そこを訪れる者は一人残らず驚いて、実に不思議なことだと思うのだ」と。

ブッダは続けて王位にある父に語った、「〈生死〉の海に流離う人々の中、〈覚った者〉を念じる人もその通りだ。〈覚った者への念〉を凝らし続けるなら、〈覚った者〉の目の前に必ず生まれる。この再生が果たされれば、これまで抱いていた邪念すべてが大いなる慈愛の心へと変わるのだ。香気あるチャンダナの木が、エーランダの森をその芳香で包んでしまうのと同じなのだ」と。(56)

その「エーランダの木」とは、あらゆる者の体に巣くう、三種の煩悩と三種の障害、そこから派生する無数の悪行のことだ。「チャンダナの木」とは〈覚った方〉を念じる心だ。「木が生長し出す〔と、徐々に枝を広げていき、遂には立派な木となる〕」とは、〈覚った方への念〉を積み続けるなら、〔見事に〕結実する、ということなのだ。

質問したい。

〈覚った方〉を念じるという〔真に〕価値あることを知れば、すべてが解るはずだ。〔でも、〕どうして、〈一念〉という価値ある行為が、わずか一本の香気ある木が40ヨージャナ四方のエーランダの森を芳香で満たすように、あらゆる障害を取り除くことができるのか？

答えよう。

〈覚った方を念じる瞑想〉、それが有する人知を超えた力のことは、多くの〈偉大な乗り物〉の経典に明かされている。例えば、『アヴァタムサカの経典』には、「ライオンの腱を張ったリュートを奏でると、その音は他の弦楽器すべてを冴えないものにしてしまう。同じように、〈覚りを求める心〉をもって〈覚った者〉を念じる、それを自らに課す人は、邪な情欲や障害を悉く断ち切るのだ」

聖典172

《〔本能的〕実践》

とある。

　また、〔同じ経典には、〕「一つの壺に牛、羊、ロバ、馬などの動物のすべての乳を入れたとしよう。そして、その壺の中に、雌ライオンから搾った乳の一滴を加える。すると、その中をスッと通り抜けて行き、あろうことか、他のすべての乳はそれぞれの味を失って、真水に変わってしまうのだ。同じように、〈覚りを求める心〉で〈覚った者を念じる瞑想〉を自らに課すなら、その人は、すべての悪霊や邪魔者から、如何なる傷害も受けずに、通り抜けて行く」ともある。(57)

　また、同じ経典には、「姿を消す秘薬を身に着けた人は、どこへ行こうと、何をしようと、誰も目に留めることは無い。同じように、〈覚りを求める心〉で〈覚った者を念じる瞑想〉を自らに課すなら、邪悪な〈神々〉だろうと、様々に妨害する者であろうと、それらの目にこの者が留まるということはあり得ない。行きたければどこへでも行ける、何ものにも遮られない。〈覚った者を念じる瞑想〉を自らに課すことは、すべての瞑想の中でも、最も威厳のある実践なのだから」ともある。(58)

また、〔『安楽集』には以下のようにもある。〕

　『〈偉大な乗り物〉の書』には、あらゆる種類の瞑想が記されて(59)いる。次のすべてが瞑想だと言えるだろう。貪りを鎮めるが、怒りや愚かさを鎮められない瞑想。怒りを鎮めるが、愚かさや貪りを鎮められない瞑想。そして愚かさを鎮めるが、貪りや怒りを鎮められない瞑想。現在の障碍物を除去するが、過去と未来のそれは除去できない瞑想である。一方、〈覚った方を念じる瞑想〉を自らに課し続けるなら、その者は、現在、過去、未来を問わず、あらゆる障碍物を除去できるのだ。(60)

また、〔『安楽集』には以下のようにもある。〕

　『「永遠の生命の卓れた経典」の賛歌』によると、

聖典173

アミダの〔真に〕価値ある〈名〉を聞き、歓喜して、
彼の方を賞賛し、一度だけでも、彼の方に頼り切る心を持つなら、
大いなる恩恵に与る、
そう、〔真に〕価値ある宝物すべてを供されるのだ。
〈大いなる十億の世界〉すべてが炎に満たされてしまっても、
躊躇いも無く炎を潜り抜けて、〔アミダの〕〈名〉を聞くのだ、

DTS69

そして、アミダの〈名〉を聞くなら、
引き返すことなど、あり得はしない。
それゆえ、私〔曇鸞〕は、恭しくも、偏に、アミダに額ずくのだ。
(61)

また、〔『安楽集』には以下のようにもある。〕
　『マウドゥガラーヤナの質問という経典』にはこうある。
　　ブッダはマウドゥガラーヤナに言った、――数多の河川に浮かぶ草切れや流木には、何が後ろからやって来るのか、また何が先に行っているのかは、分からないものだ。大海まで達してみれば、すべてが集積されるだろう。この世界のわれわれもこのようなものだ。とても高貴な人や裕福な人が望むままに人生を謳歌している。しかし、その人たちも、例外無く、生・老・病・死を経なければならない。〈覚った者〉の教えを信じていないから、再び人間に生まれても、また大いに苦悩し、一千の〈覚った者〉の〔出現する〕国に生まれることはできない。だから、私は、行くことも手にすることも容易な、〈永遠の生命という覚った者〉の国を、おまえに説くのだ。だが、〔容易な道を〕実践しないと、人は彼の地に生まれることはできない。それなのに、その人たちは九十五種の異教の流派が説く誤った道に従ってしまう。その人たちは、間違ったことを見聞きしているのだろう。
(62)

《〔本能的〕実践》

　以上が、彼の経典の教説である。困難な実践を止めて、容易なそれに従う、なぜ、そうしないのだろうか？(63)

光明寺の師匠は〔以下のように〕言う。
　『文殊の智恵の経典』には、「一つの対象への瞑想を自らに課そうとするなら、庵で静かに座り、波立つ念を悉く鎮め、一人の〈覚った者〉に収斂させよ。〈覚った者〉の外見に執らわれること無く、只管〈覚った者〉の〈名〉を称え続けよ。そうするうちに、正しく、アミダとその他の〈覚った者〉すべてに親しく見えるのだ」とある。(64)
　質問したい。
　〈覚った方〉の姿を思い描くのではなく、只管〈名〉を称える、というのはどういう意味か？
　答えよう。
　人々はありとあらゆる呪縛に喘ぎ、瞑想の対象には極めて細微な差異があり、人心は未熟、思念も散漫、神も軽躁だからだ。ゆえに、〈覚った方〉の姿を観想するのは頗る難儀なこととなる。〔そこで、〕〈偉大なる賢者〉は、その者たちを憐み、只管〈覚った方〉の〈名〉を称えさせる。これは、再生のための、平穏この上なき心境に、至って快適に導くのだ。
　質問したい。
　一人の〈覚った方〉に心が集中し出す時、どうして多様な対象が出現するのか？　これは正邪の混合、および、一と多の混乱ではないか？
　答えよう。
　すべての〈覚った方〉には同一の〈覚り〉があり、その姿には異同が無い。心が一人の〈覚った方〉に向けられる時に、多くの方々を見ても、それは根本的な真理に背くものではない。
　また、『瞑想の経典』には、「座って観想する、礼拝する、瞑想

DTS70

大正594a、
聖典174

する等の修道上の諸行為に没頭していようとも、最善と見なされる西の方角を向くように、と勧められる」とある。それは、一方に傾いている樹のようなものだ。それが倒れる時にはこの傾きに従う。だから、西方を向くことに支障があって難しいのなら、念を掛けるように——それでもうまくいくのだ。

　質問したい。

　すべての〈覚った方〉は、その三種の体において、同じように覚っている。その方々は、〈卓越した智恵〉と〈大いなる慈しみ〉の両者を完全に実現し得た。また、〈覚った方〉は、あらゆる種類の二元的差異を超越している。どの方角を向いて、その一人の〈覚った方〉を礼拝し、その〈名〉を称えても、［その〈覚った方〉の国土］へ再生し得ることができる。どうして、専ら西という方角なのか、そして、〈覚った方〉を礼拝すること、もしくは、彼の方にあのように思いを馳せることを勧めるのか？

　答えよう。

　すべての〈覚った方〉が獲得した〈覚り〉は同一にして均一だ。しかし、おのおのの〈覚った方〉の有する特定の《悲願》と実践とは、その意義深き［前世の］カルマによって、それぞれに異なるのだ。

　アミダという〈覚った方〉すなわち〈世界に尊敬される方〉は、十の方角にいるすべての者を、彼の〈光〉と〈名〉とによって包摂し、［〈覚った方を成り立たせる道〉へ］転入させようという、深く重い意義を有する《悲願》を真っ先に立てた。しかし、そこには［〈覚った方〉を］追い求めるという信じる心がなくてはならない。アミダの〈名〉を、現在の命が尽きる時まで称え続ける、もしくは十回だけ、あるいはたった一回でも称えるならば、アミダの《悲願》の力によって、アミダの国に容易に生まれることができるだろう。ブッダと他の〈覚った方〉すべてが、専ら西を向くことを勧めるのは、この理由によるのだ。他の〈覚った方々〉の名を称え、

《〔本能的〕実践》

また瞑想することで、障碍を除去し、罪悪を駆逐することができないのではない。上に述べたように、命終に至るまで、絶えず〈覚った方〉を念じ続ければ、確実に〈清浄な国土〉への再生を得ることができる。そのような人が十人いれば十人が、百人いれば百人が、それを得ることができる。なぜか？　それは、他の妨げとなる状況がなく、正しい心で〈覚った方〉を念じ続けるから、そうすることが〈覚った方〉の根源的な《悲願》に適っているから、その者たちは〈覚った方〉の教説に反していないから、〈覚った方〉の言葉に遵っているからだ。(66)

また、〔以下のようにも〕言う。

　アミダという〈覚った方〉は、自身を一途に念じるすべての者を心に留め、その者たちを抱擁して、決して見捨てることがない。(67)

また、〔次のようにも〕言う。

　〈卓越した智恵〉を有するアミダの《悲願》は、広大な海のように、深く、広く、底知れない。彼の〈名〉を聞いて、彼の国土に生まれたいと願う者は、だれでも、確実にそこに生まれる。この〈大いなる十億の世界〉が炎に満ちていても、その炎を潜り抜け、〈覚った方〉の〈名〉を聞くことに躊躇いを持たぬように。彼の〈名〉を聞けば、人は喜びを感じ、〈覚った方〉に賛美を捧げる、そうすれば、確実に〈清浄な国土〉に生まれるのだ。〈三つの宝〉は僅か一万年しか命脈を保たないといわれるが、この『経典』だけは更に百年の間も脈打つのだ。幸いにも彼の〈名〉を聞き、彼の方に念を掛けるなら、その者は〈清浄な国土〉に生まれるのだ。(68)(69)

（抜粋）

また、〔次のようにも〕言う。

　〈生死〉のサイクルを繰り返し、罪悪と障碍の重荷に喘いでいる、そんな人間の一人が、ここに息づいている私自身なのだ。六種の境涯の一つからまた一つへと彷徨う間に嘗めねばならない苦悩のことは、どうあっても口には出せない。今やっと、善き友に見える

幸に恵まれ、アミダの根源的な《悲願》から沸き上がる〈名〉を聞き得た。ここに、〈ただ一つの心〉で、あの〈名〉を称え、あの国へ生まれ行くことを願う。〈覚った方〉の慈しみに溢れる心情が、あの普遍的救済を謳う根源的な《悲願》を不変のものとしている限り、苟も〈覚った方〉の弟子の一人として心から願う、[全き救済のための]あの方の抱擁から漏れることのないように、と。(70)

DTS72　また、〔以下のようにも〕言う。

　　質問したい。
　　敬意を抱いて、アミダという〈覚った方〉を礼拝し、瞑想し、また彼の〈名〉を称える者は、この現在の生において、どのような恩恵を蒙るのか？
　　答えよう。
　　ただ一度でも彼の方の〈名〉を称えるならば、その行為によって、八十億のカルパの間も〈生死〉のサイクルに留め置くという重罪すべてが取り除かれる。礼拝そして観想という行為も同様だ。

大正594b　『十の往生の経典』によると、「アミダという〈覚った者〉に思いを馳せ、彼の国に生まれたいと願う人がいるなら、アミダは二十五もの〈覚りを成し遂げる者たち〉を遣わして、あらゆる機会を捉えては苛もうとしている様々な悪霊から、その信じる人々を護らせる。この守護はいつでもどこでも効力を発揮する、昼でも夜でも、また歩いていようと座っていようと立っていようと伏していようと」とある。(71)

　　また、『瞑想の経典』によると、「敬意をもってアミダという〈覚った者〉を礼拝し、彼の〈名〉を称え、そして彼の国に生まれることを願うなら、アミダは、信じる人々を護らせるために、無数の〈覚った者たち〉と観音および勢至のような〈覚りを成し遂げる者たち〉を──〈変化した体〉をすべてに持たせて──遣わすのだ」とある。(72)

　　これらの〈覚った方々〉や〈覚りを成し遂げる方々〉は、先に遣

《〔本能的〕実践》

わされた二十五人の〈覚りを成し遂げる方(かた)〉と共に、百重にも、あるいは千重にも、その信じる人々を取り巻く。歩こうが座ろうが立とうが伏そうが、何をしていても、いつでも、どこでも、昼でも夜でも、〈覚った方々(かたがた)〉と〈覚りを成し遂げる方々(かたがた)〉は付き添う。これらすべての恩恵がもたらされるのだから、みな共にアミダを心から頼むべきなのだ。〔さあ、〕〈ただ一つの心〉で求めようではないか、〈清浄な国土〉に再生することを！

　また、『永遠の生命の経典(きょうてん)』によると、〔〈覚りを求める者〉としての段階にいた時に、アミダは願いを立てたのだ、〕「私が〈覚りそのもの〉を得るとしても、十の方角にいるすべての者が、私の〈名(な)〉を十回まで称(とな)えて、私の国に再生することがなかったら、私は最上の覚り〉を得たりはしない」とある。(73)

　この方(かた)は、〈覚りそのもの〉を獲得した者として、今、世に出現している。だから、この方(かた)の根源的な《悲願》とその〔十回の〕復称(しょう)は虚(むな)しくないと知るべきだ。アミダの〈名(な)〉を称(とな)え、念じる者たちが、この方(かた)の国に再生するのは確実なのだ。

　また、『アミダの経典(きょうてん)』には〔次のように〕ある。

聖典176

　　アミダという〈覚った者〉について、誰かが説いているのを聞く人々は、彼の〈名(な)〉を決して忘れないようにすべきだ。雑念を捨てて、ただ一心に、一日もしくは二日、あるいは七日目まで、〈覚った者〉の〈名(な)〉を称(とな)え続ければ、命を終える時に、アミダがその聖なる従者たちと共に、その人々の眼前(がんぜん)に現れるだろう。そして、これらの信じる人々は、安穏(あんのん)な心で、確実に〈覚った者の国土〉に生まれる。ブッダはシャーリプトラに言った、「賜(たま)る恩恵に鑑(かんが)みて、私は言おう、命あるすべての者よ、この教えを耳にするなら、アミダの国へ生まれ行くことを願いなさい」と。

DTS73

　これに続いて、ブッダは説いた。

　　ガンジス川にある砂のように無数の、東方にいる〈覚った

者〉すべて、同様に南方、西方、北方、そして天頂と天底のそれぞれの、ガンジス川にある砂のように無数の〈覚った者〉すべては、それぞれが自らの国で、〈千の三乗の世界〉の隅々にまで、〈覚った者の〔希有な〕舌〉を伸ばして覆い尽くし、真実と〈誠意〉に満ちた言葉を述べる、「命あるすべての者よ、〈覚った者〉すべてが大切に護り、思いをも馳せている、この経典を信じなさい」と。

「[〈覚った方〉すべてに]護られ、思いを掛けられている」、この経典(74)がそう呼ばれるのはなぜだろうか？ 七日間あるいは一日でも、ただの一回あるいは十回でも、アミダの〈名〉を称える、もしくは、一心に思いを馳せるなら、その者たちは確実に[〈清浄な国土〉への]再生を得る。この事態を証言しているから、この経典は「護られ、思いを掛けられている」と呼ばれるのだ。

続いてこのようにある。

〈覚った者〉の〈名〉を称える人は誰でも、その国に生まれ、六つの方角にいる、ガンジス川にある砂のように無数の、〈覚った者〉すべてに護られ、思いを掛けられる。だから、この経典は「すべての〈覚った者〉に護られ、思いを掛けられている」と呼ばれる。(75)

必ず結果をもたらす誓言と《悲願》である、そう〈覚った方々〉が確約しているのだから、全幅の信頼を寄せ、従順に、自らに〔〈名〉を称えることを〕課す、どうしてそうせずにいられようか？(76)

(以上は智昇の『集諸経礼懺儀』——諸々の経典から全二巻に編纂された信仰告白の賛歌のコレクション——からの引用である。その第二巻には善導の『往生礼讃』の全文が載っている。)(77)

また、〔次のようにも〕ある。

《〔本能的〕実践》

「普遍的救済を謳う《悲願》」とは、[『卓れた経典』に説かれているように、]人々は、その善悪を問われること無く、一様に〈清浄な国土〉に再生する、[そして、この〔再生〕は、]恩恵をもたらす要因としての、アミダという〈覚った方〉の大いなる《悲願》の力によるのだ。(78)

また、〔次のようにも〕ある。

「南無(なむ)」は「〔心身を挙げて〕頼る」ということ。またそれは「《悲願》が宣揚され、その価値が[すべての者に]《手ずから届けられた》」ということ。「阿弥陀仏」とは実践。だからこそ、信じる者は確実に〈清浄な国土〉に再生することができるのだ。(79)(80)(81)

また、〔次のようにも〕ある。

「再生のための抱擁という恩恵をもたらす要因としての《悲願》」とは、四十八種の《悲願》が説かれている『永遠の生命の経典』にあるように、「私が〈覚りそのもの〉を得るとしても、十の方角にいるすべての者が私の国に生まれたいと願って、十回まで私の〈名〉を称え、私の《悲願》の力に乗じてそこへ生まれないならば、私は〈最上の覚り〉を得たりはしない」というものだ。これはすなわち、信じる者が〈清浄な国土〉へ生まれ行くことを望み、自らの命終の時に彼の方の〈名〉を称えれば、アミダの《悲願》の力がその者を抱擁して再生を可能にすることをいう。だから、アミダの《悲願》は〈再生のための抱擁という恩恵をもたらす要因〉と呼ばれるのだ。(82)(83)

また、〔次のようにも〕ある。

人々は、その善悪を問われること無く、その心を〈覚った方〉へと向けて、彼の〈名〉を称えると、みな再生する。このことからも、《悲願》は「〔〈清浄な国土〉へ〕生まれ行くことと、その完遂という恩恵をもたらす要因なのだ」といわれる。(84)

また、〔以下のようにも〕ある。

八万四千の異なる道程おのおのが、

〔現在の〕無智と〔未来の〕果の滅尽と、

〔過去の〕カルマの因の滅尽とに導く。

切れ味鋭い剣の最たるはアミダの〈名〉、

一度〈名〉を称えれば、あらゆる罪を断ち切って、

高く積もった塵の如き、この身に馴染むカルマも、

智恵が開かれるや滅尽する。

おのずと〈それ〉という真理の世界へ至り、

この世の、悠久のカルパにわたる苦悩から解き放たれる。

まさに賢者ブッダの、殊勝なる恩恵ゆえのこと、

数多の巧妙な手法、その長きにわたる考案を終え、

普遍的救済を謳うアミダの《悲願》を、ブッダは選び取ったのだ。(85)

（抜粋）

〔以上の引用を総括して、親鸞は言う。〕

以上のことから、「南無」(86)というのは「帰命」のことだと分かる。「帰」とは「至る」あるいは「達する」という意味だ。また、「説」を「えち」と読んで「帰説」ともいう。また別に、「説」を「さい」と読んで帰説ともいう。「説」には「えち」と「さい」という二つの読みがある。これは、語る、言明する、すなわち、心に起こっていることを声に出す、という意味だ。「命」とは、行動、招集、伝達、教説、手段、信用、計画、召喚、という意味だ。だから、「帰命」とは、根源的な《悲願》の「来たれ」という厳粛な命令なのだ。(87)

《悲願》が宣揚され、その価値が［すべての者に］《手ずから届けられる》。これは、《悲願》を宣べたアミダという〈真実の世界から現れた方〉の心が、［その〈名〉を称えるという］実践を、すべての者に《手ずから届けた》ということだ。

［「阿弥陀仏」とは］実践［すなわち真実の《実践》］のこと。これこそ、［アミダによって］特に選び取られた根源的な《悲願》なのだ。

《〔本能的〕実践》

「再生が確約されている」というのは、〈決して後戻りしない段階〉への到達、それを明らかにしている。経典(88)には「その時〔まさに〕獲得する」(即得)(89)とあり、注釈者(90)はこれを「確実に定まる」と解釈している(91)。「その時(即)」、「その瞬間に」というのは、〈〔《悲願》に応えて現れた〕国土〉への再生、その真実の原因が《悲願》の力を聞くという極めて短い間に確定していく、その時間的状況を明らかにしようとしている。

「必ず」または「確実に」とは、「最終的に」ということを意味し、「必然的に導かれる」とは「決定的に」ということを意味している。それは、堅牢にして無欠なるダイヤモンドと同じような心が完成されていく、その道程を述べているのだ。

『浄土五会念仏略法事儀讃』には〔以下のように〕ある。

〈真理から現れた方〉は、ある時は詳細に、ある時は簡潔に、聴衆の資質に応じて教えを説く。どちらの場合も、その目的は、聴衆を〈真実の本体〉の把握にまで導くことだ。〈〔ものごとはそれ自体として〕生ずることはないという智恵〉を得ている者には、他に必要なものは何もない。〈覚った方を念じるという瞑想〉は最も深遠で、匹敵するものは皆無、人智が遥かに及ばない教説なのだ。〈教えの王〉たるアミダという方は、自らの四十八種の《悲願》の中に表明した、「己の〈名〉によって、命あるすべての者を救済する」と。それが《悲願》の力なのだ。……(92)

〈真理から現れた方〉は、広大な海のような瞑想に常に身を置き、優美に、そして繊細に、その手を翳し、王位にある父に言った、「王よ、今は瞑想だけに勤しむべきです、その〔瞑想〕は〈覚った方〉を念じることなのですから。己の想念を疎んじて、無想念の境地を求めるべきではありません。己の生を疎んじて、〈無生の境地〉を求めるべきでもありません。己の容姿を疎んじて、〈真実の教えが具現した体〉を求めるべきでもありません。己の言葉を

疎(うと)んじて、〈精神的自由〉を求めるべきでもありません……」と。 (93)
　〈一(いち)なること〉という根本的な真理は実に偉大なり！　そのおかげで、人々は変容し潤(うるお)される。ただ、普遍的救済を謳(うた)う諸々の《悲願》は〈覚(かた)った方々(がたがた)〉それぞれに異なるから、ブッダはこの〈汚濁(おだく)に満ちた世界〉に生まれ、かたやアミダは〈清浄な国土〉に現れた。互いの任地は汚濁(おだく)と清浄とに分かれるが、人々が賜(たま)る恩恵は等しい。ただ、その実践にしても、その獲得にしても、より容易なのは、正(まさ)しく〈清浄な国土〉の教説に他ならない。〈西方の国〉の壮麗さは擢(ぬき)んでている。彼の地は百の宝石からなる白蓮(びゃくれん)で飾られている。〔そして、〕人々には、献身的行為の種別に対応する、〈九種の段階〉がある。この事相は〈覚(かた)った方〉の〈名(みな)〉の価値に帰せられるのだ。
　(94)……

聖典179　以下は『〈清浄な国土〉を称揚(しょうよう)する経典(きょうてん)』への法照(ほっしょう)の賛歌。

　　〈真理から現れた方(かた)〉の尊い〈名(みな)〉は、光輝に溢(あふ)れ、明瞭この上なく、
　　十の方角の、あらゆる世界に響き渡る。
　　〔〈浄(きよ)き国〉に〕〈再生〉し、アヴァローキテシュヴァラ〔観音(かんのん)〕とマハースターマプラープタ〔勢至(せいし)〕に歓迎されるのは、彼の〈名(みな)〉を呼ぶ者のみ。
　　アミダの《悲願》は殊(こと)に卓越し、慈しみの心で招き入れるや、
　　人は遍く救われ、自由の心境に遊ぶ、
　　アミダの〈名(みな)〉を称(とな)えると、その人の罪は跡形(あとかた)も無し。
　　〈西の国〉に達すると、
　　ガンジス川の砂数の如(ごと)きカルパにわたる、数多(あまた)の罪も霧散(むさん)する。
　　今や、〈六種の自在な力〉を獲得し、
　　永久(とこしえ)に、老(お)と病(やまい)、そして儚(はかな)き世間に煩(わずら)わされることはない。 (95)

《〔本能的〕実践》

以下は『ブッダの生涯の経典』への法照の賛歌。

> 何が〈正しい教え〉なのか？
> どのような思念に依れば〈真実の教説〉を手にするのか？
> 正誤のいずれか？　今こそ決める時だ。
> 隈無く検分せよ、闇の中に留めおくことは許されない。
> この世のあらゆるものも〈正しい教え〉には敵わない、
> 戒律の保持と瞑想の実践とを〈正しい教え〉と言えるだろうか、
> ［いや、］〈真実の教説〉とは、〈覚った方〉の〈名〉を称え、
> 〈覚った者〉となる、その他には無い。
> 〈覚った方〉の言葉を拒むのは正統ならざる者、
> 因果の法則から目を逸らすのは虚無を好む者。
> この世のあらゆるものも〈正しい教え〉には敵わない。
> 瞑想と戒律——これらを〈正しい教え〉と言えるだろうか？
> 真実の教説とは〈覚った方を念じる瞑想〉、その他には無い。
> 〔真実の〕本質を透視して心を把握するのは〈覚った方〉、
> 道理に適う思念が、それに合致しないことがあるだろうか？(96)

DTS77

（抜粋）

『アミダの経典』に依れば次の通り。

聖典180

> 〈西の国〉の教説は、われわれの歩みを前に進ませ、この世に勝る。
> 〈五つの欲望〉も無く、ましてや悪霊もいないのだから。
> 善行を無理強いされることもなく、〈覚り〉は実現される。
> 白蓮の台に座ること静穏に、アミダへ思いを馳せる。
> 〈五つの汚れ〉のあるこの世界で課せられる修行は、屡々退行する。
> 〈西の国〉へと導く、〈覚った方〉を念じることには及ばない。

そこに至れば、〈最上の覚り〉への道が自ずと開かれる。

苦悩の世界に戻っては、人々の渡し船となる。

あらゆる修行の中、喫緊なのは［〈覚った方〉を念じる］こと、〈浄き国〉の教説はより迅速に結実する。

我が師の輝かしい言葉に加え、

十の方角にいる〈覚った方〉すべてが宣べ伝え、証を立てる。

この世界に〈覚った方〉を念じる者が一人生まれると、

〈西方の国土〉に花芽を持った白蓮の茎が一本伸びてくる。

命尽きるまで、飽くことなく、只管〈覚った方〉を念じるなら、

花開いたその白蓮は、ここにやって来て、〔西の国へ〕迎え入れてくれるだろう。⁽⁹⁷⁾

（抜粋）⁽⁹⁸⁾

以下は、［法照の賛歌集に収録された、］『〈覚った方の現前という瞑想〉の経典』への慈愍和尚による賛歌である。

今、この〈覚りのための道場〉に集う、われわれすべては、

ガンジス川の砂の数にも等しいカルパを経てきたのだが、

人としてのこの身を賜っているのは実に希なことで、

あのウドゥンバラの花が咲く、それほど珍しいことなのだ。

今、幸いにも、聞き難き〈浄き国〉の教えを聞き、

今、幸いにも、〈覚った方〉を念じる、その教えの門が開くのを見届け、

今、幸いにも、遍き救済を謳うアミダの声を耳にし、

今、幸いにも、［〈浄き国〉への］《信頼》の全き形成に立ち会い、

今、幸いにも、彼の『経典』への賞賛を実感し、

今、幸いにも、至高なる白蓮の台に上る、その誓約を確認し、

今、幸いにも、この〈覚りのための道場〉は邪悪な勢力を免れ、

《〔本能的〕実践》

今、幸いにも、健やかに、一堂がここに会し、
今、幸いにも、七日間の勤めを恙なく終えて、
必ずや、四十八種の《悲願》はわれわれに結実するのだ。
道場に集うわれらが友すべてに勧める、
懐かしき故郷に思いを馳せてみよう、と。
ところで、懐かしき我が家とは何処にあるのか。
〈浄き国〉の池にある、七種の宝石の台こそ、それだ。
彼の国の主、〈覚った方〉は、〈覚り〉を求めていた時に誓った、われわれ、そして、すべてに救いをもたらそう、と。
彼の方の〈名〉を耳にし、彼の方に思いを馳せる者のもとに、
彼の方はやって来る、そして、迎え入れる。
豊かだろうが、貧しかろうが、
生まれながらに不遇であろうが、恵まれていようが、
多くを聞こうが、戒律を守ろうが、
戒律を犯そうが、重罪を犯そうが、
いずれも問わない。
大切なのは、心を〈覚った方〉に向け、その方に思いを馳せているかということ。
それだけで、煉瓦が一変して黄金となるのだ。
ここに集える友よ、耳を貸してくれ、
同じ志を持つ者よ、互いに探し当て、いざともに行かん！
ところで、ともに集って、何処へ行くというのか？
アミダの〈浄き国〉をおいて他には無い。
どうすればそこに生まれるのか？
〈覚った方〉を念じればよい。
われわれは人生を罪人として歩んでいる、
どうすれば〈浄き国〉にふさわしい者になれるのか？
彼の方の〈名〉を称えればよい、
闇に灯火が差し出されるように、罪は消え去る。

聖典181

DTS79

(99)

一介の人間でも〔〈浄き国〉へ〕再生できるのか？
　　〈覚った方〉に思いを馳せる、たった一度で、どうして闇が晴
　　れるのか？
　　疑いを抱かず、〈覚った方〉を念じ続ければよい、
　　アミダ自らが君に寄り添うことになっているのだから。⁽¹⁰⁰⁾

　　　　　　　　　　　　　　　　　　　　　　　　　　　　（抜粋）

　新訳『永遠の生命の瞑想の経典』⁽¹⁰¹⁾に依って、法照は〔以下のように〕詠う。

　　〈十種の悪行〉や〈五種の重罪〉を犯した者、極めて無智な者、
　　そして、汚濁の世界に長く埋没していた者でも、
　　ただ一度、アミダの〈名〉を称えれば、
　　〈浄き国〉に至り、〈教えの本質〉を体現するに等しいのだ。⁽¹⁰²⁾

　憬興は〔以下のように〕言う。
　　〈真理から現れた方〉〔であるブッダ〕の〔アミダを詳説する時の〕総論には二つの局面がある。一つは〈真実の世界から現れた〔アミダ〕〉の〈清浄な国土〉を生み出す原因とその結果、すなわち、実践と達成である。もう一つは、すべての者を確実に再生させる原因とその再生という結果、すなわち、救済の対象とその恩恵である。⁽¹⁰³⁾
　また、〔以下のようにも〕言う。
　　『慈しみという白蓮の経典』の「〈覚りを求める者たち〉への予言の章」には〔次のように〕ある。
　　　その時、ラトナガルバという〈真理から現れた者〉が、チャクラヴァルティという王を称賛して言った、「よろしい！　よろしい！　……王よ、西方を見よ。何百万という膨大な数の〈覚った者の世界〉を超えた先に、インドラスヴィラージターという世界がある。その世界には、インドラゴーシェシュヴァラ・

《〔本能的〕実践》

　ラージャという〈覚った者〉がいる。……彼は、今、その地の〈覚りを求めるすべての人〉に〈正しい教え〉を語っている。……それは、純粋・清浄・無垢な〈ただ一つの大いなる乗り物〉なのだ。そこにいる聴衆は同一の身体をしている。そこには性差が無く、その呼称すら知られていない。この〈覚った者〉の世界が有する価値すべては清く、威厳に満ちている。まさに偉大な王の心が求めるべきものだ。……君の名を、ここで、『計り知れない清らかさ』と改めよう」と。……(104)

『〈永遠の生命という真実の世界から現れた方〉の集会』には〔以下のように〕ある。

　　あらゆる者の救済を誓った大いなる《悲願》、それは宣言され、既に実現された──これは、正しく、世にも希なことだ。その《悲願》を宣言し、アミダは自らに相応しい〔心〕境に安んじている。様々な価値が成し遂げられることで、広大で威厳に満ちた、〈覚った者〉の〈清浄な国土〉はあらゆる需要に応えているのだ。……(105)

　〔〈清浄な国土〉は、〕幸福と智恵という、二種の極めて巧みなアイテムが完備され、アミダは〔〈覚った方〉を念じるという〕実践を、すべての者へ一律に《手ずから届ける》。アミダ自身が成し遂げることで、すべての者に恩恵を《手ずから届ける》ようになる、それゆえ、アミダは自らが有する〔真に〕価値あるものを実現させたのだ。……(106)

　無数のカルパにわたって機能してきた要因によって、われわれは今、〈覚った方〉を目の当たりにし、〈教え〉を聞くのだ。これを慶ばずしていられようか。……(107)

　〔彼の国の〕住人は賢明、未曾有の〔浄き〕国だ。〔その国への再生に〕努めない者がいるだろうか？　善行をなし、再生を求めよ。〔アミダが曽て成し遂げた〕善行ゆえ、〈清浄な国土〉は既に開設されている。〔再生という〕成果は努力によるものではない、〔アミダ

DTS81、
聖典183

の《働きかけ》、すなわち、〕自然の成り行きなのだ。高貴な者と卑賤な者とを選ぶことはしない、すべての者が再生を得る、だから、「人に上下の別は無い」という言明があるのだ。……(108)

「［〈清浄な国土〉へ］生まれ行くことは容易なのに、彼の地には誰もいない。彼の国には如何なる軋轢も無い。ものごとは自然に望ましい道筋を進んでゆく」〔と、『永遠の生命の卓れた経典』にある〕。〔これは、〕しかるべき要因があれば、直ちに再生を得る〔ということ〕。要因が欠けていれば再生もない。しかるべき要因があれば、自ずと再生する、再生し損なう者は皆無だ。だから、そこに行くことは容易なのだ。……(109)

「根源的な《悲願》の力のおかげで」〔と、彼の『経典』にある〕。これは、〈覚った方〉の〈名〉を称え、彼の方に思いを馳せる者は、彼の方の国に生まれる、このことが《悲願》の力なのだ、という意味である。

「《悲願》は実現されているのだから」とは、《悲願》には欠陥が無い、という意味である。「《悲願》は十全な状態なのだから」とは、〔再生を〕切望すれば虚しく終わることはない、という意味である。「《悲願》が堅固なのだから」とは、如何なる状況でも破壊できない、という意味である。「《悲願》が究極的なのだから」とは、《悲願》は確実に実現される、という意味である。……(110)

要するに、〈清浄な国土〉のあらゆる美点を〔言葉を尽くして〕描き出すのは、資質に欠ける者でも彼の国へ生まれ行くことを望むよう、厚く支援するためなのだ。(111)

また、〔以下のようにも〕ある。

「先に述べたように、〈覚りを求める者〉に相応しい生き方を実践したのは、この世界においてなのだ」。それは、無諍という名の王はこの世界にいるということ。宝海〔と呼ばれる〈覚った方〉〕も同様だ。(112)

また、〔以下のようにも〕ある。

《〔本能的〕実践》

偉大にして、達すること遥かなる、〈覚った方〉の信頼すべき力、それを聞き知るがゆえに、〈決して後戻りしない段階〉を獲得するのだ。
(113)

『楽邦文類』には〔以下のように〕ある。
　軍隊の士官、張掄は言う。
　〈覚った方〉の〈名〉を保持することは容易だ。〈清浄な国土〉の獲得も容易だ。〈教え〉〔を体得する〕には八万四千もの方法があるが、この最も速やかな方法に勝るものはない。清々しい暁、その暫しの暇を割いて、恒久にして不朽の神の源を追い求めよ。勤しまずとも、無尽蔵の賜り物を手にするというのだから。どうして人はそれに傾注しないのだろう？ ああ！ すべては夢、幻、移ろいゆくものばかり。命は儚く、甚だ頼りない。

大正596a

　呼気に吸気が伴わなければ、来世に往くしかない。一旦、息が絶えてしまったら、一万カルパを経ても取り返せない。この人生で覚れなかったら、〈覚った方〉でも為す術が無い。敢えない命に用心し、願おうぞ。悔いを残しては勿体ない。〔不肖〕張掄、またの名を浄楽、世俗の弟子ながら、ここに強く勧告する、君たちがこの機を逃さぬように、と。
(114)

DTS82、
聖典184

天台宗の長老、山陰（慶文法師）は〔次のように〕言う。
　〈覚った方〉の〈名〉は、そう、《《悲願》に応えた体》から湧き出たものなのだから、慈しみと友情を、《悲願》を、人智を越えた智恵を、そして諸々の教理を湛えた、広大な海から沸き上がったのだから、一人の〈覚った方〉の〈名〉だけを称える時でも、その他すべての、それぞれの〈覚った方〉の〈名〉を称えることになるのだ。われわれが賜ったこの〈覚った方〉の〈名〉の価値は計り知れない。罪悪という障碍物を打ち壊し、われわれは〈清浄な国土〉

57

に生まれる。なのに、どうして疑いを抱くのか？ (115)

律宗の長老、元照は〔次のように〕言う。

　言うまでもないことであるが、我が師ブッダはわれわれすべてに大いなる親愛の情を示した、だから、〈偉大な乗り物〉のあらゆる論説に記される〈清浄な国土〉の教理を説いて、すべての者が順うよう、心から勧めるのだ。われわれはそれを目にする、そして耳にする、それでいてなお、疑いを抱くか責め立てる。溺れそうなのに、藻掻きもせず、ただ沈むに任せているに等しい。〔そこで、〕ブッダは言った、「救いの手を差し伸べずにはいられない」と。これは、〈清浄な国土〉の教説が他に類を見ないほど擢んでている、ということに気づいていないことから起こるのだ。賢者だろうと愚者だろうと、僧侶だろうと信者だろうと選んだりはしない、長く修行してきたかどうかも質さない、犯した罪の軽重も問わない。問題なのは、その《信頼》がどのように定まったのか、ということのみ、というのも、《信頼》こそが［〈清浄な国土〉への］再生を導く要因となるからだ。…… (116)

　〈清浄な国土〉を説くすべての経典には、如何なる悪霊も言及されていないのだから、そういった障碍とは明らかに無縁なのだ。山陰の慶文法師の著した『正信法門』は、件の議論に詳しいので、以下に労を惜しまず引用しよう。

　　　質問したい。

　　まさに命を終えようとする時、目にするのは、〈覚った方〉が、侍従の〈覚りを成し遂げる方々〉に囲まれて、燦然と輝き、台を携え、神々しき香を纏い、神聖なる調に浴している、という光景だ。その方たちは、命を終えた者を抱き上げて、〈清浄な国土〉へ連れて帰ろうとしている。この光景は悪霊の仕業ではないのか？　答えを聞きたい。

　　　答えよう。

《〔本能的〕実践》

『シューランガマの経典(きょうてん)』には、瞑想を修行する者が、心の中に悪の権化(ごんげ)を呼び起こすことが時折(ときおり)あるという。(117)

『〈偉大な乗り物〉という教理の論説』によると、瞑想を修行する者が、外界の精霊(せいれい)（すなわち〈神々〉）を呼び出すことが時折(ときおり)あるという。(118)

聖典185

『シャマタとビパシャナーの論説』によると、瞑想を修行する者が、時刻に合わせて現れる鬼神を呼び出すことが時折あるという。(119)

これらの瞑想(めいそう)に励む者が頼りにしているのは自己の力だけ。それゆえ、この者たちは何らかの悪霊(あくりょう)の群(むれ)を既に宿(やど)していて、その群を俄(にわか)に掻き立てれば、一様ならぬ姿を取って現れることになるのだ。このように見極(みきわ)めて、適宜(てきぎ)に対処すれば、この悪霊(あくりょう)の群(むれ)を鎮圧できる。己(おのれ)の実像を見ずに、我(われ)は賢人・知識人と盲信すれば、却(かえ)って元凶(げんきょう)に阻(はば)まれるだろう。（以上が、この世界にいる間に〈覚り〉を得ようとする道を歩む者は、〔却(かえ)って〕災いをもたらす悪の権化(ごんげ)を呼び起こしてしまう、という事態の説明である。）

他方で、〈覚(かた)った方を念じる瞑想(めいそう)〉の実践とは、正(まさ)に、〈覚(かた)った方〉の力を頼むことなのだ。それは王の庇護(ひご)があれば誰も邪魔立(ま)てしないのと同じだ。これはアミダが〔次のような力、すなわち、〕〈大いなる慈しみに満ちた、親しき友としての力〉、〈大いなる《悲願》の力〉、〈大いなる智恵の力〉、〈大いなる瞑想(めいそう)の力〉、〈大いなる権限を有する力〉、〈悪の権化(ごんげ)を打ち破る大いなる力〉、〈悪霊(あくりょう)を鎮(しず)める大いなる力〉、〈〔千里眼のごとき〕視力〉、〈〔順風耳(じゅんぷうじ)のごとき〕聴力〉[a]、〈明晰(めいせき)で透徹した読心術の力〉、そして〈万人を照らし出す光で、万人を〔闇から〕救う

大正596b

---

[a] 遠くの景色を視認する能力を持つ神が「千里眼」、遠くの音を聞き分ける能力を持つ神が「順風耳」、この二神は、中国の小説にもよく現れ、「西遊記」では、孫悟空の誕生を大帝に伝える役を担う。

力〉を有しているからだ。アミダの力は、このような計り知れない価値を持っているのだから、〈覚った方〉を念じる者は、命を終える時に、邪魔立てされるはずがないのだ。

　アミダが〔〈覚った方〉を念じる〕者を守護できないなら、彼の〈大いなる慈しみに満ちた、親しき友としての力〉は何処にあるというのか？　悪しき邪魔ものを排除できないなら、その智恵の、瞑想の、権限のある、悪を打破する、霊を鎮める力は何処にあるというのか？　手立てを駆使して邪魔立てする悪霊を見透かせないなら、〔千里眼のごとき、順風耳のごとき〕神力、そして、読心術に長けた力はどこにあるというのか？

　『経典』によれば、「アミダの放つ〈光〉は十の方角にある世界すべてを照らし、あらゆるものに手を差し伸べ、決して見捨てることはない」という。(120)

　〈覚った方〉を念じる者が命を終える時に、悪霊に邪魔立てされるなら、その〈光〉で一人残らず照らし出しては、すべてを救済するアミダの力はどこにあるというのか？　〈覚った方〉を念じる者が、その臨終で目にする不思議は、ブッダが種々の経典に述べているのだから、それを悪霊の仕業だと一笑に付すことができようか？

　よし、これで、軽はずみで謂われ無き疑いは、一点の曇りも無く晴れた。さあ、〈正しき信頼〉に目覚めようではないか。(121)

(122)（引用終わる）

　元照という戒律の指導者が著した『「アミダの経典」の注釈』には〔以下のように〕ある。

　〈ただ一つの乗り物〉という究極的教説は、決まって〈幸福の国土〉を際立たせて幕を引く。万の修行を円満に成し遂げようとも、〈名〉を称えることには及ばない。この要因は、そう、無数のカルパを通じて念入りに仕上げられた、アミダの《悲願》に他ならない。

《〔本能的〕実践》

彼の慈しみの心はすべての者の救済に注がれる、だから、身を捧げるに、どれほど狭小な場所であろうと、不足することはないのだ。慈しみと智恵が体現された〈覚りに至るための六種の行為〉を操り、能う限り懇ろに掬い上げる。物心に亘る二種の財宝を損得抜きに好きなだけ与える。〔アミダの〈名〉を称える者は〕機が熟し、〔アミダは〕その勤めを終えて、〔真の〕価値を《手ずから届ける》。今ここに、すべてが整うのだ。〔〈名〉を称える者〕には〔アミダの〕三種の体が速やかに実現される、なぜなら、その美徳すべては、[阿弥陀仏という]四文字の中に、余すところなく露わになっているのだから。……(123)

　アミダは、自身の〈名〉——この耳に、この口にすることのできる——で、すべての者を救済する。そのように聞き、また称えれば、その〈名〉の有する溢れんばかりの価値がこの心の中へ雪崩れ込むのだ、そして、〈覚りとなる種〉が朽ちること無く宿り続けるのだ。こうして、気の遠くなるほどのカルパを通して積み上げてきた大罪でも、立ち所に拭い去られ、〈最上の覚り〉が獲得される。善き資質を欠く者に、[この奇跡は]起こらない。〔真の〕価値に満たされた〈覚った方〉を念じることだけが奇跡を起こすのだ。(124)

また、元照は〔次のようにも〕言う。

　〈正しき念〉を巡って考えるに、凡人は命を終える際、心を統べることに躓く。その眼前には、善悪を問わず、あらゆる妄念の種子が発芽して姿を見せる。ある時は邪な念、ある時は誤った考え、ある時は執らわれた心、ある時は狂気の沙汰となり、みな常軌を逸する因となる。ところが、〈覚った方〉を念じる者となって、その方の〈名〉を称えれば、罪は消え去り、邪魔するものも無く、汚れ無き行いが心に芳香を薫じ、アミダの慈しみの〈光明〉が降り注いで、その者たちを包み込む。こうして、時を置かずに、苦悩から解放され幸福を享受する。そこで、「〈再生〉を希求し、その強みを請け合うように」と、ここには説かれているのだ。(125)

聖典186

DTS85

大正596c

慈雲法師は〔次のように〕言う。

　　ただ〈平和と安息の清浄な国土〉だけを求めるべきだ。〈覚った方〉を念じることは実を結ぶこと速やかで、真実なのだから。〈四種の人々ａ〉が、無智をいち早く捨て去り、軽微な罪から、重罪——〈五種の重罪〉や〈十種の悪行〉等——まで、あらゆる罪を清め尽くしたいと望むなら、この〈教え〉に専念すべきだ。戒律の大小を問わず、それを守ることで身を清め、汚れを洗い流したいと、〈覚った方を念じるという瞑想〉に没頭したいと、また〈覚りを求める者〉に相応しい〈覚りへと至る修行〉を成し遂げたいと望むなら、この〈教え〉に傾注すべきだ。命の尽きる瞬間にあらゆる恐怖から解放されたいと、心身共に穏やかに安らかになりたいと、両手を広げた〈聖者の主〉に抱き上げられたいと望み、そこで初めて、忙しき努めを離れ、〈決して後戻りしない段階〉に到り、そして、遠大なカルパを経ることなく〈〔ものごとはそれ自体として〕生ずることはない〉〔という智恵〕を得たいのなら、この〈教え〉に傾注すべきだ。これらは古の賢者たちが〈教え〉を講じたものなのに、何故それに従わないのだろうか？

　　以上、各論的にではなく総論的に、五つの主題で〈清浄の国土〉の要点を述べた。詳細な議論は以下の注釈に譲る。

　　『〈三種の書物群〉の開元〔時代〕の目録』によると、この『経典』の翻訳は二本あり、古い方は現存していない。入手できるのはカーラーヤシャスの翻訳である。『伝記集』によれば、カーラーヤシャスとは「美麗なる季」のことで、宋王朝の文帝の時代、元嘉年間の始めに首都にやって来た人という。

慈雲の賛歌には〔次のように〕ある。

　　これは〔〈覚った方〉の〕申し分のないプレゼンテーションすべ

ａ　僧侶と信者を、それぞれ男女で分けると四種となる。

《〔本能的〕実践》

ての中でも最たるもの、且つ、最も円満にして最も速達なる［教説の］中でも第一なのだ。(129)

大智(130)は〔次のように〕言う。

　それは円満で速達、そして極めて清浄で純正な〈ただ一つの乗り物〉(131)なのだ。

律宗の戒度は〔次のように〕言う。

　〈覚った方〉の〈名〉とは、膨大なカルパに亘って積み重ねられた修行、その芳しき香に焚きしめられて、有益なこと、この上ないものだ。［阿弥陀仏という］四文字は、このすべてを顕示している。だから、それを称える者の恩賜は甚大なのだ。(132)

『戒律』の学派に属する用欽は〔次のように〕言う。

　私が、心と口で、一人の〈覚った方〉の〈慶ばしい名〉(133)を称えると、因果から生ずる数多の価値あるものものが、そこに自ずと具わるのだ。(134)

また、〔次のようにも〕言う。

　すべての〈覚った方〉は、無数のカルパを経た後、〈真実の本体〉を把握する。〈把握〉とは〈把握しないこと〉、だから、〈覚った方々〉は大いなる《悲願》を起こしても、それを実体化しないのだ、すなわち、希有な行いのすべてを実践しても、そこに留まらず、〈覚り〉を獲得しても、それを獲得せず、如何なる装飾も無い国土に留まる、そして、奇跡的な力を発揮しても、その力は少しも奇跡的ではない。その上で、〈大いなる十億の世界〉を覆い尽くす〔類い希な〕舌を駆使して、言語を用いず演説し、この『経典』(135)を信頼するよう、すべての者に勧めるのだ。これは実に想像を絶していて立証は不可能だ。愚見ではあるが、すべての〈覚った方〉の計り

DTS87　　　難い〔真の〕価値はアミダの体と彼の国が有していて、他のすべ
　　　　　ての〈覚った方〉の〈名〉を保持する修行もまたアミダを源泉とす
　　　　　るのだ。
　　　　　　　　(136)

　　　　三論宗の長老、嘉祥は〔次のように〕言う。
　　　　　　質問したい。
　　　　　　〈覚った方を念じる瞑想〉が、これほど多くの罪を清め払うのは、
　　　　　何故に可能なのか？
　　　　　　答えよう。
　　　　　　〈覚った方〉は無限の価値［あるいは能力］を有している、だか
　　　　　ら、その無限の価値に思いを馳せれば、どれほど多い罪でも清め払
　　　　　うことができるのだ。
　　　　　　　　　　　(137)

聖典188　　法相宗の長老、法位は〔次のように〕言う。
　　　　　　〈覚った方々〉は自らの〈名〉に独自の価値を付与している、だ
大正597a　から、〈名〉を称えることはその価値を称えるに等しい。価値とは
　　　　　罪を清めて幸を産むことにある、〈名〉も同じだ。〈覚った方〉の
　　　　　〈名〉を信頼すれば、善を産み、悪は討たれる、これには疑いを挟
　　　　　む余地が無い。〈名〉を称えれば〈清浄な国土〉に生まれる、心配
　　　　　は無用だ。
　　　　　　　(138)

　　　　禅宗の飛錫は〔次のように〕言う。
　　　　　　〈覚った方を念じる瞑想〉が最善なのは、最も重要な修行だから
　　　　　だ。それゆえ、瞑想の中の王と呼ばれるのだ。
　　　　　　　　　　　　　　　　(139)

　　　　『往生要集』には〔以下のように〕ある。
　　　　　　……『二巻の経典』の趣旨とは、「人々には〈三つのグループ〉が
　　　　　あって、それぞれが〈精神的自由〉の達成に勤しんでいる。その資
　　　　　質に浅深があるとはいえ、〈永遠の生命を有するアミダという覚っ

《〔本能的〕実践》

た方〉、彼の〈名〉を称える道を等しく追求している」ということだ。

第三〔の問題〕とは、すなわち、四十八の《悲願》の一つが〈覚った方〉を念じることに割かれていることだ。彼の《悲願》には、「想念を馳せること〔すなわち〈名〉を称えること〕を十回まで行っても、私の国に生まれなければ、私は〈最上の覚り〉を得たりはしない」とある。

第四〔の問題〕とは、すなわち、『瞑想の経典』には、「極悪人にはアミダ〔の〈名〉〕を称える他に〈幸福の国土〉に生まれる術はない」とあることだ。

また、〔以下のようにも〕ある。

『心地観の経典』には、こう記されている、「〔〈覚った者〉の〕美徳には六種がある。

〔〈覚った者〉とは、〕

1. 比類無く偉大な価値の産地。
2. 比類無く偉大な恩恵の施主。
3. 命あるすべてのもの——這う蛇、立つ人、および百足のような虫を含む——の中で、最も尊敬される存在。
4. 実に見つけ難いウドゥンバラの花。
5. 〈三千大千世界〉と呼ばれる〈十億の世界〉で唯一の存在。
6. 世俗と世俗を超えた価値とを円かに具えた存在。

この六種の価値ゆえ、命あるすべてのものに、アミダは恩恵を与え続けるのだ。

この六種の価値は、次のように知るべきだと、源信という指導者は言う。

---

a 第一は省略され、第二は途中から引用されている。

1. 人が「南無仏[私は〈覚った方〉を〔心から〕頼りにする]」と一度でも称えれば、〈覚った方を成り立たせる道〉は最早完成している、それゆえ、私は〈比類無き価値を産出する大地〔のような方〕〉を〔心から〕頼りとし額ずく。

2. 〈覚った方〉は、すべての者に、その〈大いなる慈しみ〉の眼差しを注ぐ、恰も我がひとり子にするように、それゆえ、私は〈大いなる慈しみと親しき友のような心情〉を有する母を〔心から〕頼りとし額ずく。

3. 十の方角にいる偉大な方すべてが、尊きアミダに恭しく額ずく、それゆえ、私は〈人間の中で最も尊い方〉を〔心から〕頼りとし額ずく。

聖典189

4. 〈覚った方〉の〈名〉を耳にするのは、ウドゥンバラの開花に立ち会うことよりも、遥かに希なこと、それゆえ、私は〈この世で見えることが希有極まり無き方〉を〔心から〕頼りとし額ずく。

5. 〈覚った方〉は、一百のコティス[a]という世界に、同時に二人は出現しない、それゆえ、私は〈拝顔し難い偉大な教えの王〉を〔心から〕頼りとし額ずく。

6. 〈覚った方の教え〉の広大な海のような価値すべては、三つの時空を貫く不変の本体を有する、それゆえ、私は〈あらゆる価値を具備する尊い方〉を〔心から〕頼りとし額ずく。
(144)

DTS89

また、〔以下のようにも〕ある。
　パーリジャータ〔の香〕で終日薫じた服には、チャンパカやヴァールシカ〔の香〕で千年薫じても敵わない。(145)

また、〔以下のようにも〕ある。

---

a　十億の世界

《〔本能的〕実践》

　カータカという薬水を一斤、千斤の銅に浴びせると、その銅は金に変わる。〈忍耐〉と呼ばれる草がヒマラヤに生えていて、雌牛がこの草を食べると乳が一変して醍醐となる。シュリーシャの樹は、クリッティカー〔昴〕が現れる時だけ、フルーツが採れる。(146)

　源空の編纂による『選択本願念仏集』の冒頭に〔この結論が〕ある。大正597b
　南無阿弥陀仏──、〈再生〉ための業〔勤め・実践〕は、〈覚った方〉を念じることを、その礎としている。(147)

　そして、〔以下のように、親鸞の恩師、源空は〕勧励する。
　〔連綿なること極まりない〕〈生死〉からいち早く抜け出したいと思うなら、ここに、二つの勝れた道がある、ただし、〈聖者のため〉の教説の方は、当座の間、放っておけ。そして、〈清浄な国土〉の教説の方を選び取れ。さらに、〈清浄な国土〉の教説へ通ずる道にも二つある、それは〈真正〔あるいは純正〕な道〉と〈多様な道〉だ。この二つの中で、〈多様な道〉はやめておき、〈正しい道〉の方を選び取れ。〈正しい道〉と〈補助的な道〉とでは、後者を脇におけ。〈正しい道〉の方を選び取り、〔〈清浄な国土〉への再生を〕確実に保証する〈正しい実践〉に努力を傾けよ。〔〈清浄な国土〉への再生を〕確実に保証する正しい実践とは、〈覚った方〉の〈名〉を称えること。称えれば、〈清浄な国土〉へ生まれ行くことは、〈覚った方〉の根源的な《悲願》の力が実現してくれるのだ。(148)

〔以上の引用を総括して、親鸞は言う。〕
　これで、〈覚った方〉を念じることは凡人が〈自己の力〉で行うことでもなく、あるいは賢人が〈自身の力〉ですることでもない、というこ

---

a　500グラムほど。
b　大拙の英文に沿って訳したが、「正しい道の中にも二つの実践、正しい実践と補助的な実践があり、後者を脇におくのだ」とすべき。

とが明らかになった。そう、〈覚った方〉を念じることとは私たちがする実践ではなく、他者［すなわちアミダ］からもたらされる実践なのだ。優れた賢人もそれほどでもない賢人も、また重罪の人も軽罪の人も、みな等しく、広大な海のような、厳選された、この宝物を〔心から〕頼りにし、そして、〈覚った方〉を念じることの力によって〈覚りそのもの〉を獲得するのだ。

　　　だからこそ、『論説の注釈』に〔次のように〕ある。
　　　　〈平和と幸福の国土〉のすべての居住者は、清らかな花のような、〈最上の覚り〉を有するアミダという〈真実の世界から現れた方〉が、一様に〈変化した体〉に他ならない。［〈清浄な国土〉に到る］方法は、〈覚った方〉を念ずることだけなのであって、他には無いのだ。
　　　（149）

　　　〔親鸞は言う。〕
　　このように、〈清浄な国土〉の正しい実践と正しい《信頼》とを獲得した者は、心に大きな喜びを感じる。だから、その段階を〈歓喜の段階〉という。これは〈第一の成果〉に擬えられる。〈第一の成果〉の段階にある賢者は、惰眠や倦怠感に陥ったとしても、〈二十九回目の生存〉にだけは決して到ることがない。言うまでもないことだが、十の方角にいる、広大な海に群れる命ある者の中で、この《実践》と《信頼》とに〔身も心も〕頼り切った者たちは、アミダに救いとられ、決して見放されることはない。だからこそ、アミダという〈覚った方〉と呼ばれるのだ。頼んだ者を救い、決して見放すことがない。アミダこそ〈他者の力〉なのだ。
　　偉大な聖者のナーガールジュナは言う、「即座に〈確約された地位〉に入る」と。
　　（151）
　　偉大な師匠の曇鸞は述べる、「〈正式に確約されたグループ〉のメンバーになる」と。
　　（152）

《〔本能的〕実践》

　敬意をもって、これらすべてに遵(したが)ってもらいたい！　これらすべてを実践してもらいたい！

　わたくし〔親鸞〕は本当に知り得た、〔真に〕価値ある〈名(みな)〉こそ慈愛にあふれた父、この父がいなければ、〔〈清浄な国土〉に〕生まれ行くことを可能にする要因を欠いてしまう、と、一方で、〈輝く光〉こそ愛情に満ちた母、この母がいなければ、それを促(うなが)す条件を損なってしまう、とも。しかし、原因と条件がともに揃って働くとしても、自(みずか)らの境涯(きょうがい)の中に立ち起こった信じる心がなかったならば、^a〈輝く光の国土〉に到ることは不可能であろう。真の《信頼》を可能にする心は内的な原因、〈輝く光〉と〈覚(かた)った方〉の〈名(みな)〉は外的な条件なのだ。内と外とが、また原因と条件とが協調して働くから、〔《悲願》に応(こた)えた〕国土における〈真実の体(からだ)〉(153)が実現される。だから、善導という師匠は述べる、「アミダは、十の方角にいるすべての者を、自(みずか)らの〈輝く光〉と〈名(な)〉とをもって救いと〔り、〈覚(かた)った方の道〉に向け〕る。しかし、そこには〔〈覚(かた)った方〉を求める〕〈信じる心〉がなくてはならない」(154)と。さらに言う、「〈覚(かた)った方〉を念じて〈覚りそのもの〉を獲得することが〈真実の教え〉なのだ」(155)と、また、「〈真実の教え〉には出会い難(がた)い」(156)とも。このように理解してほしい。

　〈向かっていく《働き》〉を可能にする《実践》と《信頼》について、そこには〈実践の一念〉と、〈《信頼》の一念〉とがある。〈実践の一念〉とは、〈名(みな)〉を称(とな)える回数に関わっていることを意味し、最も実践することが容易なのでそれが選ばれたという、その根本の意義が説明されているのだ。

　だからこそ、『卓(すぐ)れた経典(きょうてん)』には〔以下のように〕ある。
　　ブッダがマイトレーヤに言った、「〈覚(かた)った者〉〔アミダ〕の〈名(な)〉

聖典191

---

a　ドラフトには、大拙が determined を awakened に修正しようとしていた痕跡がある。

を聞き、尽きせぬ喜びを感じ、彼の〈名〉に、一瞬でも、思いを馳せる〔、すなわち、彼の〈名〉を一回称える〕なら、その人は大いなる恩恵に与る——それは、この世のものとは思えないほどの価値を賜ることなのだ」と。⁽¹⁵⁷⁾

光明寺の師匠は言う、
「たった一回でも思いを馳せる」と。⁽¹⁵⁸⁾

また、言う、
「一回声に出し、一回思いを馳せる」と。⁽¹⁵⁹⁾

また、言う、
「心を一つにし、余念を交えず」と。⁽¹⁶⁰⁾

〔更に、〕智昇という指導者の『集諸経礼懺儀』下巻には〔以下のように〕ある。⁽¹⁶¹⁾

〈深い心〉とは、真実の〈信じる心〉、すなわち、この世を生きる者としての我が身は、正視に耐えない情欲に溢れていて、善き資質に恵まれず、〈三種類の世界〉で〈生死〉を繰り返しては、〈炎に包まれている家〉から逃げ出すことすらできない、それを知り且つ信じる、ということなのだ。そこで、アミダを〔仰ぎ〕見るのだ。アミダの根源的な《悲願》、その意図は全き救済にあると、知り且つ信じ、それゆえ、わずか十回でもアミダの〈名〉を称えれば、〔〈清浄な国土〉へ〕生まれ行くことが保証される、実に、たった一回、口にするだけでも、〔そこへ生まれ行くことに〕疑いを抱くことはない。これこそ〈深い心〉なのだ。⁽¹⁶²⁾⁽¹⁶³⁾

〔親鸞は言う。〕
『経典』では「乃至」(〜まで)とあり、『解説』では「下至」(そこまで)とある。文字は違うが、その意味するところは同じである。ところで、「乃至」と言う場合は、量的観念、すなわち一あるいは多ということを含意している。「小さな恩恵」に対しては「大いなる恩恵」があ⁽¹⁶⁴⁾⁽¹⁶⁵⁾

《〔本能的〕実践》

り、「もっと勝れたものがある」に対しては「この上なく勝れた」がある。まことに、「大いなる恩恵」と「この上なく勝れた」とは、真実の〈ただ一つの乗り物〉〔という教え〕から得るものに相応しく、一方「小さな恩恵」と「もっと勝れたものがある」とは、八万四千の暫定的な教えに適している。〔善導の〕『解説』で、「心を一つにして」と言うのは、二心がないこと、〈ただ一つの心〉という意味である。「他の思いがまったくない」と言うのは、実践に二つはあり得ないこと、「ただ一つの実践」という意味である。マイトレーヤに託された「ただ一度思いを馳せること」とは、ただ一度声に出すことに他ならない。ただ一度声に出すということは、ただ一度思いを馳せることで、ただ一度思いを馳せることはただ一つの実践である。ただ一つの実践とは正しい実践で、正しい実践とは正しい行いである。正しい行いとは正しい思念である。正しい思念とは〈覚った方〉を念じることである。そして、結論としては、〈覚った方〉を念じることとは南無阿弥陀仏なのである。

このように、〈大いなる慈しみ〉という《悲願》の船に乗り、光り輝く広大な海に漕ぎ出すと、悪という渦巻く波の上を、申し分のない美徳の風がやさしく吹くのだ。そして、無智という暗闇が打ち破られ、すみやかに〈光の満ちあふれた国土〉に到達する。彼の地で、〈偉大で完全な精神的自由の境地〉を獲得し、サマンタバドラという〈覚りを成し遂げる者〉の務めをなすのだ。そう理解してほしい。

『安楽集』には〔以下のように〕ある。

「十回続けて〈名〉を称える」という場合、賢者だけがその回数についてよく理解する。他の想念に邪魔されず、〈名〉を称えることに集中し続けるなら、その実践は、最後には目的を果たして、そこで終わる。これが実現すれば、もはや回数をいう必要はない。

また、〔以下のようにも〕ある。

---

a　ドラフトに則って訳した。

長いこと修行を積んできた者が〈名〉を称える時は、上の例に則ってよい。初心者が〈覚った方〉を念じるなら、回数をいうことから始めるのがよい。どちらも聖なる教説に許されている。

〔親鸞は言う。〕
　以上の言及から、真実の《〔本能的〕実践》なるものが明らかになった。そして、次のように知り得る——［〈覚った方〉を念じること］だけを選び取り、命あるすべての者を［決して見捨てることなく］受け入れるというアミダの根源的な《悲願》、その《悲願》のいう真実の《実践》とは、最も優れた、世俗を超えた、驚嘆すべきものなのだ、そして、十分に行き渡る、実に奇跡的な〈正しい教え〉なのだ、更には、根本的な意義を有する、なにものにも妨げられない、大いなる《実践》なのだ——と。このように理解してほしい。
　〈他者の力〉について言えば、それは〈真実の世界から現れた方〉の根源的な《悲願》の力を意味する。

『論説』には〔以下のように〕ある。
　根源的な《悲願》の力とは、〈覚りを成し遂げる偉大な者〉は、〈真実の教えが具現した体〉で瞑想に留まっていても、様々な姿で顕現し、その能力を誇示し、多様な方法で教えを説く、ということ。すべては根源的な《悲願》の力のなせる業なのだ。恰も〈阿修羅の琴〉のように。その音を聞くも弾く者を見ず。これこそ〈教えを説く段階〉という、〈覚りを成し遂げる者〉が有する、〔真の〕価値に満ちた、第五〔の段階〕の特質なのだ。……
　〔そこで、〕次の一文、「四つの〈門〉［あるいは瞑想の局面］を経て、〈覚りを求める者〉は自己を向上させる修行を完成させる。このように理解してほしい」を説明しよう。〈完成〉とは、自己を向上させる修行がすでに終結した、という意味だ。「このように理解してほしい」とは、自己を向上させる修行を完結して、初めて他者

《〔本能的〕実践》

の救済に首尾よく着手できる、すなわち、自己の向上が貫徹していないと、他者を救済できない、ということだ。

〔また、〕次の一文、「第五の〈門〉に入れば、〈覚りを成し遂げる者〉は他者の救済を図り、自らの務めとして、〔真の〕価値を《手ずから届ける》という働きに、首尾よく着手する。このように理解してほしい」を説明しよう。「……〔真に〕価値あるものを十全に届ける……」とは、《手ずから届ける》という美徳を要因として、〈覚りを求める者〉に〈教えを説く段階〉が結実した、すなわち、その原因であろうと結果であろうと、他者の救済に資さないものはない、という意味である。「このように理解してほしい」とは、他者を救済してこそ、〈覚りを求める者〉は自己を向上し得る。他者の救済が叶わなくても自己を向上し得る、ということではない。

〔更に、次の一文、〕「〈覚りを求める者〉は、五つの修行の〈門〉を追求して、〈自己の向上〉と〈他者の救済〉の両者を首尾よく成し遂げ、〈比類なく完全な最上の覚り〉の速やかな獲得へと導かれる」〔を説明しよう〕。〈比類なく完全な最上の覚り〉という言葉は、〈覚った方〉が獲得した〈真理〉に始まる。この獲得によって〈覚った方〉が歴史の表舞台に登場したからだ。

聖典194

「〈比類なく完全な最上の覚り〉の速やかな獲得」とは、〈覚りを求める者〉が直ぐに〈覚った方〉になる、ということ。ここでの「阿」は「…ではない」、「耨多羅」は「上」、「三藐」は「正しい」、「三」は「すべての」あるいは「普遍的な」、「菩提」は〈覚り〉という意味。〔したがって、〕「阿耨多羅三藐三菩提」は〈並ぶものの無い、正しく普遍的な覚り〉を意味する。

「並ぶものの無い」とは、〈覚り〉は究極的な理性、ものごとの終極で、それを超えるものは無いということ。なぜか？ それは正しいからだ。「正しい」とは、それが賢者の得る智恵で、またこの認識が、ものごとの〈それだ〉という真理に合致しているからだ。だから〈正しい智〉と呼ばれる。ものごとの〈それだ〉という真理は形

73

容し得ず、そして、智恵は認識ではない［、すなわち、「知る」とは、実際には、「知ることではない」のだ］。「普遍的な」には二つの意味がある、一つは、賢者の　神（たましい）　はあらゆるものを認識し得ること、もう一つは、〈真実の教えが具現した　体（からだ）〉は〈あらゆるものごとの世界〉に行き渡っていること。体（からだ）だろうと　神（たましい）だろうと、力の及ばないところは何処（どこ）にも無い。〈覚り〉（あるいは〔真の〕道）とは、遮（さえぎ）ることのできない道だ。経典（きょうてん）には、「何ものにも動ぜずに進む者は、〈ただ一つの〔真の〕道〉に遵（したが）って〈生死〉を超越する」とある。〈ただ一つの〔真の〕道〉とは、遮（さえぎ）ることのできない道に他ならないし、遮（さえぎ）ることのできない道とは、「〈生死〉〔を繰り返している現実〕が〈精神的自由〉〔という理想〕そのものだ」と知ること。この二元論的でない教説こそが、何ものにも動じないというあり方（かた）なのだ。(174)

質問したい。

どのような理由で「〈比類なく完全な最上の覚り〉の実現（あるいは獲得）」が直（ただ）ちに可能となるのか？(175)

答えよう。

『論説』には「修行における五つの〈門〉を実践することで、〈自己の向上〉と〈他者の救済〉の双方を成し遂げる」とある。(176) この恩恵の起源を尋ねると、そこには、アミダという〈真実の世界から現れた方（かた）〉が、その要因として見いだされる。ここで、〈他者たちは救済される〉[a] と〈他者たちを救済する〉とは区別する必要がある。

---

a　DTSでは「benefited by the other 他者に救済される」、となっているが、現在では、「他者たちは救済される」と理解されているので、そのように訳した。
　「他利の他が阿弥陀仏を指す」と理解されてきた歴史があるが、これは、文献研究の基本的な手続きを経なかった結果であるように思える。曇鸞が愛読したはずの、『大智度論』と『十住毘婆沙論』とには、前者に2箇所、後者に8箇所、計10箇所（大正25-250c、304a. 大正26-53a、56abに4箇所、66a、102aに2箇所）の文脈において、大乗の菩薩道を論ずる上での「（自利）利他」と同意の事態を指示する、「（自利）他利」が用いられている。したがって、「他利の他が阿弥陀仏を指す」と理解することは不可能だと言えよう。「他利利他」とは、「他が利せられることと、他を

《〔本能的〕実践》

〈覚った方〉の立場からは〈他者たちを救済する〉と言わねばならない、〈覚った方〉は他者たちを救済するのだから、その一方で、他者たちの側から言えば、〈他者たちは救済される〉となる〔、われわれは、〈覚った方〉によって、今や救済されているのだから〕。われわれは〈覚った方の力〉を語っているから、〈他者たちを救済する〉と言う。そう理解してもらいたい。

この〈清浄な国土〉へ生まれ行くことと、〈覚りを求める者たち〉や〈神々〉のあらゆる努めは、アミダという〈真実の世界から現れた方〉が立てた根源的な《悲願》、その力の賜なのだ。なぜか？これらが〈覚った方〉が有する力の賜でないとしたら、〈覚りを求める者〉の時に立てた四十八の《悲願》が、所詮、虚しきものであった、ということになってしまう〔、そのようなことは決して有り得ない〕からだ。

聖典195

次に掲げるアミダの三つの《悲願》の中に、このことへの、寸分の狂いも無い証が立てられている。

〔その最初の《悲願》は、〕「私が〈覚りそのもの〉を得るとしても、十の方角にいるすべての者が、〈誠意〉と《信頼》とをもって、私の国に生まれたいと願い、十回ほどでも念を馳せ〔すなわち、私の〈名〉を称え〕、それで、もし生まれなければ、〈最上の覚り〉を得たりはしない〔、それが私の決意だ〕。ただし、〈五種の重罪〉を行ったもの、および〈正しい教え〉を罵るように中傷する者は除外する」〔ということ〕。十回〔アミダの名〕を称えた者が〈清浄な国土〉に生まれ行くのは、この〈覚った方〉の《悲願》の力ゆえ。生まれ行くことで、人は〈三種類の世界〉〔の辛酸を嘗めるという

利すこと」であり、「衆生が利益されることと、衆生を利益すること」の意なのである。本文を説明すれば、「自利と利他とは右と左（ほどの差異）がある。仏を主語とすれば、『（仏は）衆生を利益する』となる。衆生を主語とすれば『衆生は（仏に）利益される』となる。ここでは、仏の力を議論しているのだから、仏を主語にして、『（仏は）衆生を利益する』と言うのだ」になるであろう。

現実〕から脱がれ得るのだ。この脱出があるから「直ちに」と言う。（第一の証）

　〔次の〕《悲願》は、「私が〈覚りそのもの〉を得るとしても、私の国に生まれるすべての者もしくは〈神々〉が、〈正式に確約されたグループ〉(177)という地位を得て、最終的に、〈精神的自由の境地〉を実現しなければ、〈最上の覚り〉を得たりはしない〔、それが私の決意だ〕」〔ということ〕。〈正式に確約されたグループ〉という地位を得るのは、この〈覚った方〉の《悲願》の力ゆえ。だからこそ、確実に〈精神的自由の境地〉を獲得し、如何なる逆境にも決して陥ることはないのだ。それゆえ、「直ちに」と言う。（第二の証）

　〔最後の〕《悲願》は、「私が〈覚りそのもの〉を得るとしても、別の〈覚った方の国〉から私の国に生まれる〈覚りを求める者たち〉に、その命が尽きる前に〈完全な覚り〉が担保されなければ、そして、非凡な才能を発揮し、〈覚りを求める者〉に負わされるすべての階位での勤めに励み、サマンタバドラという〈覚りを成し遂げる者〉の美徳を実践しなければ、〈最上の覚り〉を得たりはしない〔、それが私の決意だ〕――ただし、すべての者を自由に自在に助けたいという根源的な《悲願》を立てたがゆえに、普遍的救済〔を誓う〕鎧で身を固め、〔真の〕価値を蓄え続け、すべての者を対岸に渡し、すべての〈覚った方の国土〉を巡って〈覚りを求める者〉に相応しい修行をし、十の方角にいる〈覚った方・真理から現れた方〉すべてに捧げ物をし、ガンジス川の砂の数ほど多くの人、そのすべてに〈比類なく完全な最上の覚り〉を獲得させる、〔そのような勤めに励む〕〈覚りを求める者たち〉は除外する」〔ということ〕。〈覚りを求める者たち〉が非凡な才能を発揮し、〈覚りを求める者〉に負わされるすべての階位での勤めに励み、サマンタバドラという〈覚りを成し遂げる者〉の美徳を実践するのは、この〈覚った方〉の《悲願》の力の恩恵なのだ。そして、これらのことが実現されているから、「直ちに」と言う。（第三の証）

《〔本能的〕実践》

　こうして、〈他者の力〉は、〔〈清浄な国土〉へ生まれ行くことの、〕正に、その要因だと知られる。それ以外のなにものでもない。次の比較によって、〈自己の力〉と〈他者の力〉のそれぞれの性質が明らかになるだろう。

聖典196

　例えば、〈三種の悪しき生存状況〉に堕することを恐れ、戒律を守ることに身を捧げている者は、努めて瞑想を行う。そして、この努力ゆえ、この者には、人知を超えた、あらゆる能力が備わる。また、その能力ゆえ、この者は〈四つの天界〉を往来し得る。〈自己の力〉はこれらの獲得に資す。

DTS96

　それに比して、ロバに跨がる、力の劣った者は、努力しても天に上り得ない、しかし、チャクラヴァルティンという王に従えば、天空に上って〈神々の四つの世界〉を自由に往来し、如何なる障碍も覚えない。〈他者の力〉はこれらの獲得に資す。

大正598c

　用心してほしい、これから学ぼうとする者よ、勘が鈍くて〈他者の力〉の強みを活かせない、と卑下してはいけない。目を覚ませ、そして、〔心からの〕信頼を寄せるのだ。
(178)

元照という戒律の師匠は〔次のように〕言う。

　この世界で幻惑されずに真理を獲得するのは〈自己の力〉だ、という主張がある。そう、〈偉大な乗り物〉あるいは〈小さな乗り物〉と呼ばれる、様々な経典のことだ。他方では、〈教え〉を聴いて覚るために〈他者の力〉が立てられる。そう、〈清浄な国土〉へ生まれ行くことを説く経典のことだ。それぞれが独自の方法を謳うので区別が必要だが、その差異さえ論わなければ、いずれも自己の〔精神的〕実現が不可欠のものとなっているのだ。
(179)

〔以上の引用を総括して、親鸞は言う。〕

　ここで、「広大な海のような〈ただ一つの乗り物〉」を言うなら、「ただ一つ」というのは〈偉大な乗り物〉のことだ。また、〈偉大な乗り物〉

とは〈覚った方の乗り物〉のこと。〈ただ一つの乗り物〉を手にした者は、〈比類なく完全な最上の覚り〉すなわち〈精神的自由の境地〉を獲得する。〈精神的自由の境地〉とは絶対的な〈真実の教えが具現した体〉のこと。絶対的な〈真実の教えが具現した体〉を獲得した者は、ついに〈ただ一つの乗り物〉を完成させる。その者は〈真実の世界から現れた方〉に他ならず、また〈真実の教えが具現した体〉に他ならない。〈真実の世界から現れた方〉は〈真実の教えが具現した体〉そのものなのだ。〈ただ一つの乗り物〉を完成させた者は窮まりなく、〔その者を〕阻むことはできない。〈偉大な乗り物〉には「二つまたは三つのそれ」は無い。〈二つの乗り物〉、あるいは〈三つの乗り物〉とは、すべてが〈ただ一つの乗り物〉に由来している時だけに語り得る。〈ただ一つの乗り物〉とは極めて重要な真理の乗り物で、〔根源的な〕《悲願》という、ただ一つの〈覚った方の乗り物〉なのだ。

『ニルヴァーナの経典』には〔以下のように〕ある。

　　善良な人々よ、〈真実の本体〉は〈偉大な乗り物〉と呼ばれ、また〈偉大な乗り物〉でなければ〈真実の本体〉ではない。善良な人々よ、〈真実の本体〉とは〈覚った者〉の論説であり、悪霊たちのそれではない。悪霊の論説なら、〈覚った者〉のそれではないから、〈真実の本体〉とは言えない。善良な人々よ、〈真実の本体〉とは〈ただ一つの〔真の〕道〉であり、清浄にして無垢のそれである。それ以外に道は無い。(180)

また、〔以下のようにも〕ある。

　　〈覚りを求める者〉は、どのようにして、唯一の〈真実の本質〉を信じ、それと合致するのだろう？〈覚りを求める者〉は知っている、すべての人は最後には〈ただ一つの〔真の〕道〉に帰る、と。〈ただ一つの〔真の〕道〉は〈偉大な乗り物〉である。すべての人

---

a　realm は省略して訳した。以下同様。

《〔本能的〕実践》

のために、〈覚った者たち〉と〈覚りを求める者たち〉は、それを三つ〔の乗り物〕に分ける。だから、〈覚りを求める者〉はそれを信じ、それと合致し、それに反(はん)しないのである。
(181)

また、〔以下のようにも〕ある。

　善良な人々よ、終極といっても〔厳密には〕二種類を見なければいけない、すなわち、中間的と究極的、あるいは可視的と不可視的である。中間的というのは〈覚りに至るための六種の行為〉、究極的というのは、すべての人が最終的に獲得する、〈ただ一つの〔絶対的な〕乗り物〉である。この乗り物は〈覚りとなるもの〉なのだ。だから、すべての人には〈覚りとなるもの〉が例外なく賦与(ふよ)されている、言葉を換えて言えば、すべての人には、一律に、〈ただ一つの乗り物〉が与えられている。しかし、無智が〔雲のように〕に覆っているから、それを認識することができないのだ。
(182)

また、〔以下のようにも〕ある。

　「ただ一つ」とは、どういう意味か？〈ただ一つの〔真の〕道〉において、すべての人は一つ、という意味である。「一つではない」とは、どういう意味か？　それは、〈三つの乗り物〉を言うからだ。「一つではない」でもなく、また「一つでないことはない」でもないとは、どういう意味か？　計り知ることができない〈教え〉だからだ。
(183)

『アヴァタムサカの経典(きょうてん)』には〔以下のように〕ある。　　　　　大正599a

　マンジュシュリーの〈教え〉とは、〈それだ〉という永遠なる真理をいう。〈教えの王〉は、ただ一つであることなのだ。何ものにも動ぜずに進む人は、ただ一つの道によって〈生死〉を超越する。〈覚った者〉すべての身体(からだ)は、ただ一つの〈真実の教えが具現(げん)した体〉、〈ただ一つの心〉、そして、ただ一つの〈智恵(プラジュナー)〉である。〈覚った者〉すべてが有する能力と、その畏(おそ)れを知らない〔胆力(たんりょく)〕も、同様に〔ただ一つ〕なのだ。
(184)

〔親鸞は言う。〕

　このように、上記の見解はすべて、〈安らぎと清らかさの国土〉から生じる大いなる恩恵に、また〈覚った方〉の《悲願》が有する申し分のない美徳に由来している。

　「広大な海［のような〈ただ一つの乗り物〉］」とは、知られざる遠い過去から絶えず、賢人たちと凡人たちによって蓄えられた〔それなりに〕価値あるもの〔に喩えられる〕河の水、それゆえに、様々な性質が混ざりあった〔河の〕水と、あるいは知られざる過去から、重罪を犯してきた者たち、〈教え〉を罵るように中傷する者たち、そして救い難いと見捨てられた者たちが積み上げた、無智〔に喩えられる〕海の水とが、今まさに、一変して、大いなる宝の海の水〔に喩えられるほど〕価値あるものになる、ということを意味しているのだ。これらの〔真に〕価値あるものは、ガンジス川にある砂の数のように膨大で、すべてが〈覚った方〉の無条件の慈しみ、卓絶した智恵、そして真理からなる根源的な《悲願》によって、産み出されている。これらの〔真に〕価値あるものは広大な海に喩えられる。まさに、「悪しき情欲の氷はすべて溶けて、〔真に〕価値ある水になる」と、経典に書いてある通りなのだ。

　「広大な海〔のような〕《悲願》」について言えば、それは、〈二つの乗り物〉という粗悪で純粋でない教え、それに基づく修行をした者の死骸を決して留めおくことはない、という意味。このことは、人間や〈神々〉の偽り・邪悪な心・偽善・有害で混乱した心性、それらの残骸にも、より厳しく適用されるのだ。

　それゆえに、『卓れた経典』には〔以下のように〕ある。
　　〈ひたすら教えを聞く人たち〉、あるいは〈覚りを求める人たち〉でさえ、〈覚った者〉の心を推し量ることはできない。目隠しをした者が、人を正確な方向に連れて行くのが叶わないように。〈真実の世界から現れた者〉の智恵は海のように広大で、その深さと広さは限りなく、〈二つの乗り物〉にいる人々は計測することができな

《〔本能的〕実践》

い。〈覚った者〉だけが、自らの心を十全に把握できるのだ。(187)

『〈清浄な国土〉の論説』には〔以下のように〕ある。

「〔《悲願》を成し遂げるための〕虚しからざる装飾とその保全という〔〈清浄な国土〉の〕価値の完成」とは何か。〔『論説』の対象の〕『詩』には、「〈覚った方〉の根源的な《悲願》を精察すると、歓んで受け入れる者にとって、その《悲願》は虚しきものではない。確実に、即座に、広大な宝の海のような価値をその者たちに十全に届けるのだ」とある。それゆえ、アミダという〈真実の世界から現れた方〉の根源的な《悲願》の力に、〔上の価値の完成〕すべてが帰せられる。要約すれば、空虚な空間では物を支えることはできない、という事実に照らせばよい……。「〔《悲願》を成し遂げるための〕虚しからざる保全」とは、ª ダルマーカラという〈覚りを成し遂げる者〉を起源とする四十八の《悲願》の力と、今日まで現在するアミダという〈真実の世界から現れた方〉の自在かつ奇跡的な活動とが相俟って、《悲願》が力を産む、すなわち、その力自体が《悲願》が《悲願》たる所以なのだ。《悲願》は常に機能する、その力は常に有効なのだ。《悲願》とその力の相乗効果で、両者は究極的に同一歩調をとる。だからこそ、「価値の完成」といわれるのだ。(188)……

「大いなる海」の意味とは、〈覚った方〉の〈あらゆる智恵〉は、その深さと広さがあらゆる思慮分別を越え、〔漂流物を岸に打ち上げてしまう海のように、〕〈二つの乗り物〉という粗悪で純粋でない教えの信奉者たちの死骸を留めない、ということだ。それゆえ、動ずることのない人間と〈神々〉とは、清浄にして超越的な智恵に満たされた海に生まれる」といわれる。「動ずることのない」とは、

聖典199

DTS99

---

a 段落の初めには「装飾」と「保全」の両者があるが、ここでは「保全」だけなので、are を is として訳した。

自らの基盤が〈偉大な乗り物〉だと確証した人間もしくは〈神々〉〔の心〕は揺らぐことがない、それをいうのだ。[189]

光明寺の師匠は〔次のように〕言う。

私は〔心身を挙げて〕信頼を寄せよう、〈覚りを成し遂げる者の教説の蔵〉、即座の教説、〈ただ一つの乗り物〉という大いなる海に。[190]

また、〔次のようにも〕言う。

『瓔珞の経典』には、段階的な〔教説の〕学派とその信奉者が言及されているが、数千倍のさらに数百倍のカルパに及ぶ修行法をやり遂げて、初めて〈決して後戻りしない段階〉に到達することができるという。
大正599b 一方で、『瞑想の経典』・『アミダの経典』などの教説は、即座の学派、且つ〈覚りの蔵〉のことなのだ。[191]

『楽邦文類』には〔以下のように〕ある。

宗暁という瞑想の師匠は、「一粒の還丹は鉄塊を黄金に変える、すなわち、〈真理〉の一言は悪のカルマを善のそれに変える」と言う。[192]

〔親鸞は言う。〕

以上のことから、〈覚った方〉を念じるという教説と、その他の善事を取り扱う教説とを比較すると、以下のようになる。

〔前者は〕	〔後者は〕
容易	困難
即座	段階的
〈横に〉〔意表をつかれるように〕	〈縦に〉〔そのまま真っ直ぐに〕
跳び超えていく	歩みゆく
順う	逆らう

《〔本能的〕実践》

大きい	小さい
多い	少ない
優(すぐ)れる	劣る
親密	疎遠
近い	遠い
深い	浅い
強い	弱い
重い	軽い
広い	狭い
清浄	混濁(こんだく)
直接	迂回
速い	遅い
特別	普通
退かない	退く
直感的	論証的
［アミダの］〈名(みな)〉	観想的あるいは実践的な〔善行〕(193)
究極	究極ではない
勧められる	勧められない
中断のない	中断のある
隔たりのない	隔たりのある
連続	断絶
最も勝(すぐ)れた	勝(すぐ)れている〔が、より勝(すぐ)れたものがある〕
上々(じょうじょう)の	下々(げげ)の
不思議	不思議ではない
行為の結果としての価値あるもの	効果をもたらす要因となる修行
自(みずか)ら進んで説く	他者のために説く(194)
《手ずから届ける》	届けない
護られている	護られていない

DTS100

聖典200

83

証明されている	証明されていない
称賛されている	称賛されていない
委託されている	委託されていない
完全な教え	不完全な教え
時代に適している	時代に適していない
選ばれている	選ばれていない
真実	暫定的
ブッダが消え去らない	ブッダが消え去る
教えが衰えても役立つ	教えが衰えると役立たない
効能がある[a]	効能がない
〈他者の力〉	〈自己の力〉
《悲願》	《悲願》がない
包摂(ほうせつ)する	包摂(ほうせつ)しない
〈確実に定まっているグループ〉に加わる	〈確実に定まっているグループ〉に加わらない
〈[《悲願》に応(こた)えて実現した]国土〉	〈覚(さと)った方(かた)の変化した体(からだ)の国土〉

DTS101　以上、「根源的な《悲願》という広大な海〔のような〕〈ただ一つの乗(とく)り物〉」について、篤と考(こた)えてみると、それは、完璧で、よく浸透し、あらゆる状況に応(こた)え、即座に効果をもたらし、何ものにもさまたげられずに機能する、絶対的で、二元的ではない教説なのだ。

　〔次いで、〕〈清浄な国土〉に生まれようとする人〔すなわち、〈覚(さと)った方(かた)〉を念じる人と、その他の善事に取り組む人と〕の対比を考えることになるのだが、それは以下の通りである。

---

a 　坂東本には「法滅利不利対」とあるが、大拙の用いた底本や時代が下がったテキストには「法滅不滅対、利不利対」とあるため。

《〔本能的〕実践》

〔前者は〕	〔後者は〕
信頼	疑惑
善	悪
正	邪
肯定	否定
現実	空虚
真実	虚偽
清浄	汚濁(おだく)
聡明	愚か
速い	遅い
貴い	賎しい
明るい	暗い

　以上、「広大な海〔のような〕〈ただ一つの乗り物〉にいる人」について、篤(とく)と考えてみると、ダイヤモンドのように堅固な《信頼》は絶対的で、二元的ではない。そのように理解してほしい。

　ここで、敬意をもって、〈清浄な国土〉に生まれようと願うすべての者に呼び掛けたい。命あるすべての者を遍く救いとろうという、「広大な海〔のような〕《悲願》という〈ただ一つの乗り物〉」は、なにものにもさまたげられず、窮(きわ)まりなく、最も卓越し、計り知ることができないほど神秘的であって、表現できず、解説できず、想念が及ばない、そして、この上ない価値を完全に実現している。なぜか？　それは、《悲願》はあらゆる想念を超えているからなのだ。

　慈しみに基づく《悲願》とは、喩えるならば、宇宙のように果てしない空間なのだ、なぜなら、そこに潜(ひそ)んでいる一切の価値は神秘的で窮(きわ)まりないから。

　〔《悲願》〕は、

　喩えるならば、巨大な荷車なのだ、なぜなら、賢者も愚者もすべて、等しくそれに載せられるから。

聖典201

喩えるならば、美しい白蓮の花なのだ、なぜなら、世俗のいかなる汚れにも塗れることは決してないから。

喩えるならば、〈善見〉という諸々の薬の中の王なのだ、なぜなら、悪しき情欲から生じるすべての病が癒えるから。

喩えるならば、鋭い剣なのだ、なぜなら、鎧のような高慢さと尊大さのすべてを断ち切るから。

喩えるならば、勇者の旗印なのだ、なぜなら、悪霊の軍勢すべてを鎮圧しうるから。

喩えるならば、よく研がれた鋸なのだ、なぜなら、無智という木すべてを切り倒すから。

喩えるならば、鋭い刃のついた斧なのだ、なぜなら、苦しみという小枝すべてを切り落とすから。

喩えるならば、偉大な智恵者なのだ、なぜなら、〈生死〉という私たちを縛っている縄すべてを解くから。

喩えるならば、よく道を知っている案内人なのだ、なぜなら、命あるすべての者に迷路から抜け出す道を示すから。

喩えるならば、泉なのだ、なぜなら、〈智恵〉という水が湧き出て、止むことがないから。

喩えるならば、白蓮の花なのだ、なぜなら、あらゆる罪の汚れを免れているから。

喩えるならば、疾風なのだ、なぜなら、障害となる霧のすべてを晴らすから。

喩えるならば、甘い蜜なのだ、なぜなら、価値ある美味すべてを心ゆくまで与えるから。

喩えるならば、正しい道筋なのだ、なぜなら、すべての人々を智恵という城郭まで導くから。

喩えるならば、磁石なのだ、なぜなら、有効な根拠がある根源的な《悲願》を引きつけるから。

喩えるならば、ジャンブーナダ〔という河〕の〔砂〕金なのだ、なぜ

《〔本能的〕実践》

なら、あらゆる世俗的な善の価値よりも輝くから。

　喩えるならば、大きな倉庫なのだ、なぜなら、そこには〈覚った方々〉の有するすべての〈教え〉が貯蔵されているから。

　喩えるならば、大地なのだ、なぜなら、そこから十の方角における過去・現在・未来のすべての〈真理から現れた方〉が出現するから。

　喩えるならば、太陽の光なのだ、なぜなら、すべての無智な者たちが抱いている愚かさという闇を破り、《信頼》と歓喜とを生み出すから。

　喩えるならば、王者なのだ、なぜなら、卓越した資質を持つ者に打ち勝つから。

　喩えるならば、厳格な父なのだ、なぜなら、すべての賢者と愚者とを教え、訓練するから。

　喩えるならば、愛情に満ちた母なのだ、なぜなら、賢い人でもありふれた人でも、命あるすべての者が〈〔《悲願》に応えて現れた〕国土〉に生まれるための本当の要因を育むから。

　喩えるならば、乳母なのだ、なぜなら、〈清浄な国土〉に生まれようとする、命あるすべての者を、善人も悪人もともに、保護し、見守るから。

　喩えるならば、大地なのだ、なぜなら、〈清浄な国土〉に生まれようとする、命あるすべての者を支えるから。

　喩えるならば、洪水なのだ、なぜなら、悪しき情欲の汚れをすべて洗い流すから。

　喩えるならば、大火なのだ、なぜなら、正統でない思想すべてを薪のように焼き尽くすから。

　喩えるならば、台風なのだ、なぜなら、地上を余すところなく吹き渡り、さまたげるものは何もないから。

DTS103

　〔《悲願》〕は、われわれを〈三種類の世界〉という頑丈な牢獄から逃がし、〈存在の二十五種の様態〉という〔悪しき〕門を閉ざす。われわれを〈〔《悲願》に応えて現れた〕国土〉に到達させ、間違った道から正しいそれを見いださせる。〔すると、〕無智の海は枯渇して、われわれを《悲願》の海に行き着かせる。そう、〈あらゆる智恵〉という船に乗って、

87

命あるすべての者〔が群れる〕広大な海に浮かぶのだ。幸福と智恵が収められた蔵には十分な蓄えがある。そして、様々な手段が収められた蔵の扉は開かれている。だから、われわれは心から受け入れるべきなのだ。敬意をもって、とりわけ感謝すべきなのだ。

　アミダという〈真実の世界から現れた方〉の《悲願》に思いを馳せると、そこに真実の実践と真実の《信頼》があり、また暫定的な実践と信頼があることに気づく。真実の《実践》に関わる《悲願》とは、「すべての〈覚った方〉がアミダの〈名〉を称えるという《悲願》」だ。真実の《信頼》に関わる《悲願》とは、「われわれが［アミダの《悲願》を］信じるように心から勧めている《悲願》」だ。これらの［真実の実践と《信頼》の］《悲願》は、［アミダが］根源的な《悲願》の中から特に選び取ったものなのだ。

　根源的な《悲願》に眼差しを注がれている者たちは、善人であれ悪人であれ、偉大であれ卑賤であれ、命あるすべての無智な者のこと。〈清浄な国土〉に生まれるとは、思慮や分別を超えて生まれること。〈覚った方の国土〉とは、〈［《悲願》に応えて現れた］覚った方〉によって建立された〈［《悲願》に応えて現れた］国土〉のこと。まさに《悲願》は人知を超えている。ここに広大な海のような〈それだ〉という真理性、すなわち、絶対的な〈真実の本体〉がある。そしてそこに『永遠の生命の卓れた経典』の核心があり、真実の〈他者の力〉という信頼すべき教理があるのだ。

　ここで、いただいた恩恵を知り、報いる、それらの方法を知るために、［曇鸞］師匠の『注釈』を読み、次のようにあるのを見よう。

　　〈覚りを求める者〉は〈覚った方〉のもとに戻ってくる、それは善き子が両親のもとに戻り、家臣が主君のもとに戻ってくるようなものだ。その者たちの態度は自己中心的ではなく、行動は常に道理に基づいている。いただいた恩恵を知り、報いるためには、これらすべてを真っ先に熟慮すべきなのだ。

《〔本能的〕実践》

　そう、ヴァスバンドゥは真剣に願い出た。もし〈真実の世界から現れた方〉の助力がなければ、彼はどうすればその目的を達することができるだろうか？　今、彼は〈真実の世界から現れた方〉が力を貸してくれることを求めている。だからこそ、〔『詩』の冒頭に、「私は〈ただ一つの心〉で」と〕表明しているのだ。(196)

このようにして、〈偉大な賢者〉の真実の言葉に依り、われわれの偉大な長老たちの注釈を精読し、今、私は気づいたのだ、「ブッダの恩恵はなんと深厚であることか」と。そこで、ここに、「正しい《信頼》という〈覚った方〉を念じることの賛歌」〔を掲げる〕。

「正しい《信頼》という〈覚った方〉を念じることの賛歌」　　　　DTS104

　　私は、永遠の生命という〈真実の世界から現れた方〉を〔心身を挙げて〕頼りとし、すべての思慮を超越する〈光〉〔という真実の世界から現れた方〕を頼りとする。　　　　聖典204

　〈覚り〉を求めるダルマーカラは、ローケーシュヴァラ・ラージャという〈覚った方〉のもとにいた時は、いまだ修行中の身であったが、命あるすべての者を〈覚った方々〉の〈清浄な国土〉へと導く要因に思いを馳せ、その国土の様子や、そこに住む者たちと、その者たちの道徳的な資質を見て取った。
　彼は比類なく優れた願いを起こし、すべてのものを救いとろうという最も偉大な《悲願》を立てた。
　それを五カルパも考え抜いて、ついにそれを決着させ、自らの〈名〉が十の方角の隅々まで響き渡ってほしい、という《悲願》をあらためて宣言した。
　そして、ありとあらゆる〈光〉、すなわち、計り知れない、際限の無い、さまたげられることの無い、並び称されるものの無い、火

89

炎の君主のように輝く、汚れることの無い、喜びに満ちた、智恵に満ちた、途中で消えることの無い、思慮を越えた、描写することのできない、太陽と月をはるかに凌駕している、命あるすべての者にその輝きを惜しみなく与える、塵のように無数の世界すべてを照らす〈光〉を放った。

　根源的な《悲願》に合致した〈名〉は、〈清浄な国土〉に生まれることを確約する正しい実践なのだ。
　「〈誠意〉と《信頼》という《悲願》」がそれを実現する要因なのだ。
　〈覚り〉を得て、〈大いなる精神的自由の境地〉が実現される——これは「信頼を寄せる者にその救済を保証する《悲願》」が成し遂げられるから。(197)

　真実の世界から来た方［ブッダ］は、広大な海のようなアミダの根源的な《悲願》を教えるという、それを唯一の理由にして、この世界に姿を現した。
　〈五種の汚れ〉のある、この悪しき世界にいるわれわれは、〈真実の世界から現れた方〉のまことの言葉を信じようではないか。

DTS105　喜び（と愛）に満ちた想がおこるその時、悪しき情欲を絶つことなく、〈精神的自由の境地〉を得る。
　賢人も凡人も——重罪を犯した者でも、〈教え〉を罵るように中傷する者でさえ——みな同じく心を翻すのは、すべての水が大海に流れ込めば一つの［塩］味になるのと同じことなのだ。

　すべてのものを包み込む〈心の光〉は、その者たちを常に照らし、よく保護し続ける。
　暗闇のごとき無智はすでに打ち破られているが、〈貪欲さ・見境

《〔本能的〕実践》

のない愛・怒り・憎悪〉という厚い雲は、真実の《信頼》という空一面を覆い続ける。

〔真実の《信頼》は〕まるで雲に遮られている日光のようで、雲の向こうは、光輝があふれ、闇はどこにもない。 聖典205 (198)

《〔心身を挙げての〕信頼》を表明した者は〈覚った方〉を目の当たりにし、敬い、喜びに満たされ、〈存在の五種の悪しきあり方〉を、〔《悲願》の力によって〕〈横に跳び超えていく〉。

善良な者も邪悪な者も、命あるすべての者は、〈真実の世界から現れた方〉〔アミダ〕の、あらゆるものを救済する《悲願》を聞いて信じれば、〈覚った方〉〔ブッダ〕は、その者たちを「大いに優れた見解を有する者」と名づける。この者たちは「〔あたかも〕咲き誇る白蓮〔のようだ〕」と言われている。

心が邪悪な、誤った考えの、高慢な者たちは、アミダの根源的な《悲願》に基づく〈覚った方〉を念じることを、喜びをもって信ずることも、保ち続けることも、とても難しい、本当に、これ以上に難しいことは無いのだ。

インドと西アジアの国々の卓越した注釈者たち、そして中国と日本の賢明な師匠たち——そのすべての者が、〈偉大な賢者〉がわれわれのもとに現れ、彼の正しい意図と、人々の様々な資質に適う〈真実の世界から現れた方〉の根源的な《悲願》とを解き明かした。

ブッダという〈真理から現れた方〉は、ランカー山で予言した、 大正600b

---

a 「雲を挟んで自分のいる方に光輝があふれている」と解釈するのが一般的であるが、大拙は「雲を挟んで自分とは反対の方に光輝があふれている」と理解しているようである。

DTS106　「南インドに、ナーガールジュナという偉大な聖者がこの世に出現し、存在と非存在に関する、偏った見解をことごとく打ち破るだろう、と同時に、比類無き〈偉大な乗り物〉の教えを宣言し、自らも歓喜という段階を実現し、〈平和と幸福の国土〉に生まれるだろう」と。

　彼〔ナーガールジュナ〕は、陸路を歩いて行くのは困難で、水路を〔船で〕行くと容易で——楽しく、また確実だ——と教えた。

　アミダの根源的な《悲願》をよく心にとどめる者は、自らの力を用いずに、即座に確約された段階に入り、〔そして、〕アミダという〈真実の世界から現れた方〉の〈名〉を常に称え、〈大いなる慈しみをもつ方〉の、すべてのものを救いと取ろうという恩恵に報いるべきなのだ。(199)

聖典206　ヴァスバンドゥは、『[〈清浄な国土〉の] 論説』を著して、〈何処にでも届く光と呼ばれる真実の世界から現れた方〉を〔心身を挙げて〕頼りとした。

　彼は経典に一致する真理を説き、偉大なる《悲願》——〔その力によって〕〈横に跳び超えていく〉ことをいう——それに光を当てた。(200)

　根源的な《悲願》の力によって、その価値すべてがあらゆるものに《手ずから届けられ》、そして、命あるすべての者を漏らさずに対岸へ渡すために、彼は〈ただ一つの心〉の意味を明らかにした。

　教えに従う者が広大な宝の海のような価値に戻り至れば、〈真実の世界から現れた方〉の偉大なグループに必ず迎えられる。

　〔教えに従う者〕が白蓮の〔ように清らかな〕世界に到達すれば、教えの核心すなわち〈それだ〉という真理性を持つ体を実現する。

　〔教えに従う者〕は、今や、悪しき情欲という林のただ中に奇跡的な力を示し、〈生死〉を繰り返す庭に姿を現し、様々な形で種々の働きを行うのだ。

《〔本能的〕実践》

　曇鸞(どんらん)というわれわれの先駆者は、梁の皇帝が尊敬する師で、その皇帝は、彼に会う時、あたかも〈覚りを求める者〉に向かうように、常に恭(うやうや)しい態度を示した。

　〈三種の書物群〉に通達した、ボーディルチという師が、曇鸞(どんらん)に〈清浄な国土〉の教理を伝えた時、彼は所有していた道教の書物を炎に投げ入れ、〔〈清浄な国土〉の〕教理を受け入れた。

　ヴァスバンドゥの『〔〈清浄な国土〉の〕論説』を注釈して、〈〔《悲願》に応(こた)えて現れた〕国土〉の原因と結果に関するアミダの《悲願》の重要性を明らかにした。

　そして示したのだ、「二つの種類の《働きかけ》(201)は〈他者の力〉から生じること、新たに生まれ変わることを確約する要因は《信頼》のみであること、汚(けが)れていて迷いの中にいる者であっても、その《信頼》に目覚めれば、〈生死〉〔を繰り返している現実〕が〈精神的自由〉〔という理想〕そのものだと自覚するだろうこと、確実に〈光の満ちあふれた国土〉に至って、様々な状態にいる命あるすべての者をあまねく教えるだろうこと」を。

　道綽(どうしゃく)は、〔最終的な目的地に〕到達するためには、〈聖者の方法〉では困難だ、と力説した。

　そして、〈清浄な国土〉〔という方法〕が〔その目的地へ〕遥かに容易に到達することを明らかにした。

　あらゆる種類の善という、自己の力で行う実践を軽んじて、彼が勧めたのは、完全で〔真の〕価値に満ちた〈名〉を称(とな)えることに依る他はない、ということ。

　彼は、それぞれ三種類ある、〈信〉と〈不信〉とについて、懇切丁寧に述べた。

---

a　通常は「いつも彼のいる方に向かって」とされる。
b　中国の民俗宗教

〈〔覚った方の〕教え〉が徐々に衰えていく時代でも、慈しみ〔という《悲願》〕は、変わることなく、いつでもそこに導くと教えた。
　そして、言ったのだ、「生涯を通じて習慣的に悪行をしてきた者でさえ、すべてのものを救済しようという〔アミダの〕信条に出会ったならば、安らぎと幸せに満ちた世界に必ず到り、想像を超えた成果が実現されるだろう」と。

　善導のみがブッダが表明した思想を正しく理解した。
　善人あるいは悪人のために涙ぐむ彼〔善導〕の心情によって明らかになったのは、〔その者たちの救済を〕実現するためにはアミダの輝ける〈光〉と〈名〉が必須なのだ、ということ。
　そして言った、「教えに従う者が根源的な《悲願》の力によって広大な海のような智恵に導かれると、ダイヤモンドのように堅牢な心境に正しく至り、歓喜を沸き起こす〈一念〉の瞬間を迎え、ヴァイデーヒーと同様に〈三種の認識〉を獲得して、永遠で幸福に満ちた〈教え〉そのものを実現するであろう」と。

　源信は、ブッダが生涯を通じて説いた教えを精査して、〈清浄な国土〉の教理を特に選び取り、われわれすべてがそれに従うよう勧めた。
　一つのことに専心する者と、心が散漫な者とを区別し、その二つのどちらがより深く真理に到達しているかを判断した。
　〈〔《悲願》に応えて現れた〕国土〉と、〈覚った方の変化した体の国土〉との差異を明白にした。
　極めて重い罪の者でも、〈覚った方〉の〈名〉を称え、そして確信すべきなのだ、「私もまた〈真実の世界から現れた方〉に守られている、悪しき情欲に目を覆われて、彼の方を見ることはできないが、〈大いなる慈しみに満ちた方〉は、いつでも私を弛むことなく照らしている」と。

《〔本能的〕実践》

　われわれの師、源空(げんくう)は、ブッダの教説すべてに精通した。

　善人だろうと悪人だろうと、われわれのようなありふれた者たちすべてを憐れんで、この孤立した〔島〕国において、真実の教説とその《実現》を宣(の)べ広めた。

　彼は、この邪悪な世界における、アミダが特に選び取った根源的な《悲願》の布教者だった。

　〈生死〉を繰り返す家に何度も帰ってくる、それが運命づけられているのは、われわれが愛おしく抱(いだ)き続けている疑惑が根底にあるが故なのだ、そして、静穏(せいおん)で〈何もしないという〔理想的な〕〉場所、そこへ即座に到達するのは、[われわれの案内係となる]〈信ずる心〉に起因する、確かにそうなのだ。

　諸々の経典(きょうてん)を伝えた偉大な師と指導者たちすべては、この世界を永久に堕落させ続ける諸悪から、われわれを救おうとしている。

　われわれはみな──僧侶だろうと信者だろうと──、協力し、心を一つにして、賢人たちが教えたことを、ただ只管(ひたすら)に信じようではないか。

DTS109、
聖典208

以上で、百二十の行からなる六十の連句は終わる。

〈清浄な国土〉の真実の《〔本能的〕実践》を解説する文集　［終］

「〈清浄な国土〉の真実の
《〔心身を挙げての〕信頼》を解説する文集」前書

「〈清浄な国土〉の真実の
《〔心身を挙げての〕信頼》を解説する文集」前書

〔事実として〕愚かで、〔戒律を守る〕僧侶でも信者でもない
〔が、真の〕ブッダの弟子〔だと自負する〕親鸞が集めた

　考えてみるに、わたくし〔親鸞〕は、〈真実の世界から現れた方〉の決意〔の力〕を源泉にして、《信頼》と喜びとを獲得した、彼の方は、私たちすべてを救いとるという《悲願》を特定したのだ、そして、私に開かれた〈真実の心〉は、〈偉大な賢者〉の慈しみに満ちあふれた意志に明らかに起因していて、それは実に卓越した方法で〔〈真実の心〉を〕開いてくれるのだ。残念なことに、近来の人々は、僧侶と信者、そして宗教の指導者であっても、〈自己の本性〉あるいは〈ただ心のみ〉という教理に没頭してしまっている。そして、その者たちは〈清浄な国土〉の真の獲得について中傷するように語る。観想的あるいは実践的な修行に支配されている自己の心に、まさに迷い込もうとしている。ダイヤモンドのように堅固な、真の《信頼》を、一様に、知っていないのだ。
　だから、わたくし、愚かで頭を丸めただけの、ブッダの弟子、親鸞は、すべての〈覚った方・真理から現れた方〉の教説に《〔心身を挙げての〕信頼》をもって遵い、解説者たちと注釈者たちの核心的な所説を精読した。そして私は、広く、〈三つの経典〉の光輝ある指揮を受けて、〈ただ一つの心〉から花開いた思想の解明に只管努めたい。まず、いくつかの疑問を述べ、追って明白な証拠を提示して答えよう。ブッダの恩義がどれほど深く重いかを誠実に考えれば、〔この書物を編纂することで、〕如何なる者がどのように反論してこようとも、決して畏れはしない。〈清浄な国土〉を希求するすべての心優しき人々よ、また汚濁に満

ちたこの世界を嫌悪するごく普通の大衆よ、〔この私の書物について〕自由に意見を述べてほしい、ただし、邪(よこしま)な心で罵(ののし)ることは控えてもらいたい。

「〈清浄な国土〉の真実の《〔心身を挙げての〕信頼》を解説する文集」
前書 〔終〕

〈清浄な国土〉の真実の
《〔心身を挙げての〕信頼》を解説する文集　第一部

〈清浄な国土〉の真実の
《〔心身を挙げての〕信頼》を解説する文集　第一部

〔事実として〕愚かで、〔戒律を守る〕僧侶でも信者でもない
〔が、真の〕ブッダの弟子〔だと自負する〕親鸞が集めた

〈誠意〉と《信頼》の《悲願》
〈正式に確約されたグループ〉の者たち(206)

わたくし〔親鸞〕が、崇敬の念を抱いて考えるに、〔アミダの二つある〕《働きかけ》（価値あるものを《手ずから届ける》こと）の〔一つである〕〈向かっていく〉という活動の特徴は何かというと、そこには大いなる《信頼》があり、そして、この崇高な信心については次のように言い得る、「長寿と不死とを達成する驚くべき方法、清浄さを希求し汚れを忌避する奇跡的な秘訣、〈真実の世界から現れた方〉が選び取った《悲願》という手段によって、彼の方に向けられた正直な心、命あるすべての者の救済を深く広く心がけている〔アミダの〕《悲願》に由来する《信頼》、ダイヤモンドのように不滅な〈真実の心〉、容易に〔〈清浄な国土〉へ〕行かせるが、獲得し難い絶対的な《信頼》、〔〈真実の世界から現れた方〉の〕超自然的な〈光〉によって護られる〈ただ一つの心〉、最も偉大な、最も驚嘆すべき、最も卓れた《信頼》、世間の人には信じ難いほど、迅速極まりなき〔〈清浄な国土〉への〕道、大いなる〈精神的自由の境地〉を実現する真の要因、最短の時間で渡りきることができる〈白い道〉、そして、〈それだ〉という真理性かつ唯一の〈真実の本体〉を持つ、広大な海のような《信頼》なのだ」と。この心は、〈覚った方〉を念じることによって、われわれを〈清浄な国土〉へ生ま

れさせるために、〈真実の世界から現れた方〉が特に選び取った《悲願》から生まれたもの、まさにそれに他ならない。

　この偉大な《悲願》は、「[〈真実の世界から現れた方〉によって]特に選び取られた根源的な《悲願》」と呼ばれ、また、「根源的な《悲願》における〈三つの心〉の《悲願》」とも、「〈誠意〉と《信頼》の《悲願》」とも呼ばれ、さらにまた、「〈向かっていく〉ための〈信じる心〉の《悲願》」とも呼ばれる。

　だからこそ、常に[〈生死〉[を繰り返す]波に[呑まれて]]溺れているすべての無智な者たち、そして、止むことなく生まれ変わり続けている大衆が、最も優れていて人知を超えている[〈覚り〉]という結果を得ることは困難ではない、困難なのは真にして実である《信頼》を偶然にも見つけることなのだ。なぜか？ それは、〈真実の世界から現れた方〉の驚くべき力がその者たちを捉え、あらゆる者を救済して覚らせる〈真実の世界から現れた方〉の力が働くからだ。[その者たちが自らの力でそれらを成し遂げることはできない。]純粋な《信頼》を、いかようであろうと、幸いにも獲得する者は、倒錯や偽善を免れた心を確かに持っている。それゆえ、最も重い罪を背負う者だろうとできるのだ、歓喜の絶頂を迎えることも、尊敬されるべきすべての方から愛され尊ばれることも。

聖典212

DTS114

　〈誠意〉と《信頼》の根源的な《悲願》について記そう。

『卓れた経典』には[以下のように]ある。

　　私が〈覚りそのもの〉を得るとしても、十の方角にいるすべての者が、〈誠意〉と《信頼》とをもって、私の国に生まれたいと願い、十回ほどでも念を馳せ[すなわち、私の〈名〉を称え]、それで、もし生まれなければ、〈最上の覚り〉を得たりはしない[、それが私の決意だ]。ただし、〈五種の重罪〉を犯した者、および〈正しい教え〉を罵るように中傷する者は除外する。

『〈永遠の生命という真実の世界から現れた方〉の集会』には〔以下のように〕ある。

　私が〈最上の覚り〉を実現するとしても、私以外のすべての〈覚った方の国土〉にいる者たちが、私の〈名〉を耳にするなら、私が所有する価値あるものすべてを、その者たちの所へ誠実に《手ずから届ける》のだ、そして、その者たちは、私の国に生まれようと願い、十回ほど私に思いを馳せても、そこに生まれなければ、〈最上の覚り〉を得たりはしない〔、それが私の決意だ〕。ただし、地獄行きが運命られているような重罪を犯した者、〈正しい教え〉とあらゆる賢者を罵るように中傷する者だけは除外される。(209)

その根源的な《悲願》の達成について、『経典』には〔以下のように〕ある。

　すべての人は、彼の〈名〉を耳にして、《信頼》が呼び起こされ、慶びながら〈一度念じる〉のだ。そう、この事態はアミダの〈誠意〉ある《働きかけ》に起因している。〈清浄な国土〉へ生まれ行くことを願えば、その瞬間にそこに生まれ、〈決して後戻りしない段階〉を我が物とするのだ。ただし、〈五種の重罪〉を犯した人、および〈正しい教え〉を罵るように中傷する人は除外する。(210)(211)

大正601b　『〈永遠の生命という真実の世界から現れた方〉の集会』には〔以下のように〕ある。

　〈永遠の生命という真実の世界から現れた者〉以外の〈覚った者たちの国土〉にいる人すべては、彼の〈名〉を耳にするや、〈清らかな《信頼》を有する一念〉が呼び起こされ、大いなる慶びに包まれる、同時に、〔アミダが〕自らの有する価値すべてをあらゆる人に《手ずから届けた》のを見て、一様に歓喜した。〈永遠の生命の国土〉に生まれたいと願う人は、誰でも、その願いに応えて、彼の地に生まれ、〈決して後戻りしない段階〉を、更には、〈比類なく

完全な最上の覚り〉を獲得する。ただし、〈五種の重罪〉を犯した人、地獄行きが運命られている人、そして、〈正しい教え〉を罵るように中傷する人は除外する。(212)

また、『経典』には〔以下のようにも〕ある。
　〈教え〉を聞き、記憶し、観察し、崇敬し、大きな慶びを見いだす——そのような人が、私［ブッダ］の善き友なのだ。だからこそ、〈教え〉に目覚めてほしい。(213)

また、『経典』には〔以下のようにも〕ある。
　このグループの人々は、大いに真正な美徳を持っているので、私の教説の中でも、特に意匠を凝らした類い希な世界に生まれることができるのだ。(214)

また、〔以下のようにも〕ある。
　〈真実の世界から現れた者〉が有する価値ある力、それを知るのは〈覚った者たち〉のみ、それを説くのは〈世界に尊敬される者〉のみ。〈神々〉、龍、鬼神たちは、この種の業をなし得ない。〈二つの乗り物〉にいる人々もなし得ない、語彙が足りないからだ。〈覚り〉を獲得した人々が、サマンタバドラという〈覚りを成し遂げる者〉を超えるほどの力を尽くして、〈生死〉の対岸に行き着き、〈覚った者〉の価値を列挙しようとしても、想像を超えるほど長いカルパを要するだろう。列挙している間に、〈覚った者たち〉は〈大いなる死〉を迎えてしまう、それでも、〈［アミダという］覚った者〉の最も卓れた智恵は言辞に尽くせない。それゆえ、［〈教え〉を］信じ、それを聞き、善き友すべてに優しく護られる、そのすべての条件が十全に満たされれば、この深遠にして美しき〈教え〉は聞き易く、尊敬されるべきすべての者に歓迎され、大事にされるのだ。
　〈真実の世界から現れた者〉の叡智は宇宙的な規模を持つ。その言葉の意義は〈覚った者たち〉のみが理解し得る。だからこそ、

DTS115

聖典213

［君たちは］〈あらゆる智恵に満たされた国土〉のことをよく聞き、私の〈真理の言葉〉を信じるのだ。人間に生まれるのは容易ではなく、この世界で〈真理から現れた者〉に出会うのも容易ではない。〔しかし、〕今や《信頼》と智恵とが満足され、［目的の］達成は容易となった。［〈教え〉に遵って］修行する人々よ、精励せよ。この美しき〈教え〉を聴けば、必ずや、〈覚った者たち〉は歓喜に沸くのだから。　　　　　　　　　　　　　　　　　　　　（抜粋）
(215)

『論説の注釈』には〔以下のように〕ある。
「〈真実の世界から現れた方〉の〈名〉を称えるという実践、それは〈真実の世界から現れた方〉の智恵の〈光〉、彼の方の〈名〉の意義、そして〈真実の本体〉と寸分違わずに合致している」。〔この中、まず、〕「〈真実の世界から現れた方〉の〈名〉を称える」の意味とは、〈何処にでも届く光という真実の世界から現れた方〉の〈名〉を称える、ということ。〔次いで、〕「智恵の〈光〉に合致している」の意味とは、〈真実の世界から現れた方〉の智恵の本質は恰も〈光〉のようで、この〈光〉は十の方角にある世界すべてを照らし、十の方角にいる者すべてが囚われている無智の暗闇をいとも容易く晴らしてしまう、ということ。彼の〈光〉は、太陽や月の光、あるいは宝石の輝きとは比較にならない、というのも、これらは一部屋を明るくするのが精一杯だからだ。〔更に、〕「彼の方の〈名〉の意義と、そして〈真実の本質なるもの〉と寸分違わずに合致している」の意味とは、〈何処にでも届く光という真実の世界から現れた方〉の〈名〉は、すべての者が囚われている無智を一掃し、その者たちが抱く如何なる望みも叶える力がある、ということ。しかし、中には〈名〉を称え、〈真実の世界から現れた方〉に思いを馳せていても、無智が一掃されず、その望みが十全には叶わない者もいる。それは、その実践が、〈真実の本質〉にも、〈名〉の意義にも合致していないからだ。これはどういうことなのか？　それは、〈真実
(216)

の世界から現れた方〉は〈真実の本質なるもの〉という体を持ち、それが対象に応じた様々な姿で現れている、と実感できないからなのだ。

加えて、「合致していない場合」が三種ある。(1)《信頼》が真正でない場合、すなわち、ある時は存在し、またある時は存在していない、と見做されるから。(2)「ただ一つ」でない場合、決定的でないから。(3)継続しない場合、雑念を払えないから。この三つは相互に補完する。《信頼》が真正でないから決定的でない。決定的でないから雑念を払えない。雑念を払えないから決定的な《信頼》を持ち得ない。そして決定的な《信頼》を持ち得ないから、その真正さを失う。

首尾良く行くのはこれらの対極にある場合なので、「〈真実の本質なるもの〉と寸分違わずに合致している実践」をここに言う。それゆえ、『論説』の著者〔ヴァスバンドゥ〕は、「私は、〈ただ一つの心〉で」と、その〔『詩』の〕冒頭に記すのだ。(217)

曇鸞という指導者の『アミダという〈覚った方〉への賛歌』には〔以下のように〕ある。

アミダという〈覚った方〉の〔真の〕価値に満ちた〈名〉を聞き、それを信じ、歓喜して、聞き得たことに一度でも思いを馳せる、そのような者なら、〈何処までも誠実な方〉の慈しみに満ちた斟酌の対象となる。(218)〈清浄な国土〉へ生まれ行くことを願う者たちはそこに生まれる。ただし、〈五種の重罪〉を犯した者、また〈正しい教え〉を罵るように中傷する者だけは除外される。だから、私は敬意をもって礼拝し、[〈清浄な国土〉へ]生まれ行くことを希求するのだ。(219)

光明寺の(220)『「瞑想の経典」の解説』には〔以下のように〕ある。

「望みのままに」という言葉は、ここで二通りに解釈される。一

DTS117

つは、人々の「思いのままに」（あるいは「願い通りに」）ということ、すなわち、人々の願い通りに、[〈覚った方〉は]一人一人を救済する。もう一つは、アミダの「思いのままに」ということ。あらゆる者の観察において、アミダの〈五種類の視覚〉は透徹することこの上なく、彼の〈六種類の超自然的能力〉の働きは自在なこと極まり無い。救われるべき者を見いだすや否や、アミダは一秒たりとも時間を無駄にせず [、常に正しき瞬間に]、すなわち、早計に過ぎることも遅きに失することも無く、心身共に顕現し、〈三つの輪〉^aを駆使して、すべての者を適宜に、〈覚り〉へ導くのだ。(221)

また、[『解説』には]以下のようにある。
〈五種の汚れ〉、〈五種の苦悩〉、その他[の不安]は、〈六種の境涯〉に共通している。誰も逃れることはできず、常に苛まれている。この苦悩の無い者、そのような者がいるのなら、この世の者とは思えない。(222) (抜粋)

また、[『解説』には][以下のようにも]ある。
「三種とは何か？」(223)から「その者たちは〈[アミダの]国〉へ生まれ行くことが確定している」(224)までの[経典の]一段は、〈三種の心〉の賢明なる識別による、〈〈清浄な国土〉へ生まれ行くこと〉を叶える正しき要因の制定、それが明かされているのだ。これは二つの方法による。（1）〈世界に尊敬される方〉[が図る救済]を受け入れる者、そのそれぞれの資質に応じた様々な救済をいう彼の意向は、何処までも深く、人知が及ばない。そこで、〈覚った方〉の自問自答がある、[救済を受け入れる]者たちが納得する方法は他には無い。（2）〈真理から現れた方〉自身が〈三種の心〉の意義を、その[三という]数を巡る自問自答を引き合いに出して明かす。(225)
『経典』には、「第一に〈真実にして誠実な心（至誠心）〉」とあ

---

a 身体・言語・意思

(226)
る。「至」は「真」、「誠」は「実」という意味。これは、知覚を有するすべてのものが、その身体・言語・意思で行う、如何なる理解や実践も必ず、真実なる心の裡で為された、ということだ。自分は賢明、善良、勤勉だと見做したり振る舞ったりしてはならない、独善あるいは偽善なのだから。この世の者はすべて、蛇や蠍のように、近寄りがたい毒性を持つ邪悪さ、そして、手管に長けた老獪さに溢れている。貪欲、憤怒、不正、虚偽、謀略、狡猾がその正体だ。肉体的、言語的、意思的に、正しく自らを処しても、悪意の潜んだ善、偽善そのもので、真にして実なる行為にはならない。

心の静穏と行動の指針を見つけ出そうとする者たちは、こうして、何処までも直向きに、寸暇を惜しんでは、昼夜を問わず、四六時中勤しみ、奔走し、次々と手を出し、挙げ句の果てには、髪に火がついているかのように慌てふためいている。表向きは善良だが、裏を返せば悪意がある。悪意の雑ざった行いでは、いかに欲しても、〈覚った方〉の〈清浄な国土〉へ生まれ行くことは叶わない。

なぜか？ アミダが曽て〈覚りを求める者〉だった時、約束した救済を果たすために、その立場に相応しい修行生活を送り、自身の身体・言語・意思に係わる行為と想念、その一々が真にして実なる心の裡に為された、という事実、まさにそれ故なのだ。だから、アミダのあらゆる行為、そのあらゆる動機は、真にして実であり続ける。「真にして実」には二つあり、一つは〈自己の向上〉、もう一つは〈他者の救済〉である。……真にして実なる心で、三種（身体・言語・意思）の悪しき行為を打ち棄てよ。真にして実なる心の裡に、三種の善き行為を必ずや成し遂げよ。［地位や資質を問わず、］内外のいずれだろうと、明暗のいずれにいようと、その行為が真にして実なるものの裡にあるなら、そう、そのようなものを〈真実にして誠実な心〉と呼ぶのだ。
(227)

〔『経典』には、］「第二に〈深い心〉」とある。これは、深き《信頼》を抱く心のことだ。〔やはり、］二つある。一つは、「この身は
(228)

大正602a

DTS119

実に卑しい、〈生死〉を逃れ得ない罪深い存在で、計り知れないほどの過去から［〈生死〉の奔流に］常に溺れ、〈究極の精神的自由〉を得る機会も無く、止むことなく生まれ変わり続けている」と、些かの迷いも無く、深く信ずることだ。もう一つは、「アミダという〈覚った方〉の四十八の《悲願》はあらゆる者を包摂するのだから、疑うことなく、躊躇うことなく、その信託に足る《悲願》に依拠する、そうすれば、〈清浄の国土〉へ生まれ行くことが確定する」と、些かの迷いも無く、深く信ずることだ。

また、〔次のようにも〕ある。

　すべての者は、『瞑想の経典』でブッダが教えた、〈三種の道徳〉、〈九種の段階〉、〈二種の善——観想的生活と実践的生活〉(229)を、些かの迷いも無く、深く信じるべきなのだ。この教説には、アミダという〈覚った方〉の活動に係わる、果報の二局面——主体と環境——が立証され、称賛されている。そして最後に、ブッダは、歓喜に沸く聴衆のすべてに、〔アミダの〈清浄な国土〉を〕願うよう教えるのだ。

また、〔次のようにも〕ある。

　すべての者は、『アミダの経典』を、些かの迷いも無く、深く信じるべきなのだ、そこには、十の方角にいる、ガンジス川にある砂のように無数の、〈覚った方〉すべてが証人としてここに集い、あらゆる人々に〈清浄な国土〉へ生まれ行くことを勧めていると説かれる、だからこそ、アミダを信じれば、彼の誓いに違うことなく、〈清浄な国土〉へ生まれ行くことが担保されるのだ。

また、〔次のようにも〕ある。

　［アミダを］深く信じる者は、崇敬の念を抱いて、願うのだ、「すべての行者は〈ただ一つの心〉で〈覚った方〉の言葉だけを信じ、決然として、自らの命をも顧みず、信じるところを行じ、そして、その方の意の儘に、捨て、為し、行こう」と。これはその教えと意志とに遵うこと。その《悲願》に遵うこと。このような者

こそ〈覚った方〉の真の弟子なのだ。

また、〔次のようにもある〕。

　この『経典』によって、〔〈覚った方〉を念じる〕実践に、深く信を寄せる者なら、過失を犯すことなく、他者を教導する。なぜか？〈大いなる慈しみ〉、その涙を湛えた〈覚った方〉の言葉に、偽りは微塵も無いから。覚っていなければ智恵と実践が足りない、要するに未熟者なのだ。悪しき情欲あるいはその残滓の呪縛を逃れられず、最終的な願望も満たされていない。修行中でも、〈覚った方々〉の教説に大凡の見当はつくが、疑問が氷解するには至らず、仮に精通したとしても、〈覚った方〉のお墨付きがなければならない。その者たちの知見すべてが〈覚った方〉のそれの引き写しであれば、〈覚った方〉は「よし、よし」と喝采を送る。〈覚った方〉の知見に違えば、「今一つ」と言われる。〈覚った方〉が渋い顔をするのは、その者たちが未熟で、その働きは平凡で、役に立たず、善き実を結ばないからだ。その者たちの知見が〈覚った方〉の正しい教説と符合している、それを示すには〈覚った方〉の最終的な承認がいる。そう、〈覚った方〉が発するすべての言葉と教説は、正しい教説、正しい意味、正しい道筋、正しい理解、正しい実践、正しい智恵なのだ。すべての〈覚りを求める者たち〉、〈神々〉そして人間は、その多少を問わず、〈覚った方〉のもとに来て、その方の最終的な承認を待っている。そう、〈覚った方〉が語る言葉は一切の変更を許さない、片や、〈覚りを求める者〉等の言葉は再考の余地がある。そう理解してほしい。

　それゆえ、私〔善導〕は、縁あってここで出会った、アミダという〈覚った方〉の国へ生まれ行くことを願う君たちすべてに、敬意を表しつつ勧告する、「〈覚った方〉の言葉だけを深く信じ、教えられた実践に専念するのだ。〈覚りを求める者〉等の言う事は、〔今の人間には〕相応しくない、それを信じてはいけない。〔それを信じてしまったら、〕それは障碍となり、大いに混乱し当惑して、仕舞

いには、［アミダという〈覚った方〉の国へ生まれ行くという、］大いなる恩恵を賜る機会を失うことになる」と。……

　ブッダは、すべての者に勧める、「生涯を懸けて、一心に［アミダという〈覚った者〉に］思いを馳せ、一心に［アミダの〈名〉を称えよ］、そうして命を終えれば、アミダの国に必ず生まれる」と。すると、十の方角の〈覚った方々〉は一堂に会して、賛同し、勧奨し、この［ブッダの言葉を］裏付ける。なぜか？〈大いなる慈しみ〉を有していることにおいて、その方々は一つになっているからだ。一人の〈覚った方〉の真実は他のすべての方の真実、〈覚った方〉すべての真実は一人の方の真実なのだ。だから、『アミダの経典』にはこう説かれている、「〈清浄な国土〉を構成するものごとすべてに神秘的な効果があると、ブッダは嬉しそうに褒めるのだ」と。ブッダは続けてこう勧める、「終日もしくは七日間、アミダの〈名〉に思いを馳せよ、そうすれば、すべての人は確実に〈清浄な国土〉へ生まれ行く」と。

　『経典』には続いてこのようにある、「十の方角のそれぞれには、ガンジス川にある砂のように多数の〈覚った方々〉がいる。その方々は、ある光景を目にする、すなわち、不吉な世界、悪質な住人、錯誤した知見、醜猥な情欲、邪悪で歪曲した〔世の中〕、何処にも《〔心身を挙げての〕信頼》は見いだせない、そんな〈五種の汚れ〉が充満する時代の只中で、ブッダはアミダの〈名〉を賞賛し、〔この世の〕すべての者へ真摯に勧めている、彼の〈名〉を称えよ、そうすれば確実に〈清浄な国土〉へ生まれ行くことができると、そこで、すべての〈覚った方〉は一様にブッダに賛辞を送るのだ」〔（抜粋）〕と。よし、これで〔〈覚った方々〉の賛同と勧奨とは〕裏付けられた。

　また、〔次のようにもある〕。

　「あらゆる者がブッダの教説を《信頼》するわけではない」と、十の方角にいる〈覚った方〉すべてが心配し、同じ時に同じ心で、

〈大いなる十億の世界〉を覆い尽くす〔類い希な〕舌を出して、真理の言葉を宣言する、「ああ、愚かなる者たちよ！ ブッダが説き、賞め、証すものを、迷うことなく信じなさい」と。どれほど罪を犯したか、どれほど善を積んだかも問わない、費やした時間の長短さえも。長くて百年だろうと、短ければ七日、もしくは、僅か一日だろうと。アミダの〈名〉を〈ただ一つの心〉で称えれば、確実に〈清浄な国土〉へ生まれ行くのだ。間違い無い。こうして、一人の〈覚った方〉の教えに、すべての〈覚った方〉が一人残らず同意し、〈誠意〉ある言葉で裏付ける。このことを、「〔善き〕人を介して《信頼》を確立する」というのだ。……

また、[〈覚った方〉を念じることの正しい実践については、]二つに区別される。一つは、アミダの〈名〉のみを、〈ただ一つの心〉で称える、――歩いていても立っていても、座っていても臥していても、長きに亘ろうが短かろうが――、そして、その〈名〉を常に心の中に懐き続ける。これを、[〈清浄な国土〉に生まれることを]確約する正しい実践という、アミダの根源的な《悲願》に適っているからだ。礼拝や読誦等は、次善の[あるいは補助となる]実践という。この二つ以外の実践はすべて、いかに善い価値があろうと、不純な実践の類だ。……それらはみな、的外れの実践、あるいは清浄ならざる実践と呼ばれる。だからこそ、ここで〈深い心〉を説くのだ。

〔『経典』には、〕「第三に、アミダが類い希な手腕で《手ずから届けた》、「〈清浄な国土〉へ生まれ行くことを願う心」とある。……アミダが類い希な手腕で《手ずから届けた》〔がゆえに〕、〈清浄な国土〉へ生まれ行くことを願う者たちは、真にして実なる心 [すなわちアミダの根源的な《悲願》そのもの] の命令を受けて、自らの願う心をそこに据えて、〈清浄な国土〉に生まれるのだ。その心は《〔心身を挙げての〕信頼》を核とし、ダイヤモンドのように堅牢なので、異なった見解・教義・実践・解釈を持つ者たちに妨

害されたり破壊されたりしない。〈覚った方〉への《信頼》を堅持しているから、〈ただ一つの心〉で真っ直ぐにその道を進み、如何なる甘言にも耳を貸さない。もし動揺すれば、心が萎え、腰が抜け、あれこれ迷った挙げ句、道を踏み外す。それでは、〈清浄な国土〉へ生まれ行くという大いなる恩恵には与らない。(234)

　質問したい。

　異なった思想と実践に従う正統でない行者が、君たちの《信頼》を妨害しようとして、様々な疑惑や難点を挙げて〈清浄な国土〉へ生まれ行くのは不可能だ、と主張したとしたら、［どうするのか？］ある時はこう言う、「太古からこの生に至るまでの悩める者たちは、愚者だろうと賢者だろうと、自己の身体・言語・意思を使って、〈十種の悪行〉や〈五種の重罪〉を犯し、〈四種の禁制〉を破り、教えを罵倒し、聞く耳を持たぬ者となり、戒律を破り、正論を破棄し、また他の悪事を働き続けている。必然的に、〈三種類の世界〉と〈存在の悪しきあり方〉に縛られているという汚点を払拭できていない。この生がある内に、価値ある行いをし、〈覚った方〉の〈名〉を称えるだけで、〈無生にして無垢なる国〉に生まれ、〈決して後戻りしない段階〉を永久に実現する、どうしてそれが可能なのか？」と。

　答えよう。

　〈覚った方々〉が教えること、実践するように勧めることは、砂や塵が数え上げることができないように多様なのだ。［〈覚った方々〉に教授される］者たちの気性や知性もやはり一様ではなく、〈覚った方々〉の目に留まる因縁も多様だから、その教授法も多岐に亘るのだ。

　そこで、観察と経験の可能な、この世の事物で説明してみよう。例えば、光は闇の中のものの正体を暴く、空間は形あるものを包含

---

a　〈生死〉が無いこと

《〔心身を挙げての〕信頼》第一部

する、大地はあらゆるものを支え育む、潤いはあらゆるものの成長を促す、火はものを産み出す温もりがあると同時に焼尽に帰せしめる。容易に見て取れるはずだ、「この世で経験することは、すべて相互に依存していて、極めて多様なかたちで作用し合っている」と。〈覚った方々〉の場合、その人知を超えた力を概念化することはできないが、先述したように、求めれば必ずや与える。すなわち、ありとあらゆる［崇高な］恩恵をもたらすのだ。

　そう、〈覚った方〉の教説の一面を学び了えることで、悪しき情欲を多少克服し得る、そして、教説のもう一つの局面を学ぶことは、〈精神的自由をもたらす智恵〉を学ぶこと。われわれは、自己のカルマがもたらした独自の境遇にいるのだから、それぞれが自分らしい〈精神的自由〉を求めて修行すればよいのだ。なのに、どうして、別の誰かのための修行を強いて、私を混乱させようとするのか？　私のカルマがもたらした境遇に相応しい実践こそ、私が最も愛するもので、君とは関係ない。君のカルマがもたらした境遇に相応しい実践は、私には意味を成さない。そこで、最も自分に相応しい修行を確実にする、すると、〈精神的自由〉がより速やかに実現される。〈覚り〉の獲得を理解するだけなら、賢人から凡人までのあらゆる者が訳なくできる。しかし、修行となると、各自のカルマがもたらした境遇に相応しい、最善のものが必須だ。労力を徒に費やすことなく、より巧みに〈覚り〉を得るのだから。

　〈清浄な国土〉へ生まれ行くことを願う者たちよ、君たちにもう一つ言っておきたいことがある。それは、ある物語のことだ、正しき道とは相容れない見解、その恫喝から君たちの《信頼》を護るための助けとなる物語だ。

　想像してほしい、西に向かう男が一人いる、行く手は遙かな道のりだ。不意に彼は二つの河を目にした。南は火を噴く奔流、北へは溢れんばかりの暴流。それぞれの幅は百歩分、その底は窺い知れず、南北に果てしなく伸びている。火と水、二つの河の中間に、

聖典219

大正603a

DTS124

一本の白い道がある。その幅は四、五インチ〔10センチほど〕、行く手は百歩分。東西の河岸を繋いでいる。怒濤に洗われ、猛火に焼かれること、交々だ。水火は間断無く襲来している。

孤独な男は侘しく佇む。後ろには何処までも続く砂漠。人にしろ得体の知れないものにしろ、救いの手が差し伸べられる見込みは無い。それどころか、盗賊の輩や野獣の群が跡を嗅ぎ回っている。殺意を抱いて孤独な旅人を付け回している。何処を見ても死が待っていると思い、男は恐怖に戦いた。いかに早く敵から逃れようとしても、目の前には火と水の大河が立ち塞がっている。

男は自問した、「この河は南北に果てを見ず。対岸へと通ずる、狭小で粗末な白い道が、一本あるのみ。対岸は左程遠くないが、渡る術は何だろう？ いや、私はここで死ぬ運命なのだ。来た道を戻ろうとしても、盗賊や野獣が徐々に迫ってくる。南か北に急いでも、別の野獣や毒虫が群がってくる。西に向かう道を選べば、火と水の河に落ちるのが必然だ」と。そう思うと、孤独な旅人は、恐怖と絶望にうち拉がれ、立ち竦んだ。そこで、再び自問した、「戻れば死が待ち構えている、ここにいても同じ運命だ、進んでも良いことは無い。死を逃れる術はどこにも無い。〔とはいえ、〕今の私に残された道は前へ進むことだけだ、すべてを賭けて、目の前の細い道を駆け渡ろう、ここに道があるからには、渡るための何らかの手立てになり得ているはずだ」と。

そう考えていた時、東岸から何者かの掛け声が聞こえてきた、「旅人よ、決断するのだ！ なによりもこの道を行け、必ず死を免れる。躊躇えば死ぬだけだ」と。また、西岸からも呼び声がした、「旅ゆく人よ、道を間違えてはいけません、そして、脇目も振らず、雑念を払い、〔こちらへ〕来るのです。私はあなたを護る者です！火炎や氾濫を恐れることはありません、怪我一つさせませんから」と。

召喚と勧告の声を聞いて、その道を行く旅人の決意は不動のもの

となった。彼は直ちに足を踏み出した、恐怖も疑念も動揺も無く。〔そして〕数歩進むと、東岸の盗賊たちの呼び声がした、「おーい旅の人、早く戻れ。道は険しく厳しい。無事では済まないぞ。命を落とすぞ。俺たちには悪意の欠片も無いんだぞ」と。旅人はこの声を聞いたが、意に介しなかった。彼は一度たりとも振り返らなかった。足下から伸びる道だけを頼りに、一心に進んで行った。やがて西岸に至り、あらゆる厄難を免れた。〔そこでは〕善き友人たちが出迎え、大いに喜びを分かち合ったのだ。これで物語を終えよう。

　それでは、この物語の要点を〈清浄な国土〉へのわれわれの実践に当て嵌めてみよう。「東岸」とは、〈炎に包まれている家〉に準えられる娑婆というこの世界に対応し、「西岸」とは、幸福を究める宝の国のこと。「親切そうに振る舞う盗賊の輩と野獣の群」とは、〈六種の感覚器官〉、〈六種の認識の主体〉、〈六種の認識の対象〉、〈五種の集まり〉、〈四つの元素〉、すなわち、あらゆる存在を構成するもののこと。「広大で人影の無い砂漠」とは、常に悪い仲間に誘惑されて、本当の善友と会う機会に恵まれないという、この世界の現状。「火と水の河」とは、貪りという欲望に溺れるが如く執着する者すべて、そして、燃えたぎる炎の如き怒りや憎しみのようなもの。「両岸を跨ぐ、四、五インチ〔10センチほど〕の幅の白い道」とは、貪りや怒りなどの邪な情欲の只中にありながら、〈清浄な国土〉へ生まれ行くという清らかな願いに〔僅かながらも〕目覚めていること。邪な情欲というものは手に負えない、だから、火炎や氾濫に喩えられるが、善き行いに勤しもうとする心はか弱い、だから、白い道のようだという。「氾濫に遭う」とは、われわれの善き心が常に貪りという欲望に塗れていること。「絶えず炎が道を焼き払おうとしている」とは、憤怒や憎悪のようなもの、それらは価値ある〈教えの宝〉を灰燼に帰する。「脇目を振らずに西に向かってその道を歩く人」とは、〔〈清浄な国土〉に生まれようとして〕、自身のすべてを委ねて、驀地に西に向かう人のこと。「旅人が『道

を尋ねよ』という掛け声を東岸で聞き、それから、脇目を振らずに西に向かい始めた」とは、ブッダが〈大いなる死〉を迎えた後でも、経典（きょうてん）という形で残っている、その教説を喩えている。「旅人が西に向かい始めると、すぐに盗賊の輩（やから）が彼を呼び戻そうとする」とは、別の実践、別の理解、あるいは誤った見解を抱（いだ）く者、見当違いな持論を展開する者たちが、互いに混迷を深める、こうして、罪を犯し、手に入れたものまで失ってしまう、そのことを喩えている。

「西岸で旅人に呼び掛ける人」とは、あらゆる者を救おうと願うアミダという〈覚（かた）った方〉。「やがて旅人は西岸に至り、善友に迎えられ、幸福を分かち合った」とは、〈清浄な国土〉の行者たちが、その最終的な目的地に到着していることに喩えている。行者たちは長い間〈生死〉の奔流（ほんりゅう）に呑（の）まれて溺（おぼ）れている。無始時以来〈生死のサイクル〉を繰り返し、囚（とら）われの身に甘んじ、〈精神的自由〉を得る方途（ほうと）を知らない。ブッダの懇切な導きによって、漸（ようや）く西へ向かうことができる。さらに、アミダという〈覚（かた）った方〉の慈しみに満ちた心が、私のもとに来るように、と呼んでいる。尊敬すべき両雄（りょうゆう）の命令を信じ、それに遵（したが）い、もはや火と水の奔流（ほんりゅう）を恐れはしないと決心する。寸暇を惜しんでは〈覚った方々（かたがた）〉の呼び声に思いを馳（は）せ、《悲願》の力〔が作り上げた〕道を歩んでいく。命を終えたら、そう、〈清浄な国土〉に生まれ、〈覚（かた）った方〉に遇（あ）うのだ、その喜びは如何許（いかばか）りだろうか。

行者たちは、〈三種の行動様式〉すなわち身体・言語・意思において、歩いていても立っていても、座っていても臥（ふ）していても、時刻も昼夜も問わず、常に正しく理解し思惟すれば、それこそが「アミダの価値に満ちた実践が《手（て）ずから届けられる》ことによる、〈清浄な国土〉に生まれたいと願う心」なのだ。

《手（て）ずから届ける》とは、行者が〈清浄な国土〉に生まれてから、この世界を振り返り、命あるすべての者への〈大いなる慈しみ〉に目覚め、〈生死〉の中に帰って、すべての者の教育と翻心に専（もっぱ）ら勤（いそ）

しむこと。これを《手ずから届ける》という。〈三種の心〉が十全なのだから、《悲願》も〈実践〉も成し遂げられる。それらが成し遂げられれば、漏れなく〈清浄な国土〉に生まれる。それが必然なのだ。そして、この〈三種の心〉［の効用］は精神統一を実践する者にも及ぶ。このように理解してほしい。(235)

大正603c

また、〔善導は以下のようにも〕言う。

DTS127

〈清浄な国土〉に生まれる、敬愛する友すべてに、声を大にして言おう、「ブッダは真に慈愛に溢れる親なのだ、だからこそ、手立てを尽くして比類なき《信頼》に目覚めさせる、われわれは大いに感謝しなくてはならない」と。(236)

聖典222

『貞元年間までに漢訳された仏典の目録』第十一巻には〔、以下のように〕ある。

『諸経典中の賛歌の集成』(237)全二巻は、唐の西崇福寺の僧、智昇が著した、因みに、貞元15年10月23日［西暦799年］に皇帝の命令で〔当時の〈三種の書物群〉に〕編入された。……第一巻の賛歌と信仰告白は、智昇が集めた様々な経典からの引用。その中『瞑想の経典』からの引用は、〔実際は〕善導の『日中の信仰告白』からのもの。第二巻は善導の〔著作だけで構成されている〕選集である。……

以下は『日中の信仰告白』の抜粋である。

第二に、〈深い心〉(238)とは、真実の〈信じる心〉、すなわち、この世を生きる者としての我が身は、正視に耐えない情欲に溢れていて、善き資質に恵まれず、〈三種類の世界〉で〈生死〉を繰り返しては、〈炎に包まれている家〉から逃げ出すことすらできない、それを知り且つ信じる、ということなのだ。そこで、アミダを〔仰ぎ〕見るのだ。アミダの根源的な《悲願》、彼の意図は全き救済にあると、知り且つ信じ、それゆえ、わずか十回でもアミダの〈名〉を称えれば、［〈清浄な国土〉へ］生まれ行くことが保証される、実に、たっ

119

た一回、彼の〈名〉を口にするだけでも、[生まれ行くことに]疑いを抱くことはない。これこそ〈深い心〉なのだ。……今や、行者たちは全幅の《信頼》を寄せ、歓喜に咽ぶのだ、アミダという〈覚った方〉の〈名〉を聞き得れば〈清浄な国土〉へ生まれ行くのは確実だと。　　　　　　　　　　　　　　　　　　　　　　（抜粋）

『往生要集』〔第一巻〕には〔〔以下のように〕ある。〕
　『アヴァタムサカの経典』にはこうある。
　　　迫り来る敵軍すべてを撃退する薬があれば、悪党であろうと何もできない。〈覚りを成し遂げる偉大な者〉も同様で、〈覚りとなる心〉という万能薬を持っている限り、悪しき情欲も、邪な悪魔も、どんな敵も、その者を討ち果たすことはできない。身に付ければ溺れることのない宝石の輪飾りがあれば、深き淵に嵌まっても無事だ。そのような者は、〈生死〉の大海にいても溺れることはない。膨大なカルパに亘って水中に沈んでいても、原型を留め、全く腐食しないダイヤモンドのように。〈覚りとなる心〉もそうなのだ。無数のカルパの間〈生死〉〔という世界の〕只中に埋没し、どれほど悪しき情欲〔が襲来して〕も、それを蹂躙することはできない。心変わりは無い、微動だにしない。

　また、[第二巻には〔以下のように〕ある。]
　　　私もまた〈真実の世界から現れた方〉に守られている、悪しき情欲に目を覆われて、彼の方を見ることはできないが、〈大いなる慈しみに満ちた方〉は、いつでも私を弛むことなく照らしている。

〔以上の引用を総括して、親鸞は言う。〕
　このように見てくると、われわれの《実践》と《信頼》には、[〈清浄な国土〉に]生まれさせるために、われわれに《手ずから届けられる》〔真の〕価値、それを有するアミダの汚れのない《悲願》に満ちた心に

由来しないものは、何一つとしてないのだ。このことは理由も無く起こるのではない、アミダの《悲願》とは別の根拠からでもない。そのように理解してほしい。

　質問したい。

　アミダの《悲願》が、〈誠意〉、《信頼》、そして〈清浄な国土に生まれたいという切なる願い〉〔という〈三つの心〉〕を、われわれに呼び起こすのならば、『論説』の著者はなぜ「〈ただ一つの心〉で」と言うのだろう？

　答えよう。

　それは、われわれ一般人に、そのことをより易しく理解させるためだ。アミダという〈覚った方〉は〈三つの心〉をいう《悲願》を立てたが、〈精神的自由の境地〉に導く真の根拠は、ただ一つの信ずる心なのだ。〈三つの心〉を〈ただ一つの心〉に統べると言うのは、おそらく、それが著者の意図だからだ。

　私は、畏れながらも、〈三つの心〉の字義を探してみたところ、その三つを一つにする理由があった。すなわち、

1. 〈至心〉とは「〈誠意〉」。「至」は「真の」・「実の」・「不可欠な」で、「心」は「種子」・「核心」という意味だ。

2. 〈信楽〉とは「《信頼》」。「信」は「真理」・「真実性」・「誠実」・「達成」・「成立」・「完成」・「機能」・「厳粛」・「検分」・「吟味」・「表現」・「忠誠」で、「楽」は「願望」・「希求」・「愉楽」・「喜悦」・「愉快」・「嬉楽」・「祝福」・「至福」という意味だ。

3. 〈欲生〉とは「〈〔清浄な国土に〕生まれたいという切なる願い〉」。「欲」は「希求すること」・「喜悦すること」・「知覚すること」・「承知すること」で、「生」は「完成」・「作用」（為すこと・起こること・行うこと・始めること・仕えること・生じること）・「為すこと」・「生起すること」という意味だ。

明らかに知り得たことをここで示そう。（1）〈至心〉（《誠意》）とは、「真の」・「実の」・「誠実な」、そして「種子」という心だ。ここには疑惑という不純なものは見られない。（2）〈信楽〉（《信頼》）とは、「真理」・「真実性」・「誠実」・「達成」という心、「成立」・「完成」・「機能」・「厳粛」という心、「検分」・「吟味」・「表現」・「忠誠」という心、「願望する」・「希求する」・「喜悦する」・「幸福を感ずる」心、「愉楽している」・「嬉楽している」・「祝福された」・「至福な」心だ。ここには疑惑という不純なものは見られない。（3）〈欲生〉（〈生まれたいという切なる願い〉）とは、「希求する」・「喜悦する」・「覚醒している」・「承知している」心だ。それは「完成する」・「機能する」・「作用する」・「生起する」心で、〈大いなる慈しみ〉を有する者によって、《手ずから［行者に］届けられる》心なのだ。だから、ここには疑惑という不純なものは見られない。

　このように、三つの熟語の意義を吟味してみると、それは真にして実なる心、見た目だけのものが混入しない心だと分かる。その心は正しく真っ直ぐなそれであり、邪な、まやかしのあるものは混ざっていない。［そうして、この理由から、疑惑という不純なものは見られないと知れる。］これを〈信楽〉すなわち《信頼》という。《信頼》は〈ただ一つの心〉で、〈ただ一つの心〉とは真にして実なる《信頼》なのだ。だからこそ、『論説』の著者は〈ただ一つの心〉〔という事実〕を立証したと知られよう。このように理解してほしい。

　質問したい。

　これらの熟語の意義に照らして、『論説』の著者は〈三つの心〉を一つにしていると理解しうる。それでも、アミダという〈真実の世界から現れた方〉が、無智で邪悪な者のために〈三つの心〉をいう《悲願》を立てたという事実がある。このことをどう考えればよいのだろう？

　答えよう。

　〈覚った方〉が、そのような《悲願》を立てた時に、どのような思いであったのかは、われわれの理解が及ばないことだ。しかし、〔あえて

言うならば、〕悠久の過去から今現在の瞬間に至るまで、命ある者たちが群れる広大な海は、常に汚辱と腐敗とに満ち溢れている。どのような心も不浄を免れない。その者たちは虚偽・偽善・偽装に塗れている。その者たちに真にして実なる心は無い。それゆえアミダは、あらゆる苦悩に苛まれているその者たちを深く憐れんだ。計り知れないほど遠い過去から、アミダは〈三種の行動様式〉において、〈覚りを求める者〉に相応しい生き方を実践し、その生活において、清浄でなく真心でもない時は一瞬たりとも無く、そうでないことを思うことも一度すら無かった。この清浄さによって、彼の〈真実の心〉は申し分のない価値に満たされたのだ、それは何処までも行き渡り、如何なる形の思考や描写、そして表現をも超越している。悪しき情欲・悪しき行為・誤った知性に責め立てられている、広大な海に群れるかのような者すべてに、この〈誠意ある心〉はアミダによって《手ずから届けられた》。これによって、他者を救済する〈覚った方〉の〈真実の心〉が明らかになったのだから、そこには疑惑という不純なものは見られるはずがない。この〈誠意ある心〉の本体は、完全な価値を有する方の尊敬されるべき〈名〉なのだ。(244)

DTS130

大正604b

そこで、『卓れた経典』には〔以下のように〕ある。

　〔アミダが〈覚りを成し遂げる者〉に相応しい生き方をしていた時には、〕貪りと怒り、そして加害の意思を抱かず、その衝動にも駆られず、感覚の対象にも固執せず、自身を十全に統御して、どんな辛酸を嘗めても恐れず、欲は少なく足るを知り、汚れ、怒り、愚かさも全く無かった。常に精神を統一した状態で静寂そのものの中に居た。彼の智恵は極まることを知らず、虚偽や偽善の意思を持たず、阿ることも皆無だった。優しさを満面に湛え、親愛の情そのものを言葉にした。人々の求めを察して気を配った。勇敢で精力的、躍動する心は疲れを知らなかった。常に清浄なものを求め、すべての人を救済しようと願っていた。〔〈覚った者〉、〈教え〉、〈信者の集まり〉という〕〈三つの宝〉に敬意を払い、指導者や先輩たち

によく仕えた。意義あるものを纏うこと豊穣に、あらゆる修行を成し遂げて、すべての人に価値ある行為を達成させたのだ。(245)

聖典226　『〈永遠の生命という真実の世界から現れた方〉の集会』には〔以下のように〕ある。

　　ブッダはアーナンダに言った、「ローケーシュヴァラ・ラージャという〈真理から現れた者〉・〈神々〉すべてと人間・魔神・ブラフマ神・出家者・バラモンの前で、ダルマーカラという出家修行者は、その偉大な《悲願》を広く宣言し、十全に成し遂げた。なんと希有極まりなきことか！　その《悲願》を立て終わり、腰を据えてその実現を見守った。価値ある行いのすべてを為して、畏れ多き威厳と美徳が鏤められた〈覚った者の国土〉を具現化した。それは広く、大きく、汚れが少しも無い。そのダルマーカラという〈覚りを成し遂げる者〉が行った数々の実践には、思考や計算が及ばない、カルパの数十億の数十億倍もの時間を要した。この長く果てしない間、貪欲・憤怒・愚行、そういった意思すら、彼は一度として抱かず、強欲になったり他人を傷つけたりする衝動にも駆られなかった。形・音・香・味と触り得るもの、そういった感覚の対象にも固執しなかった。親類や同族にするように、あらゆるものごとに愛情を注いだ。……いつでも優しく、気配りが行き届いていて、暴力や激情とは無縁だった。常に命あるすべてのものを愛し、大切にした。欺かず、媚びず。疲れることも無かった。清浄にして無垢なるもの、そのすべてを探し求めるよう、正しい言葉で人々を励ました。命あるものを遍く救うに、勇敢にして恐れを知らず、この広い世界を幸福にするために、弛まず勤めた。このようにして、彼の偉大な《悲願》は十全に成し遂げられたのだ。(246)　　　　　（要約）

　光明寺の師匠は〔以下のように〕言う。
　　悪意の雑ざった行いでは、いかに欲しても、〈覚った方〉の〈清

浄な国土〉へ生まれ行くことは叶わない。

　なぜか？　アミダが曽て〈覚りを求める者〉だった時、約束した救済を果たすために、その立場に相応しい修行生活を送り、自身の身体・言語・意思に係わる行為と想念、その一々が真にして実なる心の裡に為された、という事実、まさにそれ故なのだ。だから、アミダのあらゆる行為、そのあらゆる動機は、真にして実であり続ける。「真にして実」には二つあり、一つは〈自己の向上〉、もう一つは〈他者の救済〉である。……真にして実なる心で、三種（身体・言語・意思）の悪しき行為を打ち棄てよ。真にして実なる心の裡に、三種の善き行為を必ずや成し遂げよ。［地位や資質を問わず、］内外のいずれだろうと、明暗のいずれにいようと、その行為が真にして実なるものの裡にあるなら、そう、そのようなものを〈真実にして誠実な心〉と呼ぶのだ。(247)　　　　　　　　　　　　　　　（抜粋）

大正604c

〔以上の引用を総括して、親鸞は言う。〕
　まことに、〈偉大な賢者〉の真実の言葉、また信頼し得る師匠たちの注釈に従うと、次のように知られよう、この心は思考や描写および説明の及ぶ範囲を完全に超えていると、また、その心は広大な海のような智恵の《悲願》という〈ただ一つの乗り物〉だと、そして、その心は命あるすべての者に恩恵を与えようと〈覚った方〉が《手ずから届けた》真にして実なる心だと。これが〈誠意〉といわれる〔心な〕のだ。(248)

DTS132

聖典227

「真にして実」については、『ニルヴァーナの経典』に以下のようにある。
　　実な言明とは、清浄というそれであり、それ以外のものはない。「真にして実」とは〈真実の世界から現れた者〉である。〈真実の世界から現れた者〉とは「真にして実」である。「真にして実」とは〈虚空〉である。〈虚空〉とは「真にして実」である。「真にして実」とは〈覚りという〔超越〕性〉である。〈覚りという〔超越〕性〉

とは「真にして実」である。⁽²⁴⁹⁾

『解説』によると、「地位や資質を問わず、内外のいずれだろうと、明暗のいずれにいようと」⁽²⁵⁰⁾とある。この中で、「内」とは「世俗を離れていること」、「外」とは「世俗に留まっていること」である、「明」とは「世俗を離れていること」で、「暗」とは「世俗に留まっていること」である。また、「明」とは「智恵」であり、それに対して、「暗」とは「無智」である。

『ニルヴァーナの経典』によると、以下のようにある。

「暗」とは「世俗の中にいること」であり、「明」とは「世俗の外にいること」である。「暗」とは「無智」であり、「明」とは「鮮明な智恵」である。⁽²⁵¹⁾

次に「信楽」〔を推察したい〕。この「信楽」とは広大な海のような〈信ずる心〉で、それは〈真実の世界から現れた方〉のすべての《悲願》の完成態として、彼の方が有しているものなのだ、そして、彼の《悲願》とは、完全で、万能で、如何なる障害も問題としない、彼の方の〈大いなる慈しみの心〉から現れるものなのだ。それゆえ、この〈信ずる心〉には疑惑という不純なものは見られない。だからこそ、それは信楽(《信頼》)と呼ばれ、その本体は〈覚った方〉の〈誠意ある心〉なのだ、それによって、他者を救済するという彼の方の行為がもたらすあらゆる価値が、命あるすべての者に《手ずから届けられる》のだ。ところが、無始時以来、命ある者たちは、無智という広大な海に溺れ、〔〈生死〉を〕繰り返す存在として狂ったように流されている。ありとあらゆる苦悩に束縛され、絶え間なく回る車輪のように転げ回っていて、その者たちが清浄で汚れのない《信頼》を抱くことはありえない。その者たちが真にして実なる《信頼》について何も知らないのはごく自然なことだ。だから、〔〈覚った方〉からもたらされる〕比類なき価値に出会うこ

とは非常に難しい。そしてまた、優れたクオリティを有する清浄な《信頼》を得ることも非常に難しい。ありふれた者たちすべては、内に抱いている貪欲と愛執のために、いつ如何なる時も、善き心が悪に染まるのを避けられない。怒りと憎悪に燃えているその心は、常に〈教えという宝〉を焼き尽くそうとしている。迫ってくる炎を追い払うように、慌てて励み、慌てて修行しても、〔どのような善行であろうと、〕「毒気があって真正でない、混入物のある善」さらに「虚偽の、あるいは偽装の修行」と呼ばれる。それが真にして実なる実践と呼ばれることはあり得ない。虚偽や毒気のある手段で〈光の満ちあふれた国土〉に生まれようとするかぎり、その者たちは極めて成し難いことを企てている〔と言わざるを得ない〕。なぜか？　それは、アミダという〈覚った方〉が、曽て〈覚りを求める者〉に相応しい生き方を実践していた時、その〈三種の行動様式〉において、疑惑という混入物の存在は一瞬たりとも無く、疑念を抱くことも一度として無かったからだ。この心〔信楽〕は、そう、〈真実の世界から現れた方〉の〈大いなる慈しみの心〉に他ならず、命あるすべての者を《〈悲願〉に応えて現れた国土》に生まれさせるための、正しい要因に相違ないと、彼の方が知っていたからなのだ。〈覚った方〉は、苦悩する者たちを憐れんで、妨げるものの無い、その偉大で清浄な心を、広大な海に群れるような者すべてに《手ずから届けた》。これこそ、他者を救済する真にして実なる《信頼》の心なのだ。

「《信頼》を産み出す《悲願》」の中の「《悲願》の達成をいう文」。

『卓れた経典』には〔以下のように〕ある。
　　すべての人は、彼の〈名〉を耳にして、《〔心身を挙げての〕信頼》が呼び起こされ、慶びながら〈一度念じる〉のだ。……

また、『集会』には〔以下のように〕ある。
　　〈永遠の生命という真実の世界から現れた者〉以外の〈覚った者

たちの国土〉にいる人すべては、彼の〈名〉を耳にするや、〈清らかな《信頼》を有する一念〉が呼び起こされ、大いなる慶びに包まれる……⁽²⁵³⁾

『ニルヴァーナの経典』には〔以下のように〕ある。

　善良な人々よ！〔〈覚った者〉の〕〈大いなる慈しみと大いなる友愛の心〉を〈覚りの本性〉という。なぜか？〈大いなる慈しみと大いなる友愛の心〉は、恰も影が物に随うように、〈覚りを求める者〉に寄り添い、遂には、すべての人はそれを有することになっているからだ。それゆえ、「すべての人には〈覚りの本性〉が秘められている」という。〈大いなる慈しみの心と大いなる友愛の心〉は〈覚りの本性〉なのだ。〈覚りの本性〉とは〈真実の世界から現れた者〉なのだ。大いなる歓喜と大いなる喜捨ᵃの心を〈覚りの本性〉という。なぜか？〈覚りを成し遂げる偉大な者〉は、〈存在の二十五種の様態〉を諦められなければ、〈比類なく完全な最上の覚り〉を獲得できない。〔ところが、〕すべての人は〈覚り〉を終極的には獲得することができる。だから、「すべての人には〈覚りの本性〉が秘められている」という。大いなる歓喜と大いなる喜捨の心は〈覚りの本性〉なのだ。〈覚りの本性〉とは〈真実の世界から現れた者〉に他ならない。〈覚りの本性〉を「大いなる信じる心」という。なぜか？　それは、「大いなる信じる心」という名のもとに、〈覚りを成し遂げる偉大な者〉は〈喜捨〉から〈智恵〉（プラジュナー）までの〈覚りに至るための六種の行為〉を完備し、そして、すべての人も、最終的には、「大いなる信じる心」を確実に得ることができるからだ。それゆえ、「すべての人は〈覚りの本性〉を秘めている」という。「大いなる信じる心」は〈覚りの本性〉なのだ、〈覚りの本性〉とは〈真

---

　a　「布施・施し与え」と同義。

実の世界から現れた者〉に他ならない。また、〈覚りの本性〉を「〈一人子（ひとりご）〉の段階」という。なぜか？　それは、この「〈一人子（ひとりご）〉の段階」にいることで、〈覚りを求める者〉はすべての人を平等に見ることができ、そして、最終的には、すべての人がこの「〈一人子（ひとりご）〉の段階」を確実に得ることができるからだ。それゆえ、「すべての人は〈覚りの本性〉を秘（ひ）めている」という。「〈一人子（ひとりご）〉の段階」は〈覚りの本性〉なのだ。〈覚りの本性〉とは、紛（まぎ）れもなく、〈真実の世界から現れた者〉そのものなのだ。(254)

また〔以下のようにも〕ある。

〈比類なく完全な最上の覚り〉には、その要因に〈信じる心〉があると言われる。〈覚り〉へ導く要因は数え切れないほどあるが、それらすべてを余すことなく含んでいるものこそ〈信じる心〉なのだ。(255)

また、その『経典（きょうてん）』には〔以下のようにも〕ある。　　聖典230

《信頼》には二つの源泉がある。一つは「聞くこと」から生まれ、もう一つは「内省すること」から生まれる。その《信頼》が「聞くこと」だけから生まれ、「内省すること」からでないなら、それは十分ではない。これを不十分な《信頼》という。また、二種の《信頼》がある。一つは「道がある」と信じ、もう一つは「道を得た人がいる」と信じることだ。道があることを信じていても、それを得た人にまで及ばなければ、《信頼》と呼ぶには足りない。これもまた不十分な《信頼》なのだ。(256)　　　　　　　　　（抜粋）　大正605b

『アヴァタムサカの経典（きょうてん）』には〔以下のように〕ある。　　DTS135

この〈教え〉を聞き、呼び覚まされた《信頼》を喜び、疑惑（いだ）を抱かなければ、〈比類なき覚り〉を遠からず得て、〈真理から現れた者たち〉と同じ地位に達する。(257)

また〔以下のようにも〕ある。

〈真理から現れた者たち〉は、あらゆる人が抱（いだ）いている疑惑を根

底から晴らし、それぞれの意向に沿った手段で満足させる。
また〔以下のようにも〕ある。
　《信頼》は〈〔真の〕道〉の核心、あらゆる価値（美徳）の母なのだ。善き〈教え〉すべてを育み、張り巡らされた疑惑を断ち切る。奔流の如き執着からわれわれを脱出させて、〈精神的自由の境地〉という比類なき道を切り開く。《信頼》に染みや汚れは無い。心は何処までも清められ、傲慢さや自惚れは払拭される。《信頼》は崇敬の心が築かれる土台、〈教えの蔵〉の中でも一番の宝物、そして、清浄なる手、すなわち、すべての善き行為を受け取る手なのだ。《信頼》とは慈善。惜しみなく施し与えること。人々に〈覚った者の教え〉を喜んで受容させ、智恵から産み出される価値を増大させ、人を〈真理から現れた者〉に相応しくさせることは確実で、あらゆる感覚器官を清浄・明瞭・鋭敏にさせる、それが《信頼》なのだ。その力は強固で、何ものも討ち果たすことはできない。悪しき情欲すべてを永久に殲滅し、〈覚った者〉によって積み重ねられてきた価値へ一心に向かわせ、諸々の境遇に縛り付けず、あらゆる災難を遠ざけ、われわれの安全と自由を保証し、邪悪な者の潜む道すべてを超越させて、〈精神的自由〉への比類なき道を明らかにする、それが《信頼》なのだ。それは価値あるものに成長を遂げる種子を枯死させない。〈覚りという樹〉までの迅速かつ逞しき生長を促進する。最高の知性を益々豊かにし、〈覚った者〉すべてを顕示する。だからこそ、修行の重要度に比例する、その階梯の中、《信頼》が最も重要で、その獲得は最も難しいのだ。……

　〈覚った者たち〉を常に信じ、よく仕えれば、その人は極めて重要な貢献をしている。この大いなる貢献に着手すれば、〈覚った者〉が成し遂げた奇跡を信じるようになる。

　〈覚った者〉を常に信じ、〈教え〉を専ら讃えれば、〈覚った者の教え〉を飽くことなく聞き続けることができる。

　飽くことなく〈教え〉を聞き続ければ、〈教え〉が成し遂げる奇

跡を信じるようになる。

　常に〈信者の集まり〉を信じ、汚(けが)れを離れた者たちに仕(つか)えれば、その信じる心は〈決して後戻りしない〉、《信頼》の力も決して変容しない。

　《信頼》の力が変容しないなら、すべての感覚器官は清浄・明瞭・鋭敏となる。

　それらが清浄・明瞭・鋭敏なら、善友すべてに親しく接し得る。

　親しく接し得たら、あらゆる善を大いに積み重ね得る。

　あらゆる善を積み重ね得たら、［〈清浄な国土〉に生まれるための］大いなる要因を完備する。

　大いなる要因を完備し得たら、［〈清浄な国土〉の教説に対する］最も卓越した、決定的な理解を獲得する。

　卓越した理解に達したら、〈覚った者〉すべての庇(ひご)護を受ける。

　〈覚った者たち〉に守られたなら、心が〈覚り〉に向かう。

　心が〔〈覚り〉に〕向かったら、〈覚った者〉の有する価値すべての実践に努める。

　価値の実践に努めたら、〈真理から現れた者たち〉の住居(すまい)に招かれる。

大正605c

　〈真理から現れた者たち〉の住居(すまい)に招かれたら、巧妙な手立(てだ)てを駆(く)使する方法を学ぶ。

　巧妙な手立(てだ)て駆(く)使する方法を学んだら、〈信じる心〉が清められる。

　〈信じる心〉が清められたら、絶えず効果を発揮する最も卓越した心となる。

　絶えず効果を発揮する心を得たら、〈覚りに至るための行為〉すべてを常に実践する。

　〈覚りに至るための行為〉すべてを常に実践したら、〈偉大な乗り物〉を完成に導く。

　〈偉大な乗り物〉を完成に導いたら、〈教え〉に従って〈覚っ

者〉に捧げ物をする。

〈教え〉に従って〈覚った者〉に捧げ物をしたら、〈覚った者〉に向いた心は微動だにしない。

〈覚った者〉に向いた心が微動だにしなかったら、いつでも無数の〈覚った者たち〉をその目にする。

いつでも無数の〈覚った者たち〉をその目にしたなら、〈真理から現れた者たち〉の体が永久に不滅なるを見る。

〈真理から現れた者たち〉の体が永久に不滅なるを見たなら、〈教え〉が不朽なるを知る。

〈教え〉が不朽なるを知ったなら、何者も遮り得ない雄弁の力を得る。

何者も遮り得ない雄弁の力を得たなら、尽きせぬ〈教え〉を説く術を知る。

尽きせぬ〈教え〉を説く術を知ったなら、すべての人を優しく救い得る。

すべての人を優しく救い得たら、〈大いなる慈しみの心〉に結晶する。

〈大いなる慈しみの心〉に結晶したら、最も深遠な〈教え〉を益々敬愛する。

最も深遠な〈教え〉を益々敬愛したら、滅尽を避けられないものごとに端を発する過誤を回避し得る。

滅尽を避けられないものごとに端を発する過誤を回避し得たら、驕慢や放縦を脱出し得る。

驕慢や放縦を脱出したら、すべての人の全き扶けとなる。

すべての者の全き扶けとなったら、そう、〈生死〉の只中で実践に勤しむのだ、面を上げよ、下を向いている暇は無い。　　（259）（抜粋）

『論説の注釈』には〔以下のように〕ある。

「〈真実の本体〉と寸分違わずに合致した実践」とはこのことなの

だ。だからこそ、『論説』の著者〔ヴァスバンドゥ〕は、「私は、〈ただ一つの心〉で」と、その〔『詩』の〕冒頭に記(しる)すのだ。(260)
『注釈』の後続にはこうある。

　諸々の経典(きょうてん)は「私は聞いた」と始まるものだ。ここに、《信頼》こそわれわれを［実行すべきことへ］導く力だ、という紛(まぎ)れもない事実が証明されている。(261)

〔親鸞は言う。〕

さて、次に〈［清浄な国土に］生まれたいという切なる願い〉〔を推察したい］。これこそ、すべての者に向けられた、アミダという〈真実の世界から現れた方(かた)〉からの、「私のもとへ来なさい」という命令なのだ。その本質(a)は、真にして実なる《［心身を挙げての］信頼》だ。大きかろうと小さかろうと、賢人だろうと凡人だろうと、観想的だろうと実践的だろうと、それは［限られた］〈自己の力〉が届けることのできないものだ。(262)だから、それは〈届けることができないもの〉といわれる。ところが、塵のように無数の諸々の世界に満ちている〈知覚を有するすべてのもの〉は、悪(あ)しき情欲という海に上へ下へと放り出され、繰り返される〈生死〉という海に沈められていて、「［アミダという〈覚(かと)った方(かた)〉に由来する］真にして実、かつ清浄にして純粋な心」——自身が有するすべての価値を《手(て)ずから届けよう》とする彼の方(かた)の心を、持ち合わせていない。彼の〈覚(か)った方(かた)〉は、曾(かつ)て、苦痛や苦悩という波々の狭(はざま)で溺(おぼ)れている者たちを目にして、大いなる憐れみの心を抱(いだ)き、〈覚りを求める者〉に相応(ふさわ)しい生き方(かた)を自(みずか)らに課そうと決意した。苦悩する者たちを救済するために、身体・言語・意思という〈三種の行動様式〉において、彼の方(かた)は常にありとあらゆる思念を捧げた。こうして、彼の方(かた)の〈大いなる慈しみの心〉が完全に機能し得る時を迎えると、「真にして実なる、そして、徹底的に他者を救済するという心」は、すべての者に、

DTS138

---

a　substance はドラフトによれば essence なので、それに従う。

その生存状況を問わずに、《手ずから届けられた》のだ。このように、すべての者に届けられる心とは、その者たちが〈清浄な国土〉に生まれてほしいという、彼の方の切なる願いに他ならない。これが、〈覚った方〉の〈大いなる慈しみの心〉なのだから、そこに疑惑という不純なものが見られるはずはない。

〔そこで、〕〈[清浄な国土に]生まれたいという切なる願い〉に係わる「《悲願》の達成をいう文」〔を挙げよう。〕

『経典』には〔以下のように〕ある。
……この事態はアミダの〈誠意〉ある《働きかけ》に起因している。〈清浄な国土〉へ生まれ行くことを願えば、その瞬間にそこに生まれ、〈決して後戻りしない段階〉を我が物とするのだ。ただし、〈五種の重罪〉を犯した人、および〈正しい教え〉を罵るように中傷する人は除外する。(263)(264)

また〔別の『経典』には以下のように〕ある。
……[アミダが]自らの有する価値すべてをあらゆる人に《手ずから届けた》のを見て、慶びに堪えない。〈永遠の生命の国土〉に生まれたいと願う人は、誰でも、その願いに応えて彼の地に生まれ、〈決して後戻りしない段階〉を、更には、〈比類なく完全な最上の覚り〉を獲得する。ただし、〈五種の重罪〉を犯した人、地獄行きが運命られている人、そして、〈正しい教え〉を罵るように中傷する人は除外する。(265)

『〈清浄な国土〉の論説』によると、以下のようにある。
《手ずから届ける》とはどのようになされるのか？〈覚った方〉の心は、悲痛な苦悩の中にいるすべての者を決して見捨てることなく、その者たちの救済を願い求めた、そして、自らの行いから産み出されるあらゆる価値を、その者たちに、真っ

先に届けようとした。そうして、［〈覚った方〉は〕自らの〈大いなる慈しみの心情〉を完全に結実させたのだ。

この《働きかけ》には二種類の、〈向かっていく方向〉と〈戻ってくる方向〉とがある。〈向かっていく方向〔の働き〕〉とは、自ら産み出した価値あるものを、あらゆる者に《手ずから届ける》こと、そして、「その者たちすべてが、一人残らず、アミダという〈真実の世界から現れた方〉の〈平和と幸福の清浄な国土〉に生まれるように」という願いを表明することなのだ。〈戻ってくる方向〉とは、〈清浄な国土〉に生まれた後に、この世界に還ってくるということ。〈心を一つの対象に留め〉そして〈正しい智恵を起こして対象を観る〉という修行を成し遂げ、普遍的救済のための様々な手段を案出する力を得た、それゆえ、［行者は］すべての者を教え導くために〈生死〉の森に還って来る、だからこそ、すべての者が〈覚った方を成り立たせる道〉に向かうのだ。

〈向かっていく〉あるいは〈戻ってくる〉、いずれにしても、その主たる意図は、すべての者を〈生死〉の大海から救出することにある。そこで［『論説』には、］「［〈覚った方〉は］、自らの行いが産み出した価値すべてを、その者たちに真っ先に届けようとする。こうして、彼の方は〈大いなる慈しみの心〉を完全に結実させたのだ」と記される。

また、「《悲願》そのものの心に起因する清浄さ」について、『論説』には〔こうある。〕

　　三種の顕現、すなわち、〈覚った方の国土〉・〈覚った方〉・〈覚りを求める者たち〉、それらの価値の完成態については検討を終えた。これらは、［すべての者を救済しようという］〈覚った方〉の《悲願》そのものの心に起因する。そのように理解してほしい。

「そのように理解してほしい」とは、この三種の顕現が完成した次第を理解すべきだ、ということ。四十八等の《悲願》を成し遂げ

ようと誓う、心の清浄さがあってこそ、その完成がある。原因が清浄だから結果も清浄なのだ。《悲願》そのものの心、それ以外の要因は無い〔と知らねばならない〕。(269)

更に『論説』には〔以下のようにも〕ある。

〔「他者の救済のための根源的な《悲願》」が表明している《〔献身的な〕働きかけ》あるいは活動をいう、〕第五の〈門〉を〈出ていく段階〉という。すべての者が苦悩し、災難に遭遇している、その様子を具に目にして、〈大いなる慈しみの心〉を有する〈覚った方〉は、その者たちを憐れむべき状況から救うためには、〈変化した体〉とならざるを得ない、ということだ。彼の方は〈生死〉の原野に、悪しき情欲の藪の中に分け入る、そこで、すべての者の教育と翻心に勤しむという使命を果たす。奇跡的な業を［誠実に］示し、［行いを自ずと然らしめる、何事も無かったかのように、それは恰も］遊び戯れるかのように。そう、この〔事態の〕すべては彼の方の根源的な《悲願》に由来し、それはあらゆる者の救済のために《手ずから届けられる》。これが［彼の方の活動の］第五の〈門〉なのだ、それは〈出ていく段階〉の中にある。(270)

光明寺の師匠は〔次のように〕言う。

アミダの価値に満ちた実践が《手ずから届けられ》て、〈清浄な国土〉へ生まれ行くことを願う者、その願う心は、真にして実なる心［すなわちアミダの根源的な《悲願》そのもの］の中から命を受け、そこに決然と腰を据えてこそ、〈清浄な国土〉へ生まれ行くことができるのだ。その心は《信頼》に堅く根ざし、強固なることダイヤモンドの如く、見解・教説・実践・解釈を異にする者の妨害や破壊を許さない。〈覚った方〉への《信頼》は確固にして不動、一心に且つ一路に進んで、余人の甘言に耳を貸すことはない。もし、動揺し、脆弱にして臆病な心となり、彼此に迷えば、却って、道を踏み外す。そう、［行者は］逸するのだ、〈清浄な国土〉へ生まれ

《〔心身を挙げての〕信頼》第一部

行くという、大いなる救いの獲得を。(271)

〔以上の引用を総括して、親鸞は言う。〕
　今まさに知り得たことは、二つの河の物語の中にある「幅が四、五インチ〔10センチほど〕の白い道」という言及のこと。白とは黒の対極にある。その白とは、賢くも選び取られた、遍く支え持つ、〈覚った方〉の根源的な《悲願》から生み出る、汚れのない実践のことだ。それは、〈向かっていく《働き》〉という、教えに従う者たちに〈清浄な国土〉を教える清浄な実践なのだ。それに対して、黒とは、無智と悪しき情欲とに釘付けにされた汚れた実践のことだ。それは、〈二つの乗り物〉〔という教え〕の信奉者たちや〈神々〉によって実践される不浄な行為である。道は路よりも大きい。その道とは唯一の〈真実の本体〉すなわち根源的な《悲願》という真っ直ぐな道のこと、また並ぶもののない〈完全で大いなる精神的自由の境地〉という大きな道なのだ。路とは、様々な善行を実践する〈二つの乗り物〉あるいは〈三つの乗り物〉の信奉者たちが行く小さな路のこと。「幅が四、五インチ〔10センチほど〕」とは、〈四種の元素〉や〈五種の集まり〉のこと。「清浄な願望に目覚める」とは、ダイヤモンドのように堅固な〈真の心〉を得ること。それは〈覚った方〉の根源的な《悲願》によって命あるすべての者に《手ずから届けられた》、広大な海のような大いなる《信頼》なのだから、破壊されることはあり得ない。そこで、その堅固さをダイヤモンドのようだというのだ。

聖典235

　〔善導の〕『「瞑想の経典」の解説』には〔以下のように〕ある。
　　現世の者は、僧侶にせよ信者にせよ、心に欣慕すべきは至上なるもの。とはいえ、〈生死〉の超克も、〈覚った方〉の真理の保持も至難なこと。〔そこで、〕ダイヤモンドの如き〔堅固な〕意志を持ち、〈四種の奔流〉を〈横〔断するが如く〕に〉超越し断截するのだ。そう、ダイヤモンドの如き心を正に拝受し、《信頼》の〈一念〉が

DTS141

137

〈覚った方〉の根源的な《悲願》との合一に至れば、〈精神的自由の境地〉の獲得が決定するのだから。　　　　　　　　　　（抜粋）(272)

また〔以下のようにも〕ある。
　〈真の心〉が行者の裡に到ると、娑婆での苦悩多き生を厭い、〈何もしない〔という理想的な〕国〉での幸多き生を喜び、そして至福の境に永遠に帰去く。とはいえ、〈何もしない〉境地の獲得は容易ならざることだ。苦痛と苦悩に満ちた娑婆を棄てるのも容易いことではない。ダイヤモンドの如き意志、その覚醒無くして、〈生死〉の根元から永久に自由になる方法があるだろうか？〈慈しみに溢れる方〉と誼を結べなければ、如何にして長嘆に暮れる世から逃れ得ようか？(273)

また〔以下のようにも〕ある。
　ダイヤモンドとは〈無垢なるもの〉の本体をいう。(274)

〔親鸞は声を大にして言う。〕
こうして、われわれは明らかに知り得るのだ、〈誠意ある心〉、《信頼》そして〈〔清浄な国土に〕生まれたいという切なる願い〉は、字義的には異なるが、その内実はただ一つだと。なぜか？ これら〈三つの心〉には如何なる疑惑も決して混入していないからだ。そこで、これらは真にして実なる〈ただ一つの心〉となり、ダイヤモンドのよう〔に堅固〕な〈真の心〉といわれる。ダイヤモンドのような〈真の心〉というのは、真にして実なる《信頼》で、真にして実なる《信頼》には、必ず〈名〉が具わっている。しかし、〔根源的な《悲願》に繋がらないで〕〈名〉だけが言及される場合には、《悲願》の力に支えられた《信頼》は必ずしも具わっていない。だからこそ、「私〔ヴァスバンドゥ〕は、〈ただ一つの心〉で」と、著者自らが『〈清浄な国土〉の論説』の冒頭を飾るのだ。そして更に、深い見解を明かす、「その実践は、〔〈真実の世界から現れた方〉の〕〈名〉の意義と、〈真実の本体〉と寸分違わずに合致する」と。

《〔心身を挙げての〕信頼》第一部

　わたくし〔親鸞〕は、広大な海のような《信頼》を考えるに、その《信頼》においては、尊い者だろうと卑しい者だろうと、また黒衣の者〔僧侶〕だろうと白衣の者〔信者〕だろうと、選り好みされることはない、と知り得た。男と女、老人と若者を区別することもなく、その罪の浅深を問うこともなく、これまでに修行してきた期間を計ることもない、そして、修行的もしくは道徳的、即座的もしくは段階的、観想的もしくは実践的、正しい見解もしくは邪な見解、思考もしくは無思考、生きている時もしくは死ぬ瞬間、多くの思念もしくは一つの思念、それらのいずれでもない。その《信頼》とは、思考・表現・解説し得るような対象ではなく、それを遥かに超えている、ただ一つのものだ。あらゆる毒を中和するアガダという薬草にそれは喩えられよう。〈覚った方〉の《悲願》は、知性があらゆる形で及ぼす有害な影響を排除することのできる、〔いわば〕薬草なのだ。

　〔ところで、〕〈覚りのための心〉を考えてみると、それは二つに、〈縦〉と〈横〉とに区別される。〈縦〉にもまた二種ある。一つは〈縦に跳び超えていく〉、もう一つは〈縦に歩みゆく〉。この二つは、仏教の諸学派の教説を信奉する者について言っている、その諸学派の教説とは、例えば、暫定的なそれと真実なそれ、明らかなそれと秘密のそれ、〈偉大な乗り物〉と〈小さな乗り物〉のことだ。その者たちは、〔〈縦〉について、〕無数のカルパをかけて、紆余曲折の末で、やっと〈覚りのための心〉を成熟することができる、と教える。その者たちは、〈自己の力〉で生み出す、ダイヤモンドのよう〔に堅固〕な心を教える。その者たちは、〈覚りを求める者〉に相応しい偉大な心を教える。

　〈横〉にも同じように二種ある。一つは〈横に跳び超えていく〉、もう一つは〈横に歩みゆく〉。〈横に歩みゆく〉とは、〈自己の力〉に伴う〈覚りのための心〉で、例えば、観想的あるいは実践的な〔善行〕や、正しい方を向いた〔善行〕と誤りの混在した〔善行〕〔にとどまる〕という不浄さを、〈他者の力〉が未だ一掃していない時の、〈他者の力〉の中に見いだされるものだ。〈横に跳び超えていく〉とは、根源的な《悲

大正606c

DTS142

聖典237

139

願》の力によって行者に《手ずから届けられた信頼》に相応しい。これこそが〈覚りを求める心〉なのだ。その心は〈横〉〔と呼ばれる〕大いなる〈覚りのための心〉だ。これを〈横に跳び超えていく、ダイヤモンドのよう〔に堅固〕な心〉というのだ。

〈覚りのための心〉が〈縦〉と〈横〉とに区別される時には、この二つがともに〈覚りのための心〉と呼ばれようと、その本質は異なるとみて差し支えない。しかし、最も肝要なことは〈真であること〉に〔心を〕投じて一体となることだ。その心が真である、それが最も重要なのだ。邪で不純な心は避けるべきだ。疑惑は過失となる。僧侶だろうと信者だろうと、〈清浄な国土〉を願う行者は、「《信頼》が不足している」という大切な教訓を深く理解すべきなのだ、そして、不十分な聴聞をもたらす邪な心とは永久に関係を絶つべきなのだ。

『論説の注釈』には〔以下のように〕ある。
　ラージャグリハ〔という城〕で説かれた『永遠の生命の経典』によれば、〈三つのグループ〉の者は、修行の内実に差異はあるものの、一様に〈最上の覚りを求める心〉を呼び起こしている。〈最上の覚りを求める心〉は、〈覚りの獲得を願望させる心〉に他ならない。〈覚りの獲得を願望する心〉とは、〈すべての者の全き救済に努める心〉に他ならない。〈すべての者の全き救済に努める心〉とは、すべての者を包摂して、〈覚った方の国〉に生まれ行くようにしたいという願望に他ならない。それゆえ、〈平和と幸福の清浄な国土〉、そこへ生まれたいと願う者には、〈最上の覚りを求める心〉への覚醒が必須なのだ。
　〔ただし、〕〈最上の覚りを求める心〉が呼び起こされることなく、彼の国の住人が快楽を終日享受していると聞き及び、その悦びだけを目的にして〈覚った方の国〉へ生まれたいと願う者には、〈清浄な国〉に生まれ行くことは叶わない。それゆえ、「〈覚りを求める者〉は支援を受け保身し得る悦びに浸かることを望まず、そ

の一方で、只管(ひたすら)に願うのだ、あらゆる者がこの世で忍ぶ苦悩のすべてを晴らそう」とある。「支援を受け保身し得る悦(よろこ)び」とは、アミダという〈真実の世界から現れた方(かた)〉が、彼の根源的な《悲願》の力をもって、〈平和と幸福の清浄な国土〉を支え保つからこそ、その住人は終日(しゅうじつ)快楽を享受(きょうじゅ)する、という意味である。

「価値あるものを《手(て)ずから届ける》」とは、すべての者が一人残らず、〈覚(さと)った方(かた)を成り立たせる道〉を目指すように、積み重ねてきた価値のすべてを与えるということである。　　　　（抜粋）(276)

元照(がんじょう)という戒律の指導者は〔以下のように〕言う。

『アミダの経典(きょうてん)』には「至難の業(わざ)」とある(277)。全(まった)き救済をいう根源的な《悲願》は、他のどの〈覚(さと)った方(かた)〉も為(な)し得ないものだから。また、「類(たぐ)い稀(まれ)なこと」ともある(278)。〈十の方角〉に未曾有(みぞう)なのだから(279)。また〔以下のようにも〕言う。

〈覚(さと)った方(かた)に思いを馳せること〉を勧める教説では、賢愚・貴賤・〔修行の〕長短・善悪が選(よ)り好(この)みされない。決然たる意志と勇猛なる《信頼》を抱(いだ)く、それが主眼だ。臨終、その僅(わず)かの隙(すき)に修羅(しゅら)場(ば)となっても、十回〈覚(さと)った方(かた)を念(ねん)ず〉れば、疑いなく、〈清浄な国〉に生まれる。桎梏(しっこく)に喘(あえ)ぐ凡庸(ぼんよう)で無智な者も、食肉を調達したり酒を商(あきな)ったりする者も、瞬時に〈覚(さと)り〉を成し得る教説なのだ。傑出(けっしゅつ)すること極まり無し、信じ難(がた)きことこの上なし(280)。

また、以下のようにある。

悪辣(あくらつ)な世だ、単に行を次第(しだい)に修めるだけでは、〈覚(さと)り〉の獲得は容易ならず。もう一つの難関は、〈清浄な国土〉の教説をすべての者に漏(も)れなく届けること。この両(ふた)つの難事に直面して尚(なお)、ブッダは全(まった)き救済の教説を授けてくれた。それゆえ、〈覚(さと)った方(かた)〉すべてがブッダを賞(ほ)めるのは正鵠(せいこく)を得ている。よいか、その言(げん)を聞け、正しき《信頼》を寄せて、その言(げん)を頂戴(ちょうだい)せよ(281)。

大正607a、聖典238

DTS144

律宗の用欽は〔以下のように〕言う。

　〔アミダの根源的な《悲願》の〕教説に存する多くの難事の中から、ここに一つを挙げよう、それは凡庸で浅はかな者の多くに深い疑念を抱かせるものだ。その言明とは「凡人を賢人に変えるのは掌を返すが如く容易い」ということ。〔しかし、〕易し過ぎて信じられないのだ。それゆえ、『卓れた経典』にはこうある、「〈清浄な国〉へ生まれ行くことは容易なのに、そこには誰もいない」と。これで分かったはずだ、その言明を鵜呑みにするのは難しいということが。(282)
(283)

『聞持記』には〔以下のように〕ある。

　「賢愚が選り好みされない」——天賦の才には利鈍の別があること。「貴賎が選り好みされない」——行為の果報に強弱の差異があること。「〔修行の〕長短が選り好みされない」——効能には浅深という濃淡があること。「善悪が選り好みされない」——行状には優劣の区分があること。「決然たる意志と勇猛なる《信頼》を抱く、それが主眼だ。臨終、その僅かの隙に修羅場となっても」——『瞑想の経典』の〈最下位の内の中位にある小グループ〉(284) a に言及する箇所で、「地獄の炎が四方から一気に襲来するのを見る」とあること。

　「桎梏に喘ぐ凡庸で無智な者」——〈二種の幻影〉に付き纏われる者のこと。……「食肉を調達したり酒を商ったりする者も、瞬時に〈覚り〉を成し得る教説なのだ。傑出すること極まり無し、信じ難きことこの上なし」——専ら獣を殺めようが、人を酩酊させ〔分別を失わせ〕る水物を売ろうが、〈覚った方〉に十回でも思いを馳せれば、〈生死〉を超越し、〈清浄な国土〉に生まれ得る。信

---

　a　三つのグループの最下位を、更に〔三つに分けた〕小グループの中位、9位中の下から2番目。

じ難(がた)きの最(さ)たるとは、正(まさ)にこのことなのだ。(285)

〔以上の引用を総括して、親鸞は言う。〕
アミダという〈真実の世界から現れた方(かた)〉は、こうして、〔幾つもの名で〕呼ばれる、真にして実なる光、等しく覚らせる方(かた)、思慮を超えた方(かた)、究極の依りどころ、供物を捧げるに値(あたい)する偉大な方(かた)、大いなる安寧(あんねい)をもたらす方(かた)、比類なき方(かた)、人知を超えた光、と。

聖典239

『楽邦文類(らくほうもんるい)』の後書きには〔以下のように〕ある。
　〈清浄な国土〉を目指して不断に修行する者は多い。しかし、その入口に立ち、中に正しく踏み入る者は極めて少ない。〈清浄な国土〉を朝暮(ちょうぼ)に論(あげつら)う者は多いが、肝(きも)を掴(つか)んで示し得る者は極僅(ごくわず)かだ。
　自(みずか)ら阻(はば)み自(みずか)ら隠している、そう告白(い)える者など聞いたことが無い、だからこそ、私がそれを語ろう。自分の考えを阻むのは執着そのもの、自分の［光］を隠すのは疑念そのもの。この執着と疑念という二つの心を根こそぎ取り払うのだ。それで分かるはずだ、〈清浄な国土〉の門を遠ざけていたものなど元々(もともと)無かったのだと。アミダの大いなる根源的な《悲願》の抱擁(ほうよう)と保護は、先々(さきざき)も自(おの)ずとわれわれのもとにあり続ける。議論の余地は全く無い。(286)

「〈清浄な国土〉の真実の《〔心身を挙げての〕信頼》を解説する文集」
第一部　〔終〕

〈清浄な国土〉の真実の
《〔心身を挙げての〕信頼》を解説する文集　第二部

〈清浄な国土〉の真実の《〔心身を挙げての〕信頼》を解説する文集 第二部

〔事実として〕愚かで、〔戒律を守る〕僧侶でも信者でもない〔が、真の〕ブッダの弟子〔だと自負する〕親鸞が集めた

わたくし〔親鸞〕は、真実の《信頼》〔の意義〕を推察し、そこに〈一念〉がある〔と思い至った〕。〈一念〉とは可能な限り短い時間で、その瞬間に《信頼》は自ずと露わになり、驚くべきほど大いなる喜悦の情も顕現するのだ。

『卓れた経典』には〔以下のように〕ある。
　すべての人は、彼の〈名〉を耳にして、《信頼》が呼び起こされ、慶びながら〈一度念じる〉のだ。そう、この事態はアミダの〈誠意〉ある《働きかけ》に起因している。〈清浄な国土〉へ生まれ行くことを願えば、その瞬間にそこに生まれ、〈決して後戻りしない段階〉を我が物とするのだ。(287)(288)

また、『集会』には〔以下のように〕ある。
　〈永遠の生命という真実の世界から現れた者〉以外の〈覚った者たちの国土〉にいる人すべては、彼の〈名〉を耳にするや、〈清らかな《信頼》を有する一念〉が呼び起こされ、大いなる慶びに包まれる。……(289)

また、『卓れた経典』には〔以下のようにも〕ある。
　〈覚った者〉の根源的な《悲願》の力によって、彼の〈名〉を聞

《〔心身を挙げての〕信頼》第二部

き、彼の国に生まれようと願う。

また、『集会』には〔以下のようにも〕ある。
　聖なる美徳のすべてを有する〈覚った者〉の〈名〉を聞く。

『ニルヴァーナの経典』には〔以下のように〕ある。
　不十分な聴聞とはどういう意味か？〈真理から現れた者〉の教説には十二部ある。その中の六部は信じるが、残りの六部は信じないことを不十分な聴聞という。また、仮に六部の教説を受け入れたにせよ、どう理解すべきかを知らなければ、他者のために説いたところで役には立たない。これもまた不十分な聴聞という。〔それは次のように起こるだろう、〕この六部を受け入れるとしても、その人たちはこれらを論い、他を凌ごうとし、下心を抱いてこれらを使い回す、そして、すべての人のためにこれらを〔説明しようと〕する。しかし、〔そんな〕呑み込みや勘ぐり〔が真っ当なはずはない。〕正しく不十分な聴聞なのだ。

光明寺の師匠は「余念を交えず、〈ただ一つの心〉で……」と言う。あるいは、「心を一つにし、余念を交えず……」〔とも言う〕。

〔以上の引用を総括して、親鸞は言う。〕
　このように、『経典』に「聞く」とあるのは、命あるすべての者が根源的な《悲願》の起源とその展開とを聞いて、疑惑の念を抱くことがないことを意味する。これを「聞く」という。《信頼》とは、根源的な《悲願》の力が呼び起こす心で、その力は〔真の〕価値すべてを行者たちに《手ずから届ける》のだ。「歓喜」とは、体と心に表現された歓び。「一念」とはいっても厳密に「一回だけ」ということではない。信ずる心は二分できないから、「一念」という。「一念」とは〈ただ一つの心〉に他ならないし、〈ただ一つの心〉とは《悲願》に応えて現れた清浄で

147

汚れのない国土〉〔に再生するため〕の真の要因なのだ。

　ダイヤモンドの〔ように堅固な〕〈真の心〉を得た者は、〈存在の五種の悪しきあり方〉と〈八種の困難な境遇〉の重荷に喘ぐ人生行路を〈横に跳び超えていく〉。さらに、この世に生きているうちに、確実に、以下の十種の恩恵を賜る者となる。それは、

1. 〈神々〉の力によって守られる。
2. 最も価値あるものを与えられる。
3. 悪を善に変えることができる。
4. 〈覚った方々〉の思い遣りに満たされる。
5. 〈覚った方々〉に賞賛される。
6. アミダの心から放たれる〈光〉に常に照らされて擁護される。
7. 心が喜びで満たされる。
8. 感謝の何たるかを知り、恩恵に報いる術を知る。
9. 〈大いなる慈しみの心〉を常に実践することができる。
10. 〈正式に確約されたグループ〉に入る。

　〔光明寺の〕師匠が「余念を交えず」というのは、ただ一つの実践に専念することだ。「心を一つにして」というのは〈ただ一つの心〉のことなのだ。

　だから、《悲願》が成し遂げられた時の〈一念〉とは、この「心を一つにして」のことに他ならない。「心を一つにして」というのは〈深い心〉で、深い心とは深く信じること（〔すなわち〕深い《信頼》）だ。深い《信頼》とは、深く、そして堅く信じることだ。深く、そして堅く信じるとは、不動の心だ。不動の心とは、それより貴いものはないと知る心だ。それより貴いものはないと知る心とは、真なる心だ。真なる心とは、〔アミダという〈覚った方〉に〕絶えず思いを馳せ続ける心だ。

　絶えず思いを馳せ続ける心とは、純真で偽りの無い心だ。純真で偽りの無い心とは、〔常にアミダを〕忘れない心だ。忘れない心とは、真に

して実なる〈ただ一つの心〉だ。真にして実なる〈ただ一つの心〉とは、大いなる歓喜の心だ。大いなる歓喜の心とは、真にして実なる信じる心だ。真にして実なる信じる心とは、ダイヤモンドのよう〔に堅固〕な心だ。ダイヤモンドのような心とは、〈覚り〉を望んでいる心だ。〈覚り〉を望んでいる心とは、あらゆる者の救済に努める心だ。あらゆる者の救済に努める心とは、すべての者を包摂して、その者たちが〈幸福にして清浄な国土〉へ生まれることを促す心だ。この心は〈覚りとなる大いなる心〉だ。この心は〈大いなる慈しみの心〉だ、なぜなら、〈満ちあふれる光〉〔というアミダ〕の智恵から生まれるからだ。広大な海のような《悲願》が常に平等なように、〔〈覚り〉に向かって〕目覚めた心も同様だ。目覚めた心が平等なように、〔修行の〕道程も同様だ。〔修行の〕道程が平等なように、〈共に悲しみ、同時に、親しい友になろうとする大いなる心〉も同様だ。なぜなら、〈共に悲しみ、同時に、親しい友になろうとする大いなる心〉こそ、〈覚った方を成り立たせる道〉の正しい要因なのだから。

聖典242

『論説の注釈』には〔以下のように〕ある。
　〈平和と幸福の清浄な国土〉、そこへ生まれたいと願う者には、〈最上の覚りを求める心〉への覚醒が必須なのだ。(299)
また、〔以下のようにも〕ある。
　「この心が〈覚った方〉となる」〔『瞑想の経典』からの引用〕とは、〔下劣な想念と情欲に満ち溢れた〕心、それ自体が〈覚った方〉になり得るのだ、ということ。「この心こそが〈覚った方〉である」とは、この心でなければ〈覚った方〉は存在し得ないということ。薪があって初めて火が付くように、薪の無いところに火は付かないということだ。火は木を離れて存在し得ないように、火は木を燃やし、木が火に燃やされてこそ、火たり得るのだ。(300)

光明寺の師匠は〔以下のように〕言う。

この心が〈覚った方〉となる。この心は〈覚った方〉そのもの。この心でなければ〈覚った方〉はあり得ない。(301)

〔親鸞は言う。〕
こうして、われわれは知り得る、「〈ただ一つの心〉とは「〈真実の本体〉と真に一致する実践だ」と。これこそが正しい教説、正しい意義、正しい道、正しい理解、正しい実践、正しい智恵。〈三つの心〉とは〈ただ一つの心〉だ。〈ただ一つの心〉とはダイヤモンドのよう〔に堅固〕な〈真の心〉なのだ。今ここに答え終える。〔ぜひ、そのように〕受け止めてほしい。

『シャマタとビパシャナーの書』第一巻には〔以下のように〕ある。
〔「ボディチッタ」の〕「ボディ」はサンスクリット語で、中国語では「道」という意味。「チッタ」もサンスクリット語で、中国語では「心」を意味する、すなわち、「心」とは「慮る」ということだ。(302)

〔親鸞は言う。〕
〈横に跳び超えていく〉とは、〈四種の奔流〉を断ち切ること。〈横に跳び超えていく〉は、〈縦に跳び超える〉あるいは〈縦に歩みゆく〉と、際立った対照を示している。「跳び超えていく」とは、「堂々巡りをする」あるいは「迂回路を行く」ことと著しく相違する。〈縦に跳び超える〉は、真にして実なる〈偉大な乗り物〉の教説のこと。〈縦に歩みゆく〉は、暫定的な手段の〈偉大な乗り物〉の教説のこと。それと同時に、〔〈縦に歩みゆく〉は、〕〈二つの乗り物〉と〈三つの乗り物〉の行者たちが支持する、迂回路を行くことを勧める教説のことだ。〔そして、〕〈横に跳び超えていく〉ことこそ、《悲願》がまさに成し遂げられている、〈ただ一つの〉、真なる、申し分のない、真の教説にして真の教理なのだ。その上で、〈横に歩みゆく〉もある。これは、〈三種の階級〉と〈九種の(303)

段階〉の教説で、観想的あるいは実践的な修行を慕う行者のための教説だ。それは同時に、迂回路を行くという、〈覚った方の変化した体の国土〉と〈怠慢な世界〉へ宿命づけられた、諸々の善［行］に適っているものなのだ。

清浄で汚れのない〈《悲願》に応えて現れた国土〉というのは、大いなる《悲願》［の産物］で、そこには段階や階級は存在しない。〈一念〉のうちに、――すぐに、即座に――、跳び超えて、あらゆる種類の差異を問うこと無く、〈比類なく完全な最上の覚り〉を獲得する。だからこそ、〈横に跳び超える〉と言われるのだ。

『卓れた経典』には〔以下のように〕ある。

　　［ダルマーカラという〈覚りを成し遂げる者〉］は「跳び超える」ことを達成し、比類なき《悲願》を呼び起こした。(304)

また、〔以下のようにも〕ある。

　　私は今、この世を超えた《悲願》、私を確実に〈比類なき道〉を獲得させる《悲願》の数々を宣言した。……私の〈名〉が十の方角に響き渡らず、遂に聞かない者がいるならば、〈最上の覚り〉を得たりはしない〔、それが私の決意だ〕。(305)

また、以下のようにある。

　　行者たちは、必ずや、「跳び超える」ことを達成し、〈幸福の国土〉に生まれ、〈存在の五種の悪しきあり方〉を〈横に〉断ち切り、邪悪なあり方を自ずと終わらせる。そして、果てしない〔〈覚り〉への〕道を昇り続ける。［〈清浄な国土〉へ］生まれることは容易なのに、彼の地には誰もいない。彼の国には如何なる軋轢も無い。ものごとは自然に望ましい道筋を進んでゆく。(306)

『アミダの大経典』（〈三種の書物群〉に通じた支謙という師匠の訳）には〔以下のように〕ある。

　　「跳び超える」ことを達成すれば、アミダという〈覚った者〉の

国土に生まれる、すなわち、〈存在の五種の悪しきあり方〉を〈横に〉断ち切り、それらは自ずと終わるのだ。登るべき道に果ては無い。〔〈清浄な国土〉へ〕生まれ行くことは容易なのに、彼の地には誰もいない。彼の国には如何なる軋轢も無い。ものごとは自然に望ましい道筋を進んでゆく。(307)

〔親鸞は言う。〕

「断ち切ること」とは、〔根源的な《悲願》の力によって〈清浄な国土〉〕へ生まれるための〈ただ一つの心〉が呼び起こされる時、その行者は〈生死〉を超えているがゆえに、もはや他の生も無く、他に生まれる所も無い、ということだ。〈六種類の存在のあり方〉や〈四種類の生まれ方〉をもたらす、すべての要因のみならず、それらの帰結さえも一掃される。このように、〈三種類の世界〉での〈生死〉の根本的な原因が即座に断ち切られるので、すべて「断ち切る」というのだ。「四種の流れ」とは〈四つの奔流〉、あるいは生・老・病・死の〔〈四種の苦しみ〉〕のことだ。

『卓れた経典』には〔以下のように〕ある。
　　私は、必ずや、〈覚った方を成り立たせる道〉を完遂して、人々が〈生死〉の奔流を超える、大いなる助けとなろう。(308)

また、〔別の経典には以下のように〕ある。
　　私は、必ずや、〈世界に尊敬される者〉になって、人々が〈生・老・死〉〔の奔流〕を超える助けとなろう。(309)

『ニルヴァーナの経典』には〔以下のように〕ある。
　　〈精神的自由の境地〉を「〔頼るべき〕岸辺」という。〈四種の暴流〉でも切り崩せないからだ。四種とは、渇望・存在・認識・無智という暴流のこと。そこで、〈精神的自由の境地〉を「岸辺」とい

《〔心身を挙げての〕信頼》第二部

うのだ。
(310)

光明寺の師匠は〔以下のように〕言う。

　行者たちよ、今や、凡庸な者〔が遭遇している〕〈生死〉〔の境涯〕に恋い焦がれている場合では無い。それは悪むべきものだ。アミダの〈清浄な国土〉を疎かにせず、それを愛でよ。汚れた世界を悪めば遠ざけられる。〔〈清浄な国土〉を〕愛でれば始終寄り添ってくれる。汚れた世界から引き剝がされれば、〈六種類の存在のあり方〉が消し飛び、その果——すなわち〈止むことなく生まれ変わり続けている生〉——も自ずと消えた儘となる。因果が消え失せれば、瞬時に、名実共に跡形も無くなるのだ。
(311)

DTS152

師匠は別の著作に続けて〔言う〕。

　〈清浄な国土〉へ生まれ行くことを願うすべての行者よ、己が分を篤と知れ、それが私の切なる願いだ。そして、忘れてはいけない、この命がある間に彼の国へ生まれ行くことを願うのなら、昼でも夜でも、歩いていても座っていても、立っていても伏していても、この世を辞する時が来るまで、勇み、律するのだ。肉体が滅びぬかぎり苦痛もあるだろう。それでも、この命が果てるや否や彼の国へ生まれる、これは必定なのだ。彼の地には永久に、〈何もしないという〔理想的な〕教え〉の心地良さがある。〈覚り〉を得るまで、〈生死〉に悩むことは無い。どうだ、湧く湧くしないか？　分かるはずだ。
(312)

聖典245

大正608b

〔以上の引用を総括して、親鸞は言う。〕

「〈覚った方〉の真の弟子」〔とは如何なるものか？〕。「真の」とは、「偽の」あるいは「暫定的な」とは著しく相違する。「弟子」とは、ブッダおよび他の〈覚った方々〉の弟子のこと。その弟子はダイヤモンドのよう〔に堅固〕な心で実践する。この心と実践によって、行者は、必然

的に〈跳び超えていくこと〉を成し遂げ、〈偉大な精神的自由の境地〉を獲得する。そのような者を「〈覚った方〉の真の弟子」というのだ。

『卓れた経典』には〔以下のように〕ある。
　　私が〈覚りそのもの〉を得るとしても、十の方角に無数にある、人知を超えた〈覚った方の世界〉、そのすべてにいるあらゆる者たちが、私の〈光〉に包まれ、あるいは、接して、〈神々〉や人間たちの及ばないほどの心身の軽やかさを享受しなければ、私は〈最上の覚り〉を得たりはしない〔、それが私の決意だ〕。(313)
　　私が〈覚りそのもの〉を得るとしても、十の方角に無数にある、人知を超えた〈覚った方の世界〉、そのすべてにいるあらゆる者たちが、私の〈名〉を聞いて、〈覚りを成し遂げる者〉に相応する真理、すなわち〈ものごとは〔それ自体として〕生ずることはないという智恵〉と、ダラーニのすべてを実現しなければ、私は〈最上の覚り〉を得たりはしない〔、それが私の決意だ〕。(314)

『〈永遠の生命という真実の世界から現れた方〉の集会』には〔以下のように〕ある。
　　私が〈覚りそのもの〉を得るなら、十の方角に満ち溢れ、無数にして、窺い知ることもできない世界、そこにいるあらゆる者たちが、〈覚った方〉の威光の下、それに浴することで、〈神々〉を遥かに超える心身の安寧と幸福に包まれる——、そうならなければ、私は〈最上の覚り〉を得たりはしない〔、それが私の決意だ〕。(315)

また、〔『卓れた経典』には以下のようにも〕ある。
　　〈教え〉を聞き、記憶し、観察し、崇敬し、大きな慶びを見いだす——そのような人が、私［ブッダ］の善き友なのだ。(316)
また、〔以下のようにも〕ある。
　　〈幸福の国土〉へ生まれ行くことを真摯に願う人は、明瞭にして

達すること遥かなる智恵と、優れることこの上なき価値を手にするのだ。⁽³¹⁷⁾

また、〔『集会』には以下のようにも〕ある。

　その者たちは卓越した理解を持ち、それは偉大で何処までも行き亘る。⁽³¹⁸⁾

また、〔『集会』には以下のようにも〕ある。

　このグループの人たちは、大いに真正な美徳を持っているので、私の教説の中でも、特に意匠を凝らした類い希な世界に生まれることができるのだ。⁽³¹⁹⁾

また、〔『瞑想の経典』には以下のように〕ある。

　〈覚った者〉を念じる人は、人間の中でも〔希有な人のことを謂う〕白蓮の花なのだ。⁽³²⁰⁾

聖典246

『安楽集』には〔以下のように〕ある。

　〈偉大な乗り物〉の諸々の文献には、教えを、如何に説き、如何に聴くかが記されている。

　『大集の経典』には次のようにある。

　　教えを説く時はこう思え、「医者の中でも〔その技量において〕頂点に立つ者が、患者を病から解放しようとしている」と。〔また、〕こう思え、「説こうとしている〈教え〉は、〈ネクターという不老不死の酒〉[a]や〈醍醐という乳脂肪のエッセンス〉同様〔に貴重なもの〕だ」と。教えを聴く者はこう思いを抱け、「勝れた理解が益々効果を発揮し、病が癒える」と。説く者と聴く者がこのような思いになれば、〈覚った者の教え〉は必ずや繁栄を迎える。〔そして、〕常に〈覚った者〉に見える栄に浴していると感ずるのだ。……⁽³²¹⁾

DTS154

　『ニルヴァーナの経典』には〔次のように〕ある。

---

a　ギリシャ神話で神々が飲む酒。仏教では甘露という。

ブッダは言う、「誠実な心で〈覚った者を念じる瞑想〉を常に実践するなら、十の方角にいる〈覚った者〉すべてが、自分の目の前にいるかのように見守るのだ」と。(322)

それゆえ、『ニルヴァーナの経典』には〔次のように〕記されている。

大正608c

ブッダがカーシャパという〈覚りを求める者〉に言った、「善き男たち、善き女たちが、山林にいようと、集落にいようと、誠実な心で、〈覚った者を念じる瞑想〉に没頭するなら、〈覚った者〉すべてと〈世界に尊敬される者〉は、昼でも夜でも、歩いていても座っていても、立っていても伏していても、恰も目の前にいるかのようで、その人たちの捧げ物を受け取るのだ」と。……(323)

『大智度論』には三種の解釈がある。

1. 〈覚った方〉は比類なき〈教え〉の王、〈覚りを求める者たち〉はその僕。だからこそ、〈覚った方〉と〈世界に尊敬される方〉のみが尊ばれ敬われるべきなのだ。それゆえ、〈覚った方〉を念じる実践に勤しまねばならない。

2. 〈覚りを求める者〉の中には、こう言明する者たちがいる。久遠の過去からずっと、〈世界に尊敬される方〉に庇護され養育されるという光栄に浴してきた、そしてここに、成し遂げることができたのだ、〈真実の教えが具現した体〉、〈智恵の体〉、〈大いなる慈しみと友愛の体〉、瞑想、〈智恵〉プラジュナー、無数の実践と《悲願》とを。それゆえ、この恩恵に報いるために、〈覚った方〉の現前を常に願う。恰も、安泰を約束してくれる君主に、大臣が仕えるように。大臣は賜った恩恵に感謝し、いつでも君主を気遣っているのだから。

3. 〈覚りを求める者〉の中には、かように表明する者たちもいる。修行中に、〈智恵〉プラジュナーを罵るように中傷する不快な指導

者に出会した。それゆえ、われわれは〈存在の悪しきあり方〉に陥って、無数のカルパの間もそこに留め置かれた。あらゆる修行の力を借りてみたものの、その拘束からは抜け出せなかった。後のある時、幸いにも善き友人たちに出遭い、その導きを得て、〈覚った方を念じる瞑想〉を教わった。われわれはこうして障碍を取り除き、〈精神的自由〉を獲得し得た。この大いなる救いがあるから、私たちは願うのだ、〈覚った方〉と離れ離れにならないようにと。……(324)

『卓れた経典』にはこうある。
　〈清浄な国土〉へ生まれ行くことを願う者は、その主因たる〈覚りのための心〉を呼び起こさねばならない。(325)

〈覚り〉とは何か？ それは〈覚った方を成り立たせる無上の道〉に与えられた名のこと。その心が呼び起こされ、〈覚り〉が獲得されたなら、この心は〈あらゆるものごとの世界〉に行き亘るほどの規模となる。また、この心は不滅で永久に存続する。この心は〈二つの乗り物〉という障碍から十全に解き放たれている。その心が一度呼び起こされるや、永遠の過去から繰り返されている〈生死〉〔、その現存〕が覆されるのだ。……(326)

『〈大いなる慈しみ〉の経典』にはこうある。
　〈大いなる慈しみ〉とは何か？ 行者が〈覚った者〉を念じる実践を継続し、間断が無ければ、この世を去る時には、必ずや〈幸福の国土〉に生まれる。他人に〈覚った者〉を念じる実践を勧め続けるなら、行者たちは皆、〈大いなる慈しみ〉を実践する人と言われる。(327)

光明寺の師匠は〔次のように〕言う。
　実に嘆かわしい、怪しんではならないことを、すべての者が怪しむとは。〈清浄な国土〉は君の鼻先にあるのだ。背を向けてはなら

ない。アミダが君を抱擁するか否かも問うてはならない。問うべきことは、君が一途に［〈清浄な国土〉］へ心を向けているかどうかだ。……

　ある者はこう言う、「これから〈覚り〉を得るまで、永き歳月が掛かろうとも、われわれが賜ったすべてに報いるために、慈しみに溢れる〈覚った方〉を讃え続ける」と。全き救済を誓う《悲願》の力があってこそ、永きカルパを要せずに、この娑婆を抜け出すことができるのだ。……

　〈宝の国〉に生まれる、その宿望は、今ここで、如何にすれば叶うのか？　この娑婆での我が師［ブッダ］の力に依るのみ。その善き勧めがあってこそ、アミダの〈清浄な国土〉に行き着くことができるのだ。……(328)

DTS156　また、〔以下のようにも〕言う。
　〈覚った方〉がこの世にいる内に、親しく見えるのは難しい。《信頼》と智恵とを兼ね備えた方々を見出すのも稀なこと。最も希有なことは、人知を遥かに超えた〈清浄な国土〉の教理を聴くこと。とはいえ、希有極まりなき中でも、その最たるは「その教理を信じ、また他者にも〔教えて〕信じさせる(329)」こと。〈大いなる慈しみ〉という主旨を、能う限り遍く宣べ伝える、これこそ正に、〈覚った方〉の恩恵に報いる、真を極めた途なのだ。(330)

大正609a

聖典248　また、〔以下のようにも〕言う。
　アミダの体は黄金の山の如し。彼の姿が放つ〈光〉は十の方角の隅々まで照らす、けれども、彼の〈光〉に庇護されるのは〈覚った方〉を念じる者のみ。アミダの根源的な《悲願》は天下に並ぶもの無し。十の方角にいる〈覚った方〉すべてが雄弁に証を立てるのは〈覚った方〉を念じること。〈覚った方の名を称える〉だけで、念じる者たちは西方に跳び、華々しく埋もれた〈覚った方〉の台の下へ至り、今や、彼の美しき〈教え〉を聴くのだ。〔そこで、〕〈覚りを求める者〉の《悲願》と実践のすべては自ずと示現する、それ

らは〈第十〔という最終の〕段階〉での《悲願》と実践なのだ。(331)

また、〔以下のようにも〕言う。
　アミダという〈覚った方〉に一途に思いを馳せている者だけが、〈覚った方〉の心から放たれる永遠の〈光〉に包まれる。〈覚った方〉に抱擁され庇護されて、見限られることは無い。〔片や、〕終ぞ清浄ならず、真正ならざる修行に就く、その他すべての者は、彼の〈光〉とその庇護から締め出される。〈覚った方〉を念じる者たちが、命のある内に恩恵を賜るための要件、その一つがこれなのだ。(332)

また、〔以下のようにも〕言う。
　「歓喜の心が認識に至る」の意とは、「アミダという〈覚った方〉の国から放たれる、清浄にして無垢の〈光〉が、意表を突いて眼前を照らすと、行者はそれを目にして、跳ね躍るほどの歓喜に包まれる。そして、〈ものごとは〔それ自体として〕生ずることはないという認識〉に至る」ということだ。〔この認識は〕「歓喜という認識」、「洞察という認識」、「《信頼》という認識」とも言われる。〔この事態は〕招来する場所を予期し得る類のものではない。「洞察という認識」が行者のものとなるのは、王妃ヴァイデーヒーのように、〈覚った方〉に遇いたいという篤き思いを抱き、一心に、勇み立って、その方を念じる時なのだ。この事態は、〈十の信頼〉という〔最下位の修行の〕段階に未だ留まっている者に招来するのだ、〔より上位にある〕〈十の住居〉や〈十の実践〉の段階を越えた者のことではない。(333)

また、〔以下のようにも〕言う。
　〔『瞑想の経典』で、〕「覚った者を念じる行者たち」から「その人たちは〈覚った者たち〉の家に生まれる」までの一段は、〈覚った方〉を念じることの価値、その傑れしことは、手垢に塗れた善行によるものの比では無い、と明かしている。

DTS157

この段は五節に分けられる。

1. アミダという〈覚った方〉の〈名〉こそ、念じるべき唯一の対象だと明かす。
2. その方の〈名〉を念じる者を見つけ出し、その者は念ずるがゆえに称賛されることを明かす。
3. 〈覚った方〉を絶えず念じる者がどれほど稀であるか、それを明かす。その希有なること、他に類を見ず。それゆえ、白蓮の花々に喩えられ、その者たちは白蓮のような人と呼ばれる。白蓮は珍重される。そこで、その者たちは「人間の中で最も美しい花」という名を与えられる。中国では、この花は伝統的に聖なる亀に結び付いている。〈覚った方〉を念じる者は、正に、最も優れた人間の鑑、実に美しく、気高きこと極まりなく、最も希有で、最も卓越した人なのだ。
4. 物には必ず影が付いてくるように、一心にアミダの〈名〉を称える人には、観音（アヴァローキテシュヴァラ）と勢至（マハースターマプラープタ）が常に寄り添い守護してくれる、――恰も、善き友人または良き先人であるかのように。
5. この世の命がある内に、このような恩恵を賜っている行者は、命終の時に、すべての〈覚った方〉の家、すなわち〈清浄な国土〉の一員になる。そこに至れば、悠久の時に亘って、〈教え〉を聞き、〈覚った方々〉に仕え、捧げ物を供するようになる。そうして要因が満たされれば、自ずと成果を結ぶ。だから、〈覚りのための道場〉の席に臨むのは、決して遠い日のことではない。(334)

王日休は〔次のように〕言う。

---

a 聖なる人が生まれるときは、白い亀が千葉の白蓮に乗って現れるといわれる。

『〈永遠の生命〉の経典（きょうてん）』を読むとこうある。

　　この〈覚った者〉の〈名（な）〉を聞き、《信頼》が呼び覚まされ、歓喜して、〈清浄な国土〉へ生まれたいと、ただ一度でも願う、そうすれば、そこに生まれ、〈決して後戻りしない段階〉に至る。
(335)

　〈決して後戻りしない〉とは、サンスクリット語では「アヴィヴァルティカ」という。『白蓮（びゃくれん）のような真理の経典（きょうてん）』によれば、〔この段階は、〕マイトレーヤという〈覚りを成し遂げる者〉が獲得する《〈悲願〉に応（こた）えて現れた国土》に相当する。〈一念〉の力で生まれる者が、あのマイトレーヤに等しいのだ。〈覚った方（かた）〉に空言（そらごと）は有り得ない。この『経典（きょうてん）』は、正（まさ）に、〈清浄な国土〉へ最も早く通ずる道を、そして、苦悩を解（た）き放（はな）つ類（たぐ）い希（まれ）な術（すべ）を教えてくれる。(336) (337) (338)
〔だから、〕挙（こぞ）って、これを信じ、頂戴（ちょうだい）せよ。(339)

『卓（すぐ）れた経典（きょうてん）』には〔以下のように〕ある。

　ブッダはマイトレーヤに言った、「この世界には67億の〈決して後戻りしない段階〉に達した〈覚りを成し遂げる者たち〉がいて、〈清浄な国土〉に生まれることになっている。これらの〈覚りを成し遂げる者たち〉は一人残らず、曽（かつ）て、無数の〈覚った者たち〉に捧げ物をしてきた。そして今、君〔マイトレーヤ〕と同じ地位にいるのだ」と。
(340)

また、〔別の経典（きょうてん）には〕以下のようにある。

　ブッダはマイトレーヤに言った、「この〈覚った者の国土〉には72億の〈覚りを成し遂げる者たち〉がいて、〈無数（アサムクヤ）〉の1億倍の〈ナユタ〉倍の100倍の1000倍を数える〈覚った者たち〉の元で、善き価値のある種子を〔自己の心田（しんでん）に〕蒔（ま）き、そして〈決して後戻りしない段階〉を得た。〔だから、〕その者たちは彼の国に生まれるのだ」と。
(341)
　　　　　　　　　　　　　　　　　　　　　　（抜粋）

用欽という律宗の師匠は〔以下のように〕言う。

　〔ブッダの教説の中で〕究極的と言えば、『華厳（アヴァタムサカ）の経典』の決定的な教説、『法華（白蓮のような真理）の経典』の言辞を越えた教えに勝るものは無いが、すべての者に〔〈覚り〉を〕予告する教理の開示は何処にも無い。ここに、すべての者が生きている内に、それぞれの〈比類なく完全な最上の覚り〉の獲得が担保されている〔教えがある〕。正しく、人知を越えた［アミダの根源的な《悲願》の］お陰なのだ。(342)

〔以上の引用を総括して、親鸞は言う。〕

　わたくし〔親鸞〕は、今や、まことに知り得た、「偉大なマイトレーヤは、ブッダの〈覚り〉とほぼ同等の、ダイヤモンドのよう〔に堅固〕な心（すなわち《信頼》）を有するので、彼が未来に主催する〈三回の講義〉が続けて行われている日に、〈最上の覚り〉という地位を得るだろう」と。〈覚った方〉を念じるという実践に勤しむ者たちは、〈四種の奔流〉を〈横断するように跳び超える〉ことで、ダイヤモンドのような心を獲得した、だから、死の瞬間の〈一念〉によって、〈完全で大いなる精神的自由の境地〉を実現することになっている。そこで、これら［マイトレーヤと〈覚った方〉を念じる者たちという二者］は同等だと言われるのだ。それにとどまらず、ダイヤモンドのような心について言うならば、［〈覚った方〉を念じる者たちのそれと王妃ヴァイデーヒーのそれは同一なのだ、だから、念じる者たちも、〔王妃と〕同様に、歓喜・洞察・《信頼》と呼ばれる認識を得ることができる。アミダの有する〔真に〕価値あるものが〈覚った方〉を念じる者に《手ずから届けられ》、これによって獲得される〈真なる心〉の実現が完遂されるからだ。すべては、人間の思慮を絶する根源的な《悲願》が有する力の賜なのだ。

　禅宗の智覚は〈覚った方〉を念じる者〔の賜る大いなる恩恵を知り、

《〔心身を挙げての〕信頼》第二部

アミダという〈覚った方〉を賞賛して〔次のように〕言う。
　〈覚った方〉の力は実に思慮を越えている！ 洞察しようにも全く及ばない。未曾有のことだ。(343)

元照という律宗の師匠は〔次のように〕言う。
　〈覚った方の教え〉、その達観なら智者に勝る者はいない。その彼も、臨終には『瞑想の経典』を挙げ、あの〈清浄な国土〉を誉め讃えてから息を引き取った。〈真実の場〉の把握なら杜順に勝る者はいない。その彼も、〈四種の人々〉に〈覚った方〉を念じるよう勧めつつ、自らも〈清浄な国土〉の美しき風姿に強く胸を打たれ、西方〔の〈清浄な国土〉〕へと旅立った。禅の研鑽と〈覚りの本性〉の洞察なら高玉と智覚に勝る者はいない。その彼らも〈覚った方〉を念じる結社を興した。そして、揃って〈最上の位階〉に昇り詰めたのだ。(344) 儒教の学者なら劉、雷、柳子厚、白楽天に勝る者はいない。その彼らは筆を執って述懐した、あの国土へ生まれ行くことを願うと。(345)

大正609c

〔ここで親鸞は、「〈覚った方〉の真の弟子」を更に明瞭ならしめるために、その対極にある「〈覚った方〉の偽のあるいは暫定的な弟子」を追求しようとして、言う。〕
「暫定的」とは、〈聖者の道〉の行者たち、そして、〈清浄な国土〉〔の教説〕でも、観想的あるいは実践的な修行に勤しむ者たちのことだ。

DTS160

そこで、光明寺の師匠は〔次のように〕言う。
　ブッダの教説には八万四千という夥しい学派があるが、それは、教説を聴く者の能力が極めて多様なためだ。(346)
また、〔以下のようにも〕言う。
　暫定的な方法であっても、すべて、〔アミダの根源的な《悲願》の対象になりうる〕一応の資格があり、それぞれに異同があるわけ

聖典251

163

では無い。
(347)

また、〔以下のようにも〕言う。
　種類は多いが、すべて段階的なものであることに変わりは無い。多様な修行に就く者たちは、一万カルパをかけての厳しい修行を終えてから、〔ものごとはそれ自体として〕生ずることはない〔という智恵〕を獲得するのだ。
(348)

〔親鸞は言う。〕
「偽の」とは、六十二種の誤った見解の学派、九十五種の異教の流派のことだ。

『ニルヴァーナの経典』には〔以下のように〕ある。
　〈世界に尊敬される者〉は、九十五種の誤った見解を巡って、予予口にしていたのだ、「その信奉者たちはすべて〈存在の悪しきあり方〉に運命られている」と。
(349)

光明寺の師匠は〔次のように〕言う。
　この世は九十五種の異教の流派に今尚汚されている、翻って、〈覚った方の道〉だけが、一点の曇りも無き世を誘うのだ。
(350)

〔ここで親鸞は告白う。〕
　今、真に知り得た！　私はなんと浅ましき者だろう！〔親〕鸞は、愚かで、頭を丸めただけで、情欲と渇望〔に満ち溢れる〕広大な海の中に深く沈み、世俗の名誉と利益〔に塗れた〕巨大な山の中を彷徨って道を見失い、〈確実に定まっているグループ〉という卓れた人たちの中に数えられることを望まず、また、実に真なる体験に近づくことに喜びを感じない。なんと嘆かわしいことか！　どれほど引き裂かれんばかりに胸が痛むことか！
(351)

《〔心身を挙げての〕信頼》第二部

　ブッダは、ここに、救い難い者たちのことを、こう言っているのだ。

『ニルヴァーナの経典』には〔以下のように延々と〕ある。
　カーシャパよ、救い難い三種の病人がいる。

　　1．〈偉大な乗り物〉を罵るように中傷する者
　　2．〈五種の重罪〉を犯す者
　　3．〈イッチャンティカ〉（《信頼》を享有していない者）

　この三種の病人はこの世で最も救い難い。治療の余地が無いのだ——たとえ〈ひたすら教えを聞く者〉や〈独りで（因果関係という教理を考察して）覚る者〉あるいは〈覚りを求める者〉が施術しても。そう！　不治の病に罹っている人のように。もし適切に看護し、医師が処方すべき薬を知っていれば［治癒するだろう］。それができないのだから、完治の望みはなく、死を待つばかりだ。よいか！　先に挙げた三種の病人は正にこのようなものだ。〔だからこそ、〕〈覚った者〉あるいは〈覚りを成し遂げる者〉の言葉を与え、これを聞かせることで治療し、〈比類なく完全な最上の覚り〉に目覚めさせるのだ。〈ひたすら教えを聞く者〉や〈独りで覚る者〉あるいは〈覚りを求める者〉のような、〈教え〉を説くかどうかわからない者に治療を任せている限り、〈比類なく完全な最上の覚り〉への覚醒は望めない。(352)

［また、『ニルヴァーナの経典』には〔以下のようにも〕ある。］
　その時、アジャータシャトルは〔マガタ国の〕王で、ラージャグリハ城に居住していた。王の品性は下劣、好んで人を殺めた。〔加えて、〕〈四つの悪言〉と、貪り・怒り・愚行に取り憑かれていた。〔実に、〕激しやすい気質だった。……取り巻きの者に唆され、王は五感に響く快楽に現を抜かし、果てには罪無き父の殺害にまで及んだ。そう、後に、深く後悔することになったのは言うまでも無

い。……その煩悶ゆえに、全身を糜爛が覆い出した。それは悪臭を放ち、人を全く寄せ付けなかった。王は思った、「この糜爛は地獄で嘗める苦痛の予兆だ、どうやら地獄はすぐそこにあるようだ」と。

王の母ヴァイデーヒーは、王の皮膚に様々な軟膏を塗った。けれども、爛れは一層悪化し、治癒の見込みは無かった。王は母に言った、「この膿んだ傷は〔病んだ〕精神に由来している。身体の問題では無い。治せそうに見えても、それは叶わない」と。

〔ある時、〕チャンドラヤシャスという大臣が見舞いに来て、王の傍らに立ち、こう言った、「陛下、ご心労のせいか、お憔悴のご様子。お顔色も冴えませんね。どこか痛みますか？ それとも、ご心配の種がおありですか？」と。

王は応えた、「身も心も痛くて堪らない、それが分からないのか？ わが父を、不当にも、死に至らしめたのだ。ある賢者から聞いたことがある、この世には地獄行きが運命られた五人がいると。そう、〈五種の重罪〉を犯した者のことだ。私は余りにも多くの罪を犯した、数え挙げることができないほど。見よ、この身も心もボロボロではないか？ これを癒やしてくれる医者など何処にもいない」と。

大臣は王に言った、「陛下、ご心配には及びません」と。そして、ある詩を詠った。

　　　　　憂えてばかりでは、何処までも沈鬱する。
　　　　　惰眠を貪れば、睡魔が睡魔を呼ぶ。
　　　　　情欲と酒も然り、耽溺すれば、益々恋い焦がれる。

〔そして、大臣は王にこう言った。〕

陛下のお言葉にあるように、〈五種の重罪〉を犯した者は地獄行きが運命られています。しかし、地獄まで降り、実際に目にした上で、それを陛下に教えた者は居た試しがありません。

賢者の言う地獄とは、この世のこと、正に此処なのです。陛下のお言葉には「この身と心を癒やせる名医はいない」ともありました。［でも、そんなことはありません。］偉大な医者が一人います。その名はプーラナ・カーシャパ。桁外れの知見を有し、瞑想に熟達しています。禁欲的な修行に専念し、何処までも清らかです。数えられないほど多くの者に、〈精神的自由の境地〉の比類なき道を説き続けています。弟子たちに彼はこう説いています。

　　醜い行いがないから、醜き果も無い。
　　美しい行いが無いから、美しき果も無い。
　　美醜の行いが無いから、美醜の果も無い。
　　優れた果に至る行いも、劣った果に至る行いも無い。

　この師は、今、このラージャグリハの城内にいます。ああ陛下、どうか彼の元を訪ね、陛下の心身の病を看てもらってください。
王は応えた。
　　私の罪すべてを清め払ってくれるのなら、彼を訪ね、頼りにしよう。

蔵徳という別の大臣もいた。彼は宮殿に来て、王にこう語った。
　　陛下、お顔色が大層悪いですね、お疲れが滲んでいるとお見受けしますが？　唇も荒れていて、お声もよく聞こえません。……そこまで陛下を苦しめているのは何なのでしょうか？　お体の具合が悪いのでしょうか、それともご心痛ですか？
王は応えた。
　　身も心も痛くて堪らない、それが分からないのか？　私は愚かにも正気を失い、質の悪い輩と連んでいたのだ。デーヴァ

DTS163

ダッタのような悪党の、あざとい言葉を鵜呑みにし、理不尽にも、王位にいた父、あの気高き父を亡き者にしたのだ。ああ、そういえば、ある賢者が詠う詩を聞いたことがあった。

卑劣な目論見を抱き、

父や母に、

あるいは〈覚った方〉やその弟子たちに、

大正610b　悪辣な所業に及ぶなら、

やってくるのは、

〈アヴィーチ〉という〔最も過酷な〕地獄の報いだ。

聖典254　だから、戦き恐れるのだ、途轍もない責め苦に苛まれているのだ。こんな私を癒やし得る医者など何処にもいない。

大臣は言った。

陛下、案じることはありません。法には二種あります。一つは僧侶のもの、もう一つは〔王が支配する〕世界のものです。後者の法では、父を殺めることは重罪ですが、陛下の場合は〔新しい王となるために王位にいた父を殺めたのですから、〕[a] 実際に罪に問われることはありません。生まれる時に母胎を食い千切って出ねばならないカララという虫のようなものです。その虫にとっては、それが生まれるための掟なのです。母胎を食い千切っても罪にはなりません。ラバ等は命と引き替えに子を孕みます。[b]〔我が〕国の統治すなわち〔われわれの〕憲法も似たようなものです。父や兄弟を殺めても実際には罪になりま

---

a 大拙は「すなわち国土に王たり、是れ逆なりといえども」を英訳しなかったので、坂東本から補った。

b 驢馬と馬の交雑種の騾馬は、両親の染色体数が異なるためか、不妊である。『大乗涅槃経』北本（大正12-437a）、『雑宝蔵経』（大正4-465b）等に「孕んで死ぬ」とある。実際に孕むことは有り得ず、子を産むこと無く命が尽きただけのことが、「孕んだせいで死んだ」と誤認されたのだろう。

せん。出家の苦行者は例外です。その者たちは蚊や蟻を一匹殺しても罪になります。……お言葉の通り、陛下を苛(さいな)めている病(やまい)を根治(こんじ)し得る医者はいないのでしょう。でも、ここにマスカリン・ゴーシャーリープトラという偉大な師がいます、満遍(まんべん)なく見通す眼識(がんしき)を持ち、すべての者を我が子のように愛(いと)おしみます。師は悪(あ)しき情欲を寄せ付けず、すべての者からの〈三つの毒矢(どくや)〉を抜き取ることができます。……今、幸いにも、ラージャグリハに住んでいるのです。陛下、どうか会いに行って下さい。目通(めどお)りが叶(かな)えば、病(やまい)は完治するはずです。

王は応(こた)えた。

其方(そなた)の言うように、私の罪を赦(ゆる)してもらえるなら、彼を訪ね、頼りにしよう。

実徳(じっとく)という別の大臣もいた。彼は宮殿に来て、王のために詩を詠(うた)った。

ああ陛下、何があったのでしょうか？
首飾りもせず、
髪(かみのけ)も酷(ひど)く乱れています。
……
お心に何か悩みでも？
それとも、お体の具合が芳(かんば)しくないのですか？

王は応(こた)えた。

身も心も尋常(じんじょう)では無い、それが分からないのか？ 我(わ)が父、前(さき)の王は慈しみに溢(あふ)れていた。実に情愛に満ちた父で、とりわけ私には優しかった。父には何の罪もなかったのに……。ある時、予言者が父に言った、「御子(みこ)は成長すると陛下の命を奪(と)ることになる」と。この予言を聞いても、父は気にも留(と)めず、

掌中の珠の如く私を育ててくれた。そうだ、賢者がこう言うのを聞いたことがあるぞ、「母あるいは〈女性の出家修行者〉を凌辱し、もしくは信者たちの所有物を盗み、〈最上の覚り〉〔を求めること〕に目覚めた者を殺し、あるいは父を手に掛ける者は、必ずや〈アヴィーチ〉という最も過酷な地獄に堕ちる」と。見よ、だから、この身も心も異常を来たしているのだ。

聖典255

大臣が言った。

ああ陛下、ご心配は無用かと存じます。……私たちは皆、未だ顕現していない〔遠い〕過去の行為を背負って生まれてきます。この行為が連鎖して、〈生死〉のサイクルを繰り返さなければならないのです。十分に浄化されていない過去の行為、その幾許かを持っていれば、陛下のご非道は全く罪に問われない[a]のです。ああ陛下、大局的な見地に立って、ご安心なさいませ。なぜなら、〔こう詠われている〕からです。

DTS165

憂えてばかりでは、何処までも沈鬱する。
惰眠を貪れば、睡魔が睡魔を呼ぶ。
情欲と酒も然り、耽溺すれば、益々恋い焦がれる。

……サンジャイン・ヴァイラッティープトラという偉大な師がいるのです……

大正610c

悉知義という大臣もいた。彼は宮殿を訪ねて、このように言った。
……
王は応えた。
尋常でいられるはずがない。……亡き王は潔白なのに、不当にも、非業の死という憂き目を見た。そう、賢者がこう言う

---

a　原典の主語はアジャータシャトルの父、大拙はアジャータシャトルにしている。

170

のを聞いたことがある、「男親を殺すと、無数のカルパの間、身の毛も弥立つ責め苦を味わう」と。この身も遠からず地獄に堕ちる。私の罪を救うことのできる医者など何処にもいない。大臣は言った。

ああ陛下、いらぬご憂慮かと存じます。こんな話を耳にしたことがおありでしょうか？ 昔、ラーマという王は、父を殺して王位に就いたのです。更に、バドリカ王、ヴィルチン王、ナフシャ王、カーティカ王、ヴィシャーカ王、チャンドラプラバ王、スーリヤプラバ王、カーマ王、ジタジン王も、みな父を殺して王位に就きましたが、地獄に堕ちた者は皆無です。今、君臨しているヴィルーダカ王、ウダヤナ王、悪性王、鼠王、蓮華王も、みな王位にいた父を殺害した人たちですが、愁いに沈む者は皆無です。地獄へ堕ちるぞ、飢えた鬼神の元へ行くぞ、あるいは〈神々〉の元へ行くぞ、そう言われても、それを実際に経験した者が何処にいるでしょうか？ 陛下、存在には二つの相、すなわち人と獣しかありません。二つあるといっても、そのどちらに生まれ死ぬのかということは、カルマの因縁の原理とは全く関係ないのです。だから、道徳も関係ありません。陛下、恐れることはありません、悩むこともありません。なぜなら、〔こう詠われているからです。〕

聖典256

　　憂えてばかりでは、何処までも沈鬱する。
　　惰眠を貪れば、睡魔が睡魔を呼ぶ。
　　情欲と酒も然り、耽溺すれば、益々恋い焦がれる。

　……アジタ・ケシャカンバラという偉大な師がいるのです……

吉徳という大臣もいた。……彼は〔まず〕問うた、「地獄の字義

DTS166

を御存知ですか？」と。〔そして言った。〕

　ご説明しましょう。「地」とは「大地」、「獄」は「打ち負かす」という意味です。〔だから、〕地獄を打ち負かしても、〔悪い〕果報は何もありません。これが地獄です。また、「地」は「人間」、「獄」は「〈神々〉の世界」をも意味します。父を殺すという行為によって、人間や〈神々〉として生まれる〔ことができる〕のです。そういったわけで、ヴァスという苦行者は、「羊を殺せば、人間の、あるいは〈神々〉の世界の快楽を手にする〔ことができる〕」と諭すのです。これが地獄なのです。更に、「地」には「命」、「獄」には「長い」という意味もあります。人を殺す者は長命を得るから地獄というのです。ああ陛下、おわかりでしょう、地獄とは実在しないのです。御存知でしょう、陛下。小麦を蒔けば小麦が実り、米を蒔けば米が実るようなことです。地獄を殺せば地獄の報いを受ける。人を殺せば、その報償として、人になるのです。陛下、どうか私の妙案をお聞き届け下さい。殺害のようなものは実在しないのです。自我が実在するなら、殺害という行為からは何の不利益も被りません。自我が実在しないなら、何の不利益が出来するというのでしょう？　説明しましょう。もし、自我が実在するなら、それは変化するものではなく、永久に不変なものです。だから、殺すことはできません。それは破壊も粉砕もされません。結び付けておくことも縛り付けておくこともできません。怒りや喜びを超えたものです。空虚な空間のようなものです。どうして殺害を罪に問うことができるでしょうか？　自我が全く存在しないなら、あらゆるものは流動的です。もし流動的なら、それは刻々と変化を続けます。絶えず無と化していくなら、殺害者も被害者も共に絶えず無と化していくのです。ということは、いったい誰が罪に問われるべきなのでしょうか？　ああ陛下、炎が木を舐めているようなことです。炎に非はありません。

斧が木を切り倒すようなことです。斧に非はありません。鎌が草を刈るようなことです。鎌に非はありません。剣が人を殺したようなことです。剣は人ではありません。剣に非はありません。なぜ人が咎められなければならないのでしょうか？ 毒が人を殺したようなことです。毒は人ではありません。〔毒〕薬を罪に問えるはずがありません。人を咎められるはずもありません。これが万物の真相です。殺害は如何様にも存在し得ないのです。罪に問えるはずがないのです。陛下、お気を確かにして下さいませ。なぜなら、〔こう詠われているからです。〕

聖典257

憂えてばかりでは、何処までも沈鬱する。
惰眠を貪れば、睡魔が睡魔を呼ぶ。
情欲と酒も然り、耽溺すれば、益々恋い焦がれる。

DTS167

……そう、カクダ・カーチャーヤナという偉大な師がいるのです。

……また、無所畏という大臣もいた。

……そう、ニグランタ・ジュニャータプトラという偉大な師もいるのです……

その時、ジーヴァカという名医がいて、宮殿に来て、こう尋ねた、「陛下、ご快眠あそばされていますか、それとも？」と。
王は詩を詠って応えた。……そして言った。
　　ジーヴァカ、見よ、体調は酷く悪い。私は〔先の〕王に取り返しの付かないことをした、あの方は〈正しい教え〉に生きていたというのに。〔だから、〕私の病を直すことはできないのだ、如何なる技量を持つ医者だろうと、如何に卓れた効能のあ

る薬草だろうと、如何に霊験灼かな呪術だろうと、如何に手厚い看護だろうと。なぜか分かるか？ 王位にあった我が父は、〈教え〉に遵って暮らし、〈教え〉に遵って国を治め、高潔の誉れ高く、それなのに、私はその父を殺めてしまったのだ、魚から水を奪うようにだ。……そう、賢者がこう言うのを聞いたことがある、「身体・言語・意思という三種の行為による生活、それが汚れている者は、必ずや地獄に堕ちる」と。見よ、正にその通りだ。眠れるはずがなかろう。それだけではないぞ、この苦痛を取り除く、〈〔正しき〕教え〉という薬を処方するような、有能な医者など何処にもいないのだ。

ジーヴァカは言った。

よくぞおっしゃいました、陛下、その言葉を、心底、お待ち申し上げておりました！ 陛下は重罪に手を染め、お心は恥辱と悔恨の情で満たされています。陛下、〔お聞き下さい〕、すべての〈覚った方〉と〈世界に尊敬される方〉は、いつでも、こう諭します、「二つの精神的な浄化作用が、〔完膚なきまで叩きのめされた〕われわれを救ってくれる。一つは〈慚〉といい、もう一つは〈愧〉という」と。〈慚〉とは「自ら罪を犯さないこと」、〈愧〉とは「人に罪を犯させないということ」。〈慚〉とは「自らを恥じること」、〈愧〉とは「その気持ちを人に伝えること」。〈慚〉とは「人前に出られぬほどの自責の念」、〈愧〉とは「〈神々〉に顔向けできないほどの悔恨の念」です。この恥辱の念が〈慚愧〉です。この念こそ人間の証、それを欠けば獣に成り下がります。この恥辱の念があって初めて、親や師を敬うことができるのです。この念があるからこそ、親、兄弟、姉妹がいると言うことができるのです。よくぞおっしゃって下さいました、陛下！ この〈慚愧〉という恥辱の念に陛下は包まれているのですね。……陛下を癒やすことのできる医者はいない、その通りです。ところが、ここに、カピ

ラヴァストゥのシュッドーダナ王のご子息がいます〔、彼こそ偉大な医者なのです〕。その名はガウタマ・シッダールタ。彼こそ〈覚った方〉〔ブッダ〕です。師に就いて学ぶこと無く、独力で〈比類なく完全な最上の覚り〉を成し遂げた方です。……彼こそ〈覚った方〉にして〈世界に尊敬される方〉です、ダイヤモンドのような智恵を有し、すべての者が犯した罪を一掃することができるのです。もし、「それは不可能だ」と言う者がいたら、そいつは極めつきのペテン師に決まっています。……

　ああ陛下、〈真理から現れた方〉の従兄弟〔のデーヴァダッタ〕(353)は三つの大罪を犯しました。〈出家者の集まり〉を攪乱し、〈覚った方〉の体を傷つけて血に染め、蓮華という名の女性の出家修行者を殺しました。恐れ多い罪ではありますが、〈真理から現れた方〉は教えの核心を様々に説き聞かせ、〔デーヴァダッタ〕が負うべき過酷な贖罪を幾分か軽減してあげたのです。だから、〈真理から現れた方〉が偉大な医者だといわれるのです、〔先に来た〕苦行を旨とする六人の指導者たちとは雲泥の差があるのです。……

〔天から声がした。〕

　王よ、もう分かったろう、ここに詳しく述べたように[a]、一つ重罪を犯せば一つ罰を受ける。二つ罪を犯せば罰は元の二倍になる。〈五種の重罪〉を犯せば五倍もの処罰を受ける。王よ、犯した罪から逃れる術は無い、それを確と受け止めよ。ただし、王よ、願わくは、今すぐに〈覚った方〉を訪ねよ(354)。〈覚った方〉の他にお前を救う者はいない。お前のためを思って言う、さあ、〈覚った方〉の元へ急ぐのだ。

---

[a] 「ここに詳しく述べたように」、本文中の引用では中略された箇所に、その内容が説かれている。『大乗涅槃経』（大正12- 480ab）

これを聞くや、王は大いに怯えた、その全身は戦き、五体が芭蕉の葉のようにバタバタと震えた。王は天を仰いで言った、「そこにいるのは誰だ？ 声はしても姿は見えない」と。先の王の声〔が天から聞こえた〕。「王よ、我はお前の父ビンビサーラなり。ジーヴァカの言に従え。偏見を声高に論う六人の大臣に靡いてはならない」と。自ら手に掛けた亡き王の声を聞き、アジャータシャトル〔王〕は失神し、膝から崩れ落ちた。〔すると、〕王の糜爛は傷口を広げ、いよいよ悪臭を発し、未だ曽て類を見ないほどになった。糜爛を治療しようと体中に冷たい軟膏が塗られたが、糜爛は熱を帯び、熱が毒となって悪化の一途を辿り、回復の兆しは見えなかった。

（抜粋）

（大臣の名）	（大臣が勧めた苦行者の名）
チャンドラヤシャス	プーラナ・カーシャパ
蔵徳	マスカリン・ゴーシャーリープトラ
実徳	サンジャイン・ヴァイラッティープトラ
悉知義	アジタ・ケシャカンバラ
吉徳	ヴァスという苦行者[a]
	カクダ・カーチャーヤナ
〔無所畏〕[b]	ニグランタ・ジュニャータプトラ

　また、『ニルヴァーナの経典』には〔以下のようにも〕ある。
　善良な人々よ！ 私は言おう、「アジャータシャトルの為に、私は〈精神的自由の境地〉に入ること〔、すなわち、自らの救済に甘んじて、他の者の救済を放棄するようなこと〕はしない」と。この言明の意味するところは深遠で、君たちの理解が及ばないはずだ。な

---

a　坂東本と大拙が使用した底本にはあるが、聖典では本文から割愛されている。
b　坂東本と大拙が使用した底本にはないが、聖典にはある。

ぜか?「為に」とは「すべての者の為に」という意味だ。「アジャータシャトル」には「〈五種の重罪〉を犯したすべての者」が含意されている。また、〔この言明は〕「この世で〈何かを為す〉すべての者の為に」をも意味している。私がこの世に生存しているのは、〈何も為(な)さない〉者[a]の「為に」ではない。なぜか?〈何も為(な)さない〉のなら人間ではない。「アジャータシャトル」とは、悪(あ)しき情欲、その他〔の欲望〕に染まりきった者のこと。また、「為に」というのは、いまだ〈覚りの本性〉を見ていない者をいう。〈覚りの本性〉を洞察し得ている者[b]の為に、私はこの世に長く留(とど)まる必要は無いのだ。なぜか? その者たちはすべての者〔の類(たぐい)〕では無いからだ。「アジャータシャトル」というのは、いまだ〈比類なく完全な最上の覚り〉に目覚めていない者の類(たぐい)なのだ。……

「為に」というのは〈覚りの本性〉を表す。「アジャータ」とは「生じない」、「シャトル」とは「憎悪」を意味する。〈覚りの本性〉がいまだ生じていないから、悪(あ)しき情欲の中の「憎悪」が存続する。悪しき情欲の中の「憎悪」が存続するから、〈覚りの本性〉が顕現(けんげん)しない。悪しき情欲が蔓延(はびこ)らなくなってこそ、〈覚りの本性〉が顕現(けんげん)する。〈覚りの本性〉が顕現(けんげん)すれば、平安なる住居(すまい)、すなわち〈完全で大いなる精神的自由の境地〉を獲得するのだ。これを〈ものごとは〔それ自体として〕生ずることはない〉という。それで、「アジャータシャトルの為に」という一句があるのだ。

聖典260

善良な人々よ、「アジャータ」とは「生じない」という意味だ。〈生じない〉とは〈精神的自由の境地〉のことだ。「シャトル」とは「世間的な慣(なら)わし」を、「為に」とは「汚(けが)れていない」を表す、すなわち、「〈八つの世間的な慣(なら)わし〉に汚(けが)れていない」ということだ。〔このように、〈覚った者〉は、〕無数のカルパの間、〈精神的自由の

---

a 「〈覚りの本性〉を見ていない者」のこと。
b 「〈覚りの本性〉を洞察し得ている者」のこと。

境地〉に入らない。だから、「無数のカルパの間、アジャータシャトルの為に、私は〈精神的自由の境地〉に入ること〔、すなわち、自らの救済に甘んじて、他の者の救済を放棄するようなこと〕はしない」と言うのだ。

善良な人々よ、〈真理から現れた者〉の偉大な言葉は人知を超えている。〈覚った者〉・〈教え〉・〈信者の集まり〉もまた人知を超えている。〈覚りを成し遂げる偉大な者〉もまた人知を超えている。『ニルヴァーナの経典』もまた人知を超えている。

この時、〈世界に尊敬される方〉にして〈大いなる慈しみ〉を有する指導者は、アジャータシャトル王の為に、〈月を想う瞑想〉に入った。この瞑想に入り、大いなる光明を放つと、涼やかで瑞々しい光明が王の身に降り注いだ。すると、王の糜爛は癒えたのだ。

……

王はジーヴァカに言った。

　彼の方は正しく〈神々〉の中の神なのだ。何故に、彼の方はこの光を放つのだろうか？

ジーヴァカは応えた。(357)

　陛下、この〔光明という〕吉兆は正に御身の為かと。陛下が「この体と心を癒やせる名医はいない」と言ったので、ブッダは、まずこの光を放ち、御身の病を癒やすのです。そして、今や、御心を癒やそうとしています。

王はジーヴァカに言った。

　〈世界に尊敬される、真理から現れた方〉も私に会いたいのだろうか？

ジーヴァカは応えた。

　七人の子がいる家で、その内の一人が病気になったとしましょう。親の愛情には如何なる濃淡も無いのですが、自ずと病める子に向けられます。ああ陛下、〈真理から現れた方〉もそうなのです。命あるすべての者への愛情に分け隔ては無いのです

が、自ずと罪深い者により強く注がれるのです。〈覚った方〉は放蕩息子をより一層慈しみ、そうでない者は当人に委ねます。「放蕩息子でない」とは何者でしょうか？ ［〈覚りを求める者〉の〈十の住居〉の中の］〈第六番目の段階〉にいる者のことです。ああ陛下、〈世界に尊敬される、覚った方〉すべては、あらゆる者をそのカースト、年齢、財産、時候、月日、星座、職種、地位などについて、如何なる形でも差別しないのです。〈覚った方〉はすべての者の道徳性だけを見て取ります。もし善ければ、〈覚った方々〉は慈しみをもって思い遣ります。ああ陛下、今、御目にした吉兆は、〈月を想う瞑想〉に入った〈真理から現れた方〉が放った光明なのだと、お知りおき下さい。

そこで王は尋ねた。 　　　　　　　　　　　　　　　聖典261

〈月を想う瞑想〉とはどのようなものなのか？

ジーヴァカは応えた。

月光が青い蓮華に降り注ぐと、蓮華は満開となり、瑞々しく輝くのです。〈月を想う瞑想〉もそうなのです。すべての者の心を隅々まで清々しく、そして満ち足りたものとします。それゆえ〈月を想う〉と呼ばれるのです。ああ陛下、夜道に月光が差す如きのことなのです。旅人の心は浮き浮きします。〈月を想う瞑想〉もそうです。〈精神的自由の境地〉への道程に勤しんでいる者の心を喜ばせます。それゆえ〈月を想う〉と呼ばれるのです。……［この瞑想こそ、］あらゆる善行の中の王で、その味わいは〈ネクターという不老不死の酒〉のようで、すべての者を虜にします。それゆえ〈月を想う〉と呼ばれるのです。……　　　　　　　　　　　　　　　　　　DTS171

その時、ブッダは聴衆に語っていた。

〈比類なく完全な最上の覚り〉を実現する、その最速の道は善き友人を持つことで、これに及ぶものはない。なぜか？ ア

ジャータシャトル王がジーヴァカの助言に遵（したが）わなければ、王は来たる月の七日目に確実に命を終え、〈アヴィーチ〉という［最も過酷な］地獄に墜ちたからだ。それゆえ、善き友人を持つに如（し）くは無いのだ。

アジャータシャトル王は、〔ブッダのもとに行く〕途中で〔次のように〕聞いた。

シュラーヴァスティーのヴィルーダカ王は、沿岸を航海していて、事故に遭（あ）い焼死した。コカーリカという出家修行者は、生きながら地中に埋められ、結局、〈アヴィーチ〉という地獄に行き着いた。

また、別の話も聞いた。

スナクシャトラは、様々な罪を犯した後で、ブッダの元を訪ねると、ブッダは［手を尽くして、］彼のあらゆる悪行を一掃（いっそう）した。

これらの話を聞いて、王はジーヴァカに言った。

この二つの話を聞いてみても、心の震えが収まらない。ジーヴァカ、何があっても離れるなよ。おまえは象に同乗してくれ。万一、私が〈アヴィーチ〉に行くことになっても、私を抱き上げて地獄に堕（お）ちないようにするのだ。なぜだと思う？〔おまえのように〕〈［真の］道〉を獲得した者は決して地獄に行かないと聞いたことがあるからだ。……

〔アジャータシャトルはブッダのもとに到着した。〕

ブッダは王に言った。

どう足掻（あが）いても地獄に堕ちるに決まっているとどうして言えるだろうか？ 生ける者すべてが犯すような罪には二種、すなわち軽と重とがある。心と口で作る罪は軽く、体と口と心で作る罪は重い。王よ、ある行為を心に思い、口にしても、実行には移さない。この種の罪から受ける報（むく）いは軽いのだ。

王よ、君は、王位にいた父［が投獄されていた時、］その殺

害を命じず、ただ監禁せよと命じたに過ぎない。仮に、即座に父の首を斬り落とすよう側近に命じて、その命令が実行されたとしても、重罪になるとは限らない。だが、実際には父の殺害を命じたわけでもない。どうして重刑に処すことができようか？ 仮に、その行為が王の責任だとするなら、〈世界に尊敬される、覚った者〉すべてもまた責任を共にすることになる。なぜか？ ［その理由は次の通り、すなわち、］君の父、〔先の〕ビンビサーラ王は、〈覚った者たち〉の元で〈善き価値を有する根〉を植え続け、それゆえに王と崇められたのだ。もし、〈覚った者〉すべてが彼の捧げ物を拒絶したら、彼は王となることはなかったし、アジャータシャトルよ、君もまた国のために父を退座させることなど考えなかっただろう。君が重罪人となるなら、われわれ〈覚った者たち〉も同じ扱いを受けねばならない。〈覚った者たち〉に汚点はないと見做されるなら、君だけが重罪人の扱いをされる謂われなど、あろうはずがないではないか？

　昔、ビンビサーラ王は悪心を抱いたことがあった。ヴィプュラ連山で鹿狩りをしていた時、何処を探し回っても一頭も獲物が無かった。〔そして、〕〈五つの超人的な能力〉を持つ一人の出家苦行者に出会った。その者を見るや、王は腹を立てて邪な思いを抱いた、「ここに狩りに来て猟果が無いのは、この者が鹿を遠ざけているに相違ない」と。王は従者に命じて、この苦行者を殺めた。息絶えようとする時、出家苦行者は激高したので、その〈超人的な能力〉を失ってしまった。〔そこで、〕彼は罵り言い放った、「俺は何の咎も無いのに死ぬ。おまえは心と口だけを働かせて傷を負わせた。次に生まれた時には同じ処遇をしてやる。おまえは心と口だけの働きで命を失うのだ」と。これを聞き、王は自らの所業を悔やみ、遺体を懇ろに弔った。［罪を犯したにも関わらず、］君の父、先の王が払った代償

は軽いものだった〔ことを、この出来事は物語っている〕。彼は地獄に委(ゆだ)ねられなかった。君の場合は〔監禁を命じただけなのだ〕、よいか、王よ、これと同じレベルに振り分けられることさえ無い。君の行為が地獄に値する、どうしてそんなことが有り得ようか？　君の父、先の王は自業自得だったといえよう。〔父の死は〕君のせいではない。君が殺人の報(むく)いを受ける必然性はない。父の王には罪がなかったと君は言う。しかし、自分に責めが無いのに代償を払う、そんなことはできるはずが無いのだ。悪は悪を生むが、悪が無ければ悪を生まない、それが因果の法則だ。君の父、先の王に非が無かったのなら、この一連の運命に苦しみ続けなくてはならなかったのは何故(なぜ)か？　ビンビサーラ王はこの世で善悪を等しく享受(きょうじゅ)していた。だから、王のカルマを一概に言うことはできず、その見返りとして、殺害されるというカルマの成り行きを引き起こす、それも一概に言うことはできない。これで分かったはずだ、アジャータシャトルよ、君の行為は地獄に委(ゆだ)ねられるほどの決定的な要因になるものではないのだ。

あらゆる者が経験する狂気には〔次の〕四種がある。

1．貪欲(どんよく)という狂気
2．薬物による狂気
3．呪術による狂気
4．カルマの根源的な狂気

王よ、私の弟子たちの中にも、この〈四種の狂気〉に苛(さいな)まれる者がいる。その者たちが悪事を働いても、私は禁制に反する事実として、それを記録に残さない。〈三種の悪(あ)〔しき生存状況〕〉には相当しない。我に返れば、凡(およ)そ非行をするような者ではないのだ。君は、王国への貪欲(どんよく)のために王位にいた父を

殺害した。君は「貪欲という狂気」のために血迷っていたのだ。これは本当の犯罪ではない。

　王よ、泥酔した者が母を殺し、正気を取り戻してから、悔恨に苦しむようなことだ。犯した時は我を忘れていたのだから、その常軌を逸した行為もカルマ的な結果をもたらさないのだ。

　王よ、道の辻で、奇術師が、男や女、象や馬、様々な花輪や衣装という、あらゆる幻覚を見せているようなことだ。無知で愚かな者は本物だと思うが、賢者は幻だと見抜いている。人を殺めることも同じなのだ。凡人は現実に人が殺められたと思うが、〈世界に尊敬される、覚った者たち〉は幻だと見抜いている。

　王よ、渓谷に響く山彦のようなものだ。無知な者は本物の声だと思うが、賢者は幻だと見抜いている。人を殺めることも同じなのだ。凡人は現実に人が殺められたと思うが、〈世界に尊敬される、覚った者たち〉は幻だと見抜いている。

　王よ、善意の友人の振りをして近づいてくる者が、実は悪意を抱いた敵だったというようなことだ。無知な者は本当の友人だと思うが、賢者は、仮面の下を見極めて、裏切り者だと見抜いている。人を殺めることも同じなのだ。凡人は現実に人が殺められたと思うが、〈世界に尊敬される、覚った者たち〉は幻だと見抜いている。(359)

　王よ、鏡に映った姿を見ている者が、その姿を本物の自分だと思うようなことだ。無知な者はそれを本物の自分だと思うが、賢者は、勿論、虚像だと見抜いている。人を殺めることも同じなのだ。凡人は現実に人が殺められたと思うが、〈世界に尊敬される、覚った者たち〉は幻だと見抜いている。

　王よ、麗らかな季節の逃げ水のようなものだ。無知な者は本物の水だと思うが、賢者は幻だと見抜いている。人を殺めることも同じなのだ。凡人は現実に人が殺められたと思うが、〈世界に尊敬される、覚った者たち〉は幻だと見抜いている。

聖典264

王よ、〈ガンダルヴァの城〉のようなものだ。無知な者は本物の城だと思うが、賢者は、当然の如く、蜃気楼(しんきろう)だと見抜いている。人を殺(あや)めることも同じなのだ。凡人は現実に人が殺(あや)められたと思うが、〈世界に尊敬される、覚った者たち〉は幻だと見抜いている。王よ、夢の中で快楽に耽(ふけ)るようなことだ。無知な者は現実だと思うが、賢者は、一目で、幻だと見抜いている。人を殺(あや)めることも同じなのだ。凡人は現実に人が殺(あや)められたと思うが、〈世界に尊敬される、覚った者たち〉は幻だと見抜いている。

〔これで分かっただろう、〕王よ、私は知り尽くしているのだ、殺害の実行、殺害の主体、殺害の結果、そして、その結果から解放されることについて。ここには犯罪事実は一つも含まれていない。殺害とは何かを知っていても、知識だけでは犯罪そのものではない。だから、王よ、酒屋の蔵番(くらばん)のようなものなのだ。飲まなければ酔うことは有り得ない。火の何(なん)たるかを知っていても、その知識はその人を焼くことは無い。君も同じだ。殺害の何(なん)たるかを知っていても、それだけでは罪にはならないのだ。

〔考えてみたまえ、〕王よ、日が昇る度(たび)に、様々な罪を犯す者たちがいる。その者たちは月が出ても追い剥(は)ぎをする。日も月も出なければ、遵法(じゅんぽう)の者だ。不法な行いをさせているのは日と月なのだ。しかし、日と月が罪を犯している訳ではない。殺害もそれと同じだ。……

よいか、王よ、〈精神的自由の境地〉のようなものなのだ。〈精神的自由の境地〉は〔存在として〕有るのではないが、〔働きはあるのだから〕無いのでもなく、〔幻の如き存在として〕有ると言わねばならない。殺害もそれと同じだ。〔存在として〕有るのではないが、〔働きはあるのだから〕無いのでもなく、〔幻の如き存在として〕有ると言わねばならない。恥と自責の念を感じている者は殺害を〈存在として有るのではない〉と見(み)

做し、片や、恥と自責の念を感じていない者は〈存在として無いのではない〉と見做し、片や、その連綿たるカルマに苦しむ者は〈〔幻の如き、すなわち、有ると言わねばならない〕存在〉と見なす。虚無主義を論う者は殺害を〈存在として有るのではない〉と見做し、片や、実在主義を論う者は殺害を〈存在として無いのではない〉と見做す。同時に、実在主義を論う者は〈存在〉とも見做す。何故に〈存在〉しているのだろうか？ 実在主義者はその連綿たるカルマに苦しむからだ。非実在主義を論う者は連綿たるカルマを無視する。常在主義を論う者は連綿たるカルマを〈存在として有るのではない〉と見做す。非常在主義を論う者は連綿たるカルマを〈存在として無いのではない〉と見做す。恒久主義を論う者は連綿たるカルマを〈存在として有るのではない〉と見做せない。なぜか？ 恒久主義を論う者は連綿たるカルマの邪な報いを受けるからだ。だから、恒久主義を論う者は連綿たるカルマの報いを〈存在として有るのではない〉と見做せない。このような訳で、〈精神的自由の境地〉は〔存在として〕有るのではないが、〔働きはあるのだから〕無いのでもなく、〈〔幻の如き、すなわち、有ると言わねばならない〕存在〉なのだ。

聖典265

　王よ、呼気と吸気があることを「命がある」と言い、呼吸を止めた者を「殺められた」（死んだ）と言う。〈覚った者たち〉もまた、この常識に則って、その者たちを「殺められた」（死んだ）と言うのだ。……

DTS175

〔アジャータシャトル王は言った。〕

　〔何ということでしょう、〕〈世界に尊敬される方〉よ、私が世の中を具に見ると、エーランダの種からは〔臭気を発する〕エーランダの木が育ちます。エーランダの種から〔芳香を発する〕チャンダナの木が育ったりはしません。ところが、今、私はエーランダの種からチャンダナの木が育つのを目の当たりに

しています。エーランダの種とは私の体、そして、チャンダナの木とは私の心、そこには「手にし得る謂われなど無いはずの《信頼》」が育っています。「手にし得る謂われなど無いはず」というのは、〈真理から現れた方〉を敬い、〈教え〉と〈信者の集まり〉とを信じることを、端から知らなかったということです。だから「手にし得る謂われなど無いはず」なのです。

ああ、〈世界に尊敬される方〉よ、私が〈世界に尊敬されるあなた〉、〈真理から現れた方〉に逢わなければ、地獄の中でも最も過酷な所で、言辞を超えた責め苦を、無数のカルパの間、受けたに違いありません。私は今、〈覚った方〉に会ったのです。あなたに出逢ったことで〔真の〕価値を手にしました、だから、悍ましい欲望に塗れている者すべての、その悪しき心を徹底的に滅ぼしたいと思います。

〔ブッダは王に言った。〕

よく言った！ その通りだ！ 王よ、私は今、君がすべての者の悪しき心を、正に、滅ぼし尽くすことが分かったぞ。

〔アジャータシャトル王は言った。〕

〔忝いとはこのことです、〕〈世界に尊敬される方〉よ、私がすべての者の悪しき心を本当に滅ぼし尽くせるなら、〈アヴィーチ〉という〔最も過酷な〕地獄で、すべての者のために、無数のカルパの間、あらゆる責め苦を堪え忍びましょう。些かの迷いもありません。

その時、夥しい数のマガダ国の民に、〈比類なく完全な最上の覚りを求める心〉が呼び覚まされた。こうして、アジャータシャトル王は強い罪悪感から大いに解放された。王だけではなく、王妃や後宮の侍女たちも、皆〈比類なく完全な最上の覚りを求める心〉が呼び覚まされた。

その時、アジャータシャトル王はジーヴァカに言った。

ああ、ジーヴァカよ、私はすでに、この命のある内に、天上

の〈神々〉の体を得たぞ、そう、短命ではなく長命を、仮初めではなく永遠の体を得たのだ。さあ、すべての者に、〈比類なく完全な最上の覚りを求める心〉が呼び覚まされるよう、説き勧めよう。……

この言葉を発してから、〈覚った方々〉の弟子〔アジャータシャトル王〕は様々な貴重な旗幟を〔掲げてブッダに〕捧げ、……詩を詠って〔ブッダを〕賞賛した。

聖典266

[〈覚った方〉の、] 世にも優美な真理の言葉、
　溢れんばかりの精緻な趣。
思慮の及ばぬ秘蔵〔の宝〕を、
　数多の民は恵まれた。

DTS176

深遠なる言の葉は、
　要を得ては汲み易し。
これらすべてが満たされて、
　正に苦悩は癒やされる。

命あるすべての者に、
　彼の言を聞き得る者のいるならば、
信の有無は差し置いて、
　〈覚った方〉の言と知る。

〈覚った方々〉それぞれの語り口は柔なるも、
　時に響くは剛の声。
柔と剛とは違わずに、
　真の極みに帰着する。

ゆえに今、われわれすべて、

〔心から〕頼りとする方、世の中で類い希な誉れあり。

〈真理から現れた方〉、その言の趣く先に別は無く、
教えはすべて大海に、到って等しき味となる。
真の極みと呼ばれるは、
〈覚った方〉の言の葉に、戯れ言一つ無きゆえに。

〈真理から現れた方〉、その〈教え〉、
極まり知らずに様々に、
男女・老若、耳にして、
承知した者それぞれは、真の極みを我が物に。

因も無く、果もまた有らず、
生起すら、滅尽さえも有り得ない——
〈大いなる心の自由、その境地〉、
聞く者、心が放たれる。

聖典267

〈真理から現れた方〉、その方は、
すべての者を慈しむ、父と母とに他ならず。
すべての者よ、知るがよい、
〈真理から現れた方〉、その方の子供に非ざることは無し。

この世の中で誉れある、その方こそは、
命あるすべての者を慈しみ、厳しい行に明け暮れて、
霊に憑かれたかのように、
躍起になって邁進す。

DTS177

〈覚った方〉とともにいる、
私は今や、冀う、

188

《〔心身を挙げての〕信頼》第二部

〈三種の行動様式〉の、私のすべての善行が、
〈勝れた道〉の獲得に、〔大いに〕資してもらいたい。

〈覚った方〉、〈教え〉と〈信者の集まり〉に、
私はここで捧げよう。
　冀わくは、そのことで、手にする価値あるものごとが、
〈三種の宝〉の弥栄に、〔大いに〕資してもらいたい。

大概の、真に価値あるものごとを、
私は今や手に入れた——
〈四種の類の魔の敵〉を、
討ち果たさんと、冀う。

悪友の甘言ゆえに、
過去・未来、現在さえも罪をなす。
〈覚った方〉に告解し、
繰り返さずと宣誓す。

冀う、すべての者が皆ともに、
〈覚りを求める、その心〉、呼び覚ましては、
いつまでも、十の方角、〈覚った方〉の、
その方すべてに思いを馳せん。

すべての者は永久に、
悪しき欲望、打ち棄てて、
彼の〈覚り、その本性〉を、ありありと、この目にしては、
マンジュシュリー、〔〈覚りを果たさん、その方〉と〕等しくあれと冀う。

大正613c

189

聖典268

その〔詩を聞き終わった〕時、〈世界に尊敬される方〉はアジャータシャトル王を讃えて言った。

美しき詩なり！〈覚りを求める心〉を呼び覚まされたなら、それがたった一人だろうと、〈覚った者〉のグループの尊厳を高めるのだ。王よ、遠い昔、ヴィパシュインという〈覚った者〉の元で、君の心は〈比類なく完全な最上の覚り〉を求めることに呼び覚まされていた。それ以来、私がこの世に現れるまで、その間に〔幾度となく君は生まれ変わっているが〕、地獄で苦しむ人生を過ごしたことは一度も無かった。よいか、王よ、〈覚り〉に向けられた心には、そのような膨大なカルマの褒美が恵まれるのだ。さあ、王よ、今からは〈覚りを求める心〉を耕し、それに日々勤しむのだ。なぜか？　君のカルマの因縁は、無量の悪事を一掃できるからだ。

DTS178

その〔言葉を聞き終わった〕時、アジャータシャトル王と、同座していたマガダ国のすべての民は立ち上がり、ブッダを中心に歩いて円を描くこと三回、その場を退き、宮殿へと帰っていった。(360)

（抜粋）

また〔、『ニルヴァーナの経典』で、ブッダは続けて言う〕。

善良な人々よ、ラージャグリハに君臨するビンビサーラ王の子は「善見」（後のアジャータシャトル王）と呼ばれていた。過去のカルマの因縁によって悪意を抱くようになった、すなわち、父を殺害したいと思ったのだ。しかし、その機会は未だ訪れていなかった。同じ時、デーヴァダッタという性悪者が、やはり過去の邪なカルマの因縁によって、私の殺害を欲したが、そこには彼自身の邪な動機もあったのだ。修行に打ち込んで〈五つの超人的な能力〉に長け、程なく、王子と親しくなっては、その超人的な能力の幾つかを

---

a　古くからのインドの礼儀作法

誇示していた。例えば、壁を通り抜けて出掛けては玄関から帰って来たり、玄関から出掛けては壁を通り抜けて帰って来たりした。時には、象、馬、牛、羊、あるいは別人の姿を装ったりもした。王子はデーヴァダッタの、これらすべての離れ技を見て喜び、好感を持つや、尊敬の念に至り、あろうことか、信用したのだ。そんな思いもあって、王子は命令を出した、礼儀に適った様々な捧げ物を〔デーヴァダッタという〕友人に与えるように、と。

ある時、「偉大な師にして賢き方よ、どうか〈神々〉の世界に咲くマンダーラヴァの花を直ぐに見せてください」と王子が請うと、デーヴァダッタは頷き、〈三十三番目の世界〉に見事に昇りつき、〈神々〉にその花を求めた。しかし、彼の幸いなるカルマは尽きかけていたので、いかなる花を与える〈神〉もいなかった。そこで彼は一計を案じた、「植物には自我も自我意識も無い。この花を摘み取っても、それは罪にならない」と。この企みを実行に移そうとすると、一瞬のうちに、すべての超人的な能力を失い、ラージャグリハに戻っていた。彼は、その失敗を恥じるあまり、王子のところに戻ることができなかった。

彼は考えた、「それなら、〈真理から現れた方〉の所に行って、仲間をコントロールする力を授けてもらおう。それが叶えば、[シャーリプトラや]〈真理から現れた方〉の弟子たちを、私の意のままに操ることができるだろう」と。そして彼は、私のもとにやって来て、こう言った、「ああ、〈真理から現れた方〉よ、私にあなたの仲間を監督させてください。様々な〈教え〉を説き勧めて、彼らを訓練し、教理に従順にさせましょう」と。

そこで私は言った、「愚か者！ シャーリプトラや他の弟子たちは〈教え〉に精通している。私の教義に良く適っている。あらゆる人から尊敬され信用されている。それでも、私は彼らに仲間の監督を頼まない。どうしてお前のように、喜んで他人の唾を舐める愚か者を信用できようか？」と。

私にそう言われて、デーヴァダッタの悪心は益々燻った、「ガウタマよ、目下の所、仲間たちは、お前の指揮に従順だが、長続きはしないぞ。お前の力もこれまでだ」と。言い終わるや否や、大地は六回揺れ動き、デーヴァダッタは地面に投げ倒された。そこに大嵐が吹き荒んだ。塵芥が狂ったように巻き上げられ、彼は泥塗れになった。そんな不吉な兆しを目の当たりにしてもなお、デーヴァダッタは捨て台詞を吐いた、「生きながらに〈アヴィーチ〉という地獄が待っていてもかまうものか、それに見合ったお返しをしてやる」と。

　彼は直ぐさま立ち上がって、善見王子に会いに行った。デーヴァダッタを見て王子は言った、「ようこそ先生、疲れ果てているようですが、どうしたのですか？　何かあったのですか？」と。デーヴァダッタは言った、「いつものことです。お忘れになりましたか？」と。善見は言った、「分かっていますとも。でも、何かあったはずです」と。

　デーヴァダッタは言った、「私は常日頃、殿下を心からお慕いしているのです。それなのに、他人が『殿下は分別が無い』と悪し様に言うのを耳にして、狼狽えもせず、悲嘆にも暮れずにいるなんて、とてもできないのです」と。王子は言った、「その悪し様とはどれ程なのか？」と。「殿下を『未だ復讐せざる者』と呼んで軽蔑しています」。善見は言った、「何故そう呼ぶのか？　いったい誰が名づけたのか？」と。デーヴァダッタは言った、「殿下が生まれる前に、占い師が皆、『この子が生まれ、成長すると、父を殺すだろう』と予言しました。そこで、外の者は『未だ復讐せざる者』と呼びます。内の者は、殿下の機嫌を損ねないように、『善見』すなわち善き見識を持つ者と呼びます。〔ところで、〕ヴァイデーヒー王妃もその予言を聞きました。それゆえ、殿下を産む時に、わざわざ高い塔に上り、そこから地面に産み落としたのです。指が一本折れ、そのせいで殿下は『指が折れた者』と呼ばれるようになりました。知っては

いましたが、あまりに悲しい事件なので、殿下に話すことはできなかったのです」と。それからというもの、デーヴァダッタは善見王子にあの手この手の話をしては、親殺しをするよう唆した。加えて、「殿下が父を殺めるなら、私はあのガウタマを手に掛けよう」と言うまでになったのだ。

善見王子はヴァルシャカーラという大臣に尋ねた、「なぜ皆は私を『未だ復讐せざる者』と呼ぶのか？」と。大臣はデーヴァダッタと一字一句違わぬ話をした。

善見はこれを聞き、大臣と共に、王位にいた父を捕らえ、城外に幽閉し、四つの部署の兵士たちに監視させた。ヴァイデーヒー王妃はこれを聞くや、行って王に面会しようとしたが、兵士たちはそれを拒んだ。王妃はカンカンになって兵士たちに毒づいた。兵士はこれを王子に報告し、王妃の達ての願いは王への面会だが、それに応じても良いかどうかを尋ねた。王子は応えもせずに憤慨した。王妃の居室に押し入って、髪の毛を掴んで引き倒し、剣を抜いて王妃を斬り殺そうとした。

そこにジーヴァカが割って入り、諫めた、「殿下、この国の歴史には、どれほど女性に重い罪があろうと、このようにあしらわれたことはありません。まして、この方は殿下の産みの親なのですぞ」と。善見王子はその言を受け入れ、ジーヴァカに免じて哀れな母を赦してやった。とはいえ、王子は、あらゆる衣服、寝具、食料、飲料、薬品の供給を、その囚人〔すなわち王〕から断ったのだ。

七日で王の命は尽きた。善見王子は王の死を見るや、悔悟の念に襲われた。しかし、悪意に満ちた大臣ヴァルシャカーラは、元通りの荒んだ暮らしを続けるよう、老獪にも、王子を丸め込もうとして言った、「ああ殿下、何を犯しても罪にはなりません。それなのに、なぜ後悔するのですか？」と。片や、ジーヴァカは言い放った、「殿下、犯した罪には二つの面があります。一つは父を、もう一つは〔殿下の父、先の王が達していた〕〈シュロターパンナという聖

聖典271

なる位にいる者〉を殺めたことです。〈覚った方〉の外に、殿下のそのような罪を清めることは叶いません」と。王位を継いだ善見は応えた、「〈真理から現れた方〉は清浄そのものの無垢な方なのだ。私のように汚れた罪人が親しく見えることなどできるはずが無かろう」と。

DTS181　［ブッダは続けて言った、］善良な人々よ、私は〔善見の思い〕を知った。だからこそ、アーナンダに告げたのだ、「今から三か月後に私は死を迎える」と。これを知った善見は〔漸く〕訪ねて来た、そこで、私は〈教え〉を説き、その重い罪業を取り除いた、その上で、彼は、「手にし得る謂われなど無いはずの《信頼》」を、幸いにも獲得したのだ。

　ところが、善良な人々よ、わが弟子たちはこれを聞いても、私の意図を理解することができず、「〈真理から現れた者〉は結局、命を終えてしまうのだ」と言った。善良な人々よ、〈覚りを求める者〉大正614c　という概念にはニュアンスの差異、実（リアル）なそれと暫定的なそれとがある。私が三か月後に死を迎えると聞き、落胆して、覚るための努力を殺いでしまう者は、仮初めの〈覚りを求める者〉なのだ。その者たちは言う、「〈真理から現れた方〉でも儚く、去り逝くのなら、この懸命な修行も詮無きものではないか？膨大なカルパの間に亘って、あらゆる苦悩を堪え忍んだのは、［彼の永遠の命を］信じているからだ。〈真理から現れた方〉、数多の価値を蓄え続ける、その方でさえ、死という悪魔から逃れ得ない。では、どうしたら、私たちの命は消え失せずに済むのだろうか？」と。

　そこで、善良な人々よ、［この偏向した解釈を避けるために、］「〈真理から現れた者〉の命は永遠で、移ろうことは無い」と弟子たちに伝えると、分からず屋の常で、今度は、もう一方の極端に走り、「〈真理から現れた方〉は決して死ぬことはない」と言い張るのだ。(361)

　　　　　　　　　　　　　　　　　　　　　　　　　　（抜粋）

《〔心身を挙げての〕信頼》第二部

〔以上、『ニルヴァーナの経典』からの延々とした引用を総括して、親鸞は言う。〕

今や、〈偉大な賢者〉の姿勢から、われわれは知り得たのだ、心を入れ替えることが困難な三種の者たち、あるいは、治療しがたい三種の病を。〔この状況において、われわれに唯一可能なことは、〕〈大いなる慈しみ〉を有する方が知らしめた、命あるすべての者を遍く救済する《悲願》に依って、広大な海のような「他者を救済する」《信頼》へ還り来たるということだ。その限りない仁愛の心をもって、いかに治療し難かろうと、数多の病を癒やし得る方こそ、〈大いなる慈しみ〉を有する方なのだ。それは〈マンダ〉という奇跡的な万能薬に等しい。邪悪と腐敗に満ちている、この汚れた世界を生きる者〔、紛うこと無きわれわれ〕は勧告されている、ダイヤモンドのように硬質で堅固な〈真の心〉を求めることを。〔罪の汚れを洗い流す〈マンダ〉という〕奇跡的な万能薬、すなわちアミダの根源的な《悲願》を堅く抱き締めよと。〔ぜひとも、〕このように理解してほしい。

聖典272

〔ところで、〕心を入れ替えることが困難な者たちのことは、〈偉大な乗り物〉の様々な文献にある。そこで、それらを引用しよう。

DTS182

『卓れた経典』には、「……〈五種の重罪〉を犯した者、また〈正しい教え〉を罵るように中傷する者を〔その救済から〕除外する」とある。また、別の経典には、「……地獄行きが運命られている重罪を犯した者、〈正しい教え〉とすべての賢者を罵るように中傷する者だけは、〔その救済から〕除外される」とある。『瞑想の経典』には、「〈五種の重罪〉を犯した者も〈清浄な国土〉に生まれ得る」と明記されているが、〈教え〉を罵るように中傷する者のことは説かれていない。『ニルヴァーナの経典』には、容易には治療し難い人々と諸々の病とが言及されている。

(362)

(363)

これらの経典の説をどう考えるべきか？ 答えは次の通り。

『論説の注釈』には〔以下のように〕ある。

質問したい。

『永遠の生命の卓れた経典(きょうてん)』には、「〈清浄な国土〉へ生まれ行くことを願う者はみなそこに生まれる。ただし、〈五種の重罪〉を犯した者、また〈正しい教え〉を罵(ののし)るように中傷する者を〔その救済から〕除外する」とあるが、『瞑想(めいそう)の経典(きょうてん)』では、「〈五種の重罪〉、〈十種の悪行〉、その他の軽罪を犯す者もみな〈清浄な国土〉に生まれる」とある。

この齟齬(そごいか)を如何ように解決するのか？

答えよう。

一方の経には、一対の罪、すなわち、〈五種の重罪〉と〈正しい教え〉への中傷を、共に犯した場合が述べられている。二重に罪を犯しているから、罪人は〈清浄な国土〉から除外される。もう一方の経では、〈十種の悪行〉、〈五種の重罪〉、その他の軽罪を犯す者が主たる関心になっていて、〈教え〉への中傷には無関心が貫かれている。記(しる)されていない限り、その罪人たちは〔〈教え〉を中傷していないのだから、二重の罪には問われず、〕〈清浄な国土〉に生まれることができると言う訳だ。

質問したい。

『瞑想(めいそう)の経典(きょうてん)』では、〈五種の重罪〉を犯しても〈正しい教え〉を中傷しなければ、〈清浄な国土〉の門戸(もんこ)は開かれる。それでは、〈正しい教え〉は中傷するが、〈五種の重罪〉やその他の軽罪を犯さない者はどうなのか？ その者は〈清浄な国土〉に生まれるのか？

答えよう。

〈正しい教え〉は中傷するが、〈五種の重罪〉やその他すべての犯罪とは無縁であり続ける。それでも、〈清浄な国土〉に生まれることは不可能だ。何故(なぜ)そうなのか？ ある経典(きょうてん)にはこう説かれている、「〈五種の重罪〉を犯す者は〈アヴィーチ〉という〔最も過酷な〕地獄に堕ちると決まっているが、服役期間は〔果てしなく長いとは言え〕1カルパで済む。〈正しい教え〉を中傷する者は〈アヴィーチ〉

という地獄に堕ち、そのある所で１カルパを経過すると、また別の所に行く。そう、数々の〈アヴィーチ〉を転々とするのだ」と。〈覚った方〉はこの状態がどれほど続くのかは明言していない。それが〈正しい教え〉に反することが極めて深刻な罪になるという所以なのだ。〈正しい教え〉とは〈覚った方の教え〉のこと。〈教え〉を中傷するような愚か者が、どうして〈覚った方の国〉へ生まれ行くことを願えようか？ 生まれ行くことが恵み与える幸を只管に乞うても、それは、水無しで氷を、あるいは煙を上げない炎を探し出さんとする如きの、無理難題だと言わざるを得ない。

質問したい。

「〈正しい教え〉を罵るように中傷する」ことの特徴とは何か？

答えよう。

〈覚った方〉とその〈教え〉、あるいは〈覚りを求める者〉とその〈教え〉、それらの真実性を否定する者、それが「〈正しい教え〉を罵るように中傷する」者だ。否定的な見解に自ら達した、あるいは、それを誰かから学んだ、いずれにせよ、そうやって得心してしまうなら、「〈正しい教え〉を罵るように中傷する」ことなのだ。

質問したい。

〔しかし、〕これは、その〔否定的な〕見解を抱いている者だけの問題だ。他の者に如何なる危害も加えていない。それなのに、どうして〈五種の重罪〉より重いというのか？

答えよう。

〈覚った方々〉と〈覚りを求める者たち〉が正しき道を教えなければ、彼の優れた世界のみでなく、この世界で、すべての者が慈愛・公正・礼節・知性・絆〔という諸々の品行〕を知ることなど、できるはずがないのだ。〔彼の方たちが教えなければ、〕この世界に流布している諸々の善き品行は消滅し、優れた世界の智恵と清浄性のすべても消失してしまうだろう。君は〈五種の重罪〉の由々しさは知っているが、その五種の罪が〈正しい教え〉の欠如に由来して

いることを知らない。これで分かったろう、〈正しい教え〉を罵るように中傷する者の罪状は、他の罪人と比するまでも無く、極めて深刻なのだ。

質問したい。

カルマの性質を説く経典にはこうある、「カルマの性質は天秤の如く、先ずは、重い方に傾ぐ」と。『瞑想の経典』では次の如し。

〈五種の重罪〉、〈十種の悪行〉、その他の軽罪を犯した人は、〈存在の悪しきあり方〉に堕し、そこで膨大なカルパを経巡り、無量の苦痛に苛まれる。しかし、命の尽きようとする時に、善き友人に出会い、教えられたのだ、「南無阿弥陀仏を称えよ」と。〈誠意〉を持って〈覚った者〉を念じ続ければ、それが十回ほどだろうと、〈幸福にして清浄な国土〉に生まれる。そして、〈偉大な乗り物〉の〈正式に確約された乗員〉となり、決して後戻りすることは無く、〈三種の悪しき生存状況〉に関わるあらゆる苦悩から、永遠に解き放たれるのだ。

ここでは、初めに天秤の法則を示し、それが傾ぐ様を見た。その上で、われわれは一人残らず、計り知れないほどの過去から、汚れた行いに明け暮れていて、否応なく、この〈三種類の世界〉に呪縛されている〔ことを知った〕。それなのに、十回ほどアミダに思いを馳せるだけで、どうして〈三種類の世界〉を抜け出すことができるのか？ カルマの因縁の法則はどうなっているのか？

答えよう。

君の意見は、「〈五種の重罪〉と〈十種の悪行〉を犯すこと、およびカルマの因縁による果は重く、最低の階級の中の最低の段階にいる者が、〈覚った方〉に十回思いを馳せることは、カルマを計る天秤に軽いと示される」というものだ。とすると、重罪を犯した者たちが先ず地獄に堕ちて〈三種類の世界〉に留め置かれるという結論に到る。そこで、軽重を計るのに、何が罪の度合いを決めるのかを考えてみよう。その原則は「精神」・「関係」・「決断」において判定

される、時間の長さにおいてでは無い。
　「精神において」とは何か？
　虚偽と［真実性を］曲解した思惑によって、密やかに構想された犯罪行為に傾注する者がいる。他方で、〈真実性〉を確と把握している賢き友が篤く語る善き勧告を受諾した者がいる、その者こそが〈覚った方〉に十回思いを馳せるという行者なのだ。このように、一方は真実で、他方は不実。この二つは比較にならない。喩えてみよう。千年も闇に閉ざされた部屋に灯を点すようなことだ。照らされれば、僅かな時間でも、すべてが鮮明になる。千年闇に閉ざされていようと、部屋に闇が留まり続けるはずがない。これが「精神において」の意味だ。

　「関係において」とは何か？
　妄想に責められて罪に走る者がいる、すなわち、その者たちの〔犯罪に深く〕関わっているのは、虚偽と不実のカルマに支配された、自身の邪な欲望に操られた〔他の〕者たちだ。一方、「〈覚った方〉に十回思いを馳せる」者たちの確固たる立脚地は、アミダという〈真実の世界から現れた方〉の〈名〉から出来する比類なき《信頼》なのだ、〔というのも、〕彼の方は、［量においては］極めて豊穣な、［質においては］清浄にして真実なる価値、そのすべてを具現しているからだ。その〈名〉はあらゆる類いの目出度き様式と内実とに綾なされている。毒矢に射られた人を喩えにしよう。肉は破れ、骨は砕ける。けれども、解毒作用のある薬草が塗られた太鼓、その轟きを聞けば、矢は自ずと抜け落ち、毒気は失せるのだ。

　（薬草の話は『シューランガマという瞑想の経典』にこうある、「解毒効果のある薬草が存在する。戦時にはこれが太鼓に塗られる。その太鼓が轟き、それを聞くや、［傷を負った］兵士に刺さっていた矢は抜け、毒も失せるという。〈シューランガマという瞑想〉に入っている〈覚りを求める者〉も同じだ。その〈名〉を耳にすれば、

DTS185

聖典275

〈三種の煩悩〉に塗れた毒矢は自ずと抜け落ちるのだ」と。)　(370)

　矢がどれほど深く刺さろうと、どれほど猛毒であろうと、その太鼓の轟きを耳にさえすれば、矢は抜け、毒も失せる。これが「関係において」の意味だ。

　「決断において」とは何か？

　「来たる時に」あるいは「合間を見て」というように、〔先々の〕時を当てにして罪を犯す者がいる。「十回思いを馳せる」者たちは、〔先々の〕時という観念に頼らない。「来たる時に」や「合間を見て」という観念には染まらない。今此処で心に決断し〔、〔先々の〕時など当てにはしないのだ〕。

　〔ここで、〕これら三つの論点を整理してみると、天秤は重い方に傾ぐのだから、極めて重要な「十回思いを馳せること」を、自ずと初めに指し示すのだ。こうして、〈覚った方〉を念じる者たちは〈三種類の世界〉を脱することができる。〔だから、〕この二つの経典に齟齬は無いのだ。

　質問したい。

　〈一念〉に長さはあるのか？

　答えよう。

　101の〈生死〉が1クシャナ〔という極めて短い時間〕にあり、60クシャナが〈一念〉になる。しかし、「念」は時間を言っているのでは無い。アミダの全体像もしくはその細部に、行者が状況に応じて思いを馳せる、その瞬間、自身の精神には〈一念〉だけがあり、諸々の念などは無い。「十回思いを馳せる」とは、その念が「十回」続くという意味だ。〈名〉を称えることもそれと同じなのだ。

　質問したい。

　その念が何回続くのかを知るには、関心というものは暫くすると他の対象に移り、また元のところに戻ってくるものだ〔、という前提が要る〕。いかように数えようと〔数えるための〕合間が不可欠だからだ。精神が統一されていて、一つの対象に傾注されてい

るならば、〔合間は無いだろうから、〕念が何回続くのかは分かるはずが無いのではないか？

答えよう。

『経典(きょうてん)』にある「十回思(おも)いを馳(は)せる」(371)とは、円(まど)かに為(な)し終えたという意味で、数の問題ではないということだ。〔夏に鳴く〕セミが春や秋を知らないように、〔秋に鳴く〕コオロギも暑い季節を知り得るはずがない。知り得る者が、それを知って、それぞれの季節に名を付ける。〔だから、〕人知を超えた能力を持つ者のみが、「十回思(おも)いを馳(は)せることで円(まど)かに為(な)し終えた」と言えるのだ。重要なのは、妨げられることなく、只管(ひたすら)思いを馳(は)せ、何ものにも囚(とら)われないこと。そうすれば、数を言う必要は無い。ただ、何らかの理由で〔数が〕必要だというなら、口頭で伝えるのだ、決して書き記(しる)してはならない。(372)

大正615c

聖典276

光明寺(こうみょうじ)の師匠は〔以下のように〕記(しる)す。

質問したい。

四十八の《悲願》では、〈五種の重罪〉を犯し、〈正しい教え〉を罵(ののし)るように中傷する者は〔その救済から〕除外されている。これらの者は〈清浄な国土〉には生まれない。『瞑想(めいそう)の経典(きょうてん)』で、最低の階級の中の最低の段階にいる者が登場する場面では、〈五種の重罪〉を犯す者は救済される［対象だ］が、〈正しい教え〉を罵(ののし)るように中傷する者は言及されていない。これはどういうことか？

答えよう。

この意味は、抑止(よくし)効果という観点から考えねばならない。四十八の《悲願》で、〈五種の重罪〉を犯す者と〈正しい教え〉を罵(ののし)るように中傷する者が除外されたのは、この二つの悪行には最も深刻な罪状があるからだ。一度でも犯せば瞬く間に〈アヴィーチ〉という〔最も過酷な〕地獄に堕ち、いかに足掻(あが)いてみても永久に解放されない。これが〈真実の世界から現れた方(かた)〉を突き動かした、だから、

彼の方は抑止効果を図ったのだ、「〈清浄な国土〉に生まれることができないぞ」と。〔だから、〕その者たちが〈真実の世界から現れた方〉の《悲願》による救済の対象になっていないという意味ではない。

〔詳しく言おう、〕最低の階級の中の最低の段階にいる者が登場する場面では、〈五種の重罪〉を犯す者は救済される〔対象だ〕が、〈教え〉を罵るように中傷する者は言及されていない。[最低の階級にいる者によって、]〈五種の重罪〉は既に犯されている、だからといって、〈存在の悪しきあり方〉の中で〈生死〉を永久に繰り返すという、その者たちの命運を放置してはならないのだ。〔我が子の如く〕慈しんで、いち早く救いの手を差し伸べるべきなのだ。そう、その者たちは救済されて〈清浄な国土〉に生まれなければならない。他方で、〈教え〉を罵るように中傷するという罪はまだ犯されていない。そこで、その場で警告を受け、そして宣告されるのだ、「この罪を犯せば〔〈清浄な国土〉へ〕生まれ行くことは保証されないぞ」と。[この経典]では抑止効果が謳われていると理解すべきだ。それだけでは無い、これらの罪に手を染めることになっても、その救済と〔〈清浄な国土〉へ〕生まれ行くことは担保されているのだ。

ところが、〔〈覚った方の国土〉に〕生まれるにしても、その者たちは華々の内に留めおかれ、そこで膨大なカルパを過ごさなければならない。[蕾の儘の]華々の内に閉ざされた罪人には、〔次のような〕三つの制約がある。

1. 〈覚った方々〉とその聖なる同伴者たちを目にすることが許されない。
2. 〈正しい教え〉を聞くことが許されない。
3. 〈覚った方々〉の国々を訪ねて、その方々に仕える、あるいは、捧げ物を供することが許されない。

《〔心身を挙げての〕信頼》第二部

〔とはいえ、〕この三つの制約があるだけで、その者たちが苦痛を感じることはない。諸々の経典に述べられているように、その者たちは、〈瞑想の第三段階〉で享受する悦びに浸る出家修行者のようなものだ。罪を犯した者は、数々のカルパ、その長きに亘って蕾の儘の華々に幽閉されるが、〈アヴィーチ〉という地獄の中で、数多のカルパの間、多くの責め苦に苛まれるよりは上等だと知るべきだ。

以上、抑止効果という観点からの解釈を終える。(374)

〔しかしながら、〕光明寺の師匠は〔自らの説明不足を補うかのように〕別の著作にこう記している。

罵るような中傷も、悪し様な暴言も、〔彼の国では〕聞かれることが無い。人々は一様に憂悩から解き放たれている。人々も〈神々〉も、善人も悪人も、すべてその地に生まれ得る。一度そこに至れば、あらゆる差異は消え失せ、すべての者が〈決して後戻りしない段階〉にいる。なぜか？ アミダの〈大いなる慈しみの心〉と、すべてを見通す大いなる〈智恵〉とに依るからだ、それらは、アミダがローケーシュヴァラ・ラージャという〈覚った方〉の元で〈覚りを求める者〉に相応しい修行に就いていた時に呼び覚まされた。そして、彼の方は、王位を捨て、一家の団欒をも擲ち、四十八の《悲願》を駆使して、全き救済という大いなる誓いを実現しようとしたのだ。〔だからこそ、〕彼の《悲願》の力は、〈五種の重罪〉や〈十種の悪行〉を犯した者の、その許されざる罪を清め、〈清浄な国土〉に生まれさせる。〔勿論、〕〈教え〉を罵るように中傷する者だろうと、〈イッチャンティカ〉〔《信頼》を享有していない者〕だろうと、〔自らを顧みて、〕心が〔アミダへと〕向けられるや否や、そう、〈清浄な国土〉へ生まれ行くことは漏れなく叶うのだ。(375)

聖典277

---

a　四段階ある内の第三、上から二番目。

〔抜粋〕

DTS188

大正616a

淄州に居した慧沼は〈五種の重罪〉を〔以下のように〕言う。
　〈五種の重罪〉を犯した者には二種類があり、その一つ目は次の五項目で、これらは〈三つの乗り物〉〔という教説〕に支持されている。

　　1．父を謀殺する。
　　2．母を謀殺する。
　　3．〈尊敬されるべき修行者〉を謀殺する。
　　4．曲解して〈出家者たち〉の融和を乱す。
　　5．意図的に危害を加えて、〈覚った方〉を出血させる。

　これらの罪は、親の有り難みを知るという、子としての努めに反し、〔〈教え〉に基づく活動が産み出す〕幸せを否定するので、重罪と呼ばれる。体が弱って命を終える時に、これらの罪人には〈アヴィーチ〉という地獄が必ず待ち構えていて、長大な一カルパもの間、際限の無い責め苦を受け続ける。それが「無間地獄」と言われる謂われだ。
　『アビダルマコーシャブハーシャ』には、〈無間地獄に至る五種類の罪〉について、同様の記述がある。その詩にはこうある。

　　母を暴行する、もしくは、（母を殺すことと同罪の、）〈学び尽くした段階〉にいる女性の出家修行者を暴行する。
　　（父を殺すことと同罪の、）瞑想中の〈覚りを求める者〉を殺す。
　　（〈尊敬されるべき修行者〉を殺すことと同罪の、）〈学びの途中〉あるいは〈学び尽くした〉段階にいる修行者を殺す。
　　〈出家者たち〉の融和を乱す。
　　（〈覚った方〉を出血させることと同罪の、）ストゥーパ〔という

仏塔〕を打ち壊す。

　二種類の〈五種の重罪〉の二つ目は〈偉大な乗り物〉に属する。『薩遮尼乾子〔というジャイナ教徒について〕の経典』には〔以下のように〕説かれている。

1. ストゥーパ〔という仏塔〕を打ち壊し、その蔵書を焼尽に帰し、更に、〈三つの宝〉に包蔵される財産を掠め取ること。
2. 〈三つの乗り物の教え〉を罵り、扱き下ろしては、様々な敵対的行為に及ぶ、例えば、その書物を引き千切る、または、押し隠して、誰の目にも触れないようにすることなど。
3. 世俗を離れて〈教え〉を信奉する者——戒律に従っていようが、反していようが、お構いなしでいようが、そのいずれかを問わず、その者たちを殴り、貶し、執拗に責め、粗探し、牢屋に繋ぎ、もしくは、出家修行者になる以前の〔世俗の〕生活に戻ることを余儀無くさせ、片や、召使いとなるか奴隷となれば赦免してやると脅し、仕舞いには、蓋棺に追い遣ること。
4. 父を殺し、母を傷つけ、〈覚った者〉を出血させ、〈出家者たち〉の融和を乱し、〈尊敬されるべき修行者〉を殺すこと。
5. 〈教え〉を罵り、カルマの因縁などは無いと言い張り、〔無智の〕長き闇に隠れて〈十のスキャンダラスな罪〉に耽溺すること。

〔以上が『薩遮尼乾子〔というジャイナ教徒について〕の経典』に説かれた五種の凶悪な行状である。〕

『〔十の車輪の〕経典』に説かれる〔罪〕は以下の通り。

聖典278

1．悪意を抱いて〈独りで覚る者〉を殺すこと、これは人の命を断つ罪である。

2．〈尊敬されるべき修行者〉の位にいる女性を凌辱すること、これは悪むべき行為である。

3．〈三つの宝〉に捧げられた財産に損害を与えること、これは自己の所有に非ざる物を奪い取る罪である。

4．曲解して〈出家者たち〉の融和を乱すこと、これは妄誕の言という罪である。
(378)　　　　　　　　　　　　　　　　　　　　　　　　（抜粋）

〈清浄な国土〉の真実の《〔心身を挙げての〕信頼》を解説する文集
第二部　［終］

〈清浄な国土〉の真実の
《〔精神的〕実現》を解説する文集

〈清浄な国土〉の真実の《〔精神的〕実現》を解説する文集

〔事実として〕愚かで、〔戒律を守る〕僧侶でも信者でもない
〔が、真の〕ブッダの弟子〔だと自負する〕親鸞が集めた

〈精神的自由の境地〉を確実に獲得するという《悲願》
〔〈清浄な国土〉へ〕生まれ行くのは分別が全く及ばないということ

　　わたくし〔親鸞〕は、崇敬の念を抱き、真にして実なる《〔精神的〕実現》の本質を明らかにしたいと思う。《実現》とは、他者を救済する働きが成し遂げられるという驚くべき事態に他ならず、また、比類の無い〈精神的自由の境地〉という究極の成果なのだ。この〔《実現》〕は、「教えに従う者たちは確実に〈精神的自由の境地〉を獲得するという《悲願》」に由来する。また、これは「〈偉大な精神的自由の境地〉を獲得する《悲願》」ともいわれる。世間の人々は悪しき情欲に塗れている、多くの人々は〈生死〉という汚れを纏っている。しかし、自らが有する〔真に〕価値あるものを他者に《手ずから届ける》というアミダの美徳によって、そのような者たちを〈清浄な国土〉に生まれさせる《信頼》と《実践》とが呼び起こされるや否や、その者たちは〈偉大な乗り物〉の〈正式に確約された乗員〉となるのだ。正式に確約された者であり続けるのだから確実に〈精神的自由の境地〉を得る、確実に〈精神的自由の境地〉を得るのだから永久に幸福であり続ける、永久の幸福とは究極の静穏、静穏とは比類なき〈精神的自由の境地〉、〈精神的自由の境地〉とは〈何もしない〉という〈真実の教えが具現した体〉、〈何もしない〉という〈真実の教えが具現した体〉とは〈真実の本体〉、〈真実の本体〉とは〈真実の本質〉、〈真実の本質〉とは〈それだ〉という真理

《〔精神的〕実現》

性、〈それだ〉という真理性とは〈それだ〉という唯一性だ。このことから、アミダという〈真実の世界から現れた方〉は、真理性から顕現する際に、《《悲願》に応えた体》・〈あらゆる者に対応する体〉・〈変化した体〉という様々な姿を取るのだ。

「〈精神的自由の境地〉を確実に獲得するという《悲願》」(380)   聖典281
『卓れた経典』には〔次のように〕ある。
  私が〈覚りそのもの〉を得るとしても、私の国に生まれる、すべての人々と〈神々〉とが、〈正式に確約されたグループ〉という地位を得て、〈精神的自由の境地〉の実現が果たされなければ、〈最上の覚り〉を得たりはしない〔、それが私の決意だ〕。(381)

『〈永遠の生命という真実の世界から現れた方〉の集会』にも〔次のように〕ある。   DTS192
  私が〈覚りそのもの〉を獲得するとしても、国中のすべての者が［〈覚った方〉と等しい］〈覚り〉を確実に獲得し、〈偉大な精神的自由の境地〉を実現しなければ、〈最上の覚り〉を獲得したりはしない〔、それが私の決意だ〕。(382)

その《悲願》の達成をいう文について、

『卓れた経典』には〔以下のようにも〕ある。
  彼の国に生まれる者はすべて、〈正式に確約されたグループ〉という地位を得る。それはなぜか？彼の国には、あらぬ見解に染まった者や、正式に確約されていない者は存在しないからだ。(383)
また、〔以下のようにも〕ある。
  彼の〈覚った者の国〉は純麗にして安穏、繊細にして愉快。〈何もしない〉〔という理想的な〕〈精神的自由の境地〉を逍遥するが如し。〈ひたすら教えを聞く者たち〉、〈覚りを求める者たち〉、ある

いは〈神々〉のような、そこに住まうあらゆる者が燦然と輝く智恵を手にして、類い希な力に満たされている。容姿は斉同、異同は見えない。他所の流儀に倣って、人々あるいは〈神々〉の名があるのみ。面差しは晴朗にして厳か、この世に並ぶもの無し。佇まいは幽玄にして至極、筆舌に尽くし難い——人にも〈神〉にも非ず。その者たちの身体は〈無色無形の存在〉で、窮まること無し。(384)

また、『集会』にも〔以下のように〕ある。
　彼の国の人々、そして、そこに生まれようとしている者は、一様に、〈最上の覚り〉を成し遂げて〈精神的自由の境地〉に到ることになっている。彼の国に、あらぬ見解に染まった者や、正式に確約されていない者がいないという理由は何か？ その〔好ましくない〕者たちは、〔〈清浄な国土〉に生まれるための〕要因が確立されていることを、理解できていないから〔、彼の国にいないの〕だ。(385)

　　　　　　　　　　　　　　　　　　　　　　　　　（抜粋）

『〈清浄な国土〉の論説』には〔以下のように〕ある。
　「〈清浄な国土〉に響き亘る妙なる声という価値の完成」については、次の『詩』がある。

　　　　　　崇高な、声の趣、深遠に、
　　　　　　妙なる調、十方超えて。(386)

　〔この価値の完成が〕人知を超えている理由は何か？
　『経典』にはこうある。
　　「何処までも清浄で無垢、極めて愉快で平和だ」という〔彼の国からの声を〕聞くだけで、そこに生まれたいと強く望む者、あるいは既に生まれた者は、〈正式に確約されたグループの一員となる〉のだ。

《〔精神的〕実現》

これは、その国の名そのものが〈覚った方の働き〉を見事なまでに具現しているからだ。これを〔世間の人が〕どうして理解できようか？
(387)

「〈清浄な国土〉の主すなわち国王という価値の完成」については、次の『詩』がある。

〈最上の、覚り〉果たせし、彼のアミダ、〈真理の主〉は、
その国を護って〔常に〕ましまさん。
(388)

〔この価値の完成が〕人知を超えている理由は何か？
〈最上の覚り〉を獲得したアミダは、人知を超えていて、ミステリアスな存在で、彼の方は〈平和と幸福の清浄な国土〉に住み、優れた力でその国を保全している。これを〔世間の人が〕どうして理解できようか？

「住み続ける（〔常に〕まします）」というのは「変遷も死滅も無い」という意味。また「保全（護る）」というのは「散逸も消失も無い」という意味だ。〔植物の〕種に命を繋ぎとめる薬が塗布されたとしてみよう。〔そうすれば、〕水の中でも腐らず、火の中でも焼けない。〔しかも、〕環境さえ整えば発芽する。なぜか？ 処置がよかったから効能があったのだ。〔だから、〕〈平和と幸福の清浄な国土〉に生まれた者であろうと、〈三種類の世界〉へ戻って、あらゆる者を救おうと改めて願うのだ、そして、〈清浄な国土〉での生活を擲ち、願い通りに〈三種類の世界〉に生まれ、先の種と同様に、業火の中に生息しているあらゆるものと同居することになる。それでも、その者の〈最上の覚り〉となるべき種は決して損なわれることがない。なぜか？ アミダの保全活動が効いているからだ、〔何と

聖典282

大正616c

---

a　DTSでは前段を繰り返しているが、これは編集ミスである。旧版は漢文に則って文意を改変しているので、ここではドラフトによって訳した。

言っても、〕彼の方は〈最上の覚り〉を獲得しているのだから。
　「〈清浄な国土〉に住まう家族という価値の完成」については、次の『詩』がある。

　　　〈真実の世界から来た、その方〉の、数多の従者は浄き華、
　　　〈最上の、覚り〉の華の化身なり。

DTS194　〔この価値の完成が〕人知を超えている理由は何か？
　この世界には、あらゆるものが混在していて、母胎から生まれるもの、卵から生まれるもの、湿潤の中に生まれるもの、また忽然として生ずるものもある。それらすべてに家族や種族がいて、苦楽を無限に綾なしている。カルマの趣くままに。[しかし]〈平和と幸福の国土〉では、すべての居住者が、一様に、アミダという〈真実の世界から現れた方〉の〈最上の覚り〉という美しき華が変化した姿となっているのだ。専ら〈覚った方〉へ思いを馳せ、他のことには遵わない。〔そうすれば、〕遠く離れて暮らしていようと、親を同じくする者が世界中にいることになる。家族が無数にいるのだ。これを〔世間の人が〕どうして理解できようか？
　また、〔以下のようにも〕ある。

　　　〈清浄な国土〉へ生まれる者には、元々は〈九種の段階〉があった。しかし、最早、何の区別も無い。恰も淄と澠〔という二つの河が合流して、その水質が溶け合う〕ように、すべての者が一つの稟性となるのだ。これを〔世間の人が〕どうして理解できようか？
『論説』にはこうある。
　「〈清浄な国土〉の清浄性という価値の完成」については、次の『詩』がある。

　　　彼の世界、その装いを眺めるに、
　　　〈三つの世界〉を遥かに超える。

《〔精神的〕実現》

〔この価値の完成が〕人知を超えている理由は何か？
　すべての者は悪しき欲望に首まで浸かっている、それでも、〈清浄な国土〉へ生まれ行くことが叶い、〈三種類の世界〉に蔓延るカルマの因縁の中に決して連れ戻されることはない。悪しき欲望を断ち切ること無く、〈精神的自由の境地〉を獲得し得るのだ。これを〔世間の人が〕どうして理解できようか？　　　　　　　　（抜粋）

聖典283

(394)

『安楽集』には〔以下のように〕ある。
　二人の〈覚った方〉〔ブッダとアミダ〕が有する神秘的な力は同等のものだ。しかし、ブッダという〈真理から現れた方〉は、己の力を差し置いて、敢えて彼の方の力を指し示し、すべての者が一様にアミダに思いを馳せて、彼の方を〔心から〕頼りとするようにしている。それゆえ、ブッダは、行く先々でアミダを称賛し、信頼に足る彼の方の元へ行くよう教えているのだ。ブッダのその思いを〔われわれは〕汲まねばならない。そしてまた、曇鸞という師匠の殊更強い意向も西〔の国〕に向いている、だから、『卓れた経典』に共鳴して謳い上げた讃歌にこうあるのだ。

(395)

DTS195

　〈平穏で、幸に溢れる、その国〉の、
　　〈教えをただ聞く者たち〉と、〈覚りを求める者たち〉と、
　〈神々〉そして、人々も、
　　――その智恵の、浄き深きに優れたり。
　その体、装いまでも、それぞれは、
　　等しき様で異ならず。
　もろもろの他国の流儀に見倣って、
　　それぞれに名があるばかり。
　その姿、晴朗にして厳かで、
　　肩を並べる者はない。
　その姿、優麗にして、人間も、

213

〈神々〉さえも及ばない。

その姿、〈虚空(こくう)〉の如(ごと)く果てしない。

それゆえに、〈唯一無二の〉、その力、

〔湛(たた)える方(かた)を〕崇(あが)めたり。(396)

光明寺(こうみょうじ)〔の師匠〕の『解説』には〔以下のように〕ある。

「普遍的救済を謳う《悲願》」の意義について『卓(すぐ)れた経典(きょうてん)』にはこうある、「人々は、その善悪を問われること無く、一様に〈清浄な国土〉に再生する、〔そして、この〔再生〕は、〕恩恵をもたらす要因としての、アミダという〈覚った者〉の大いなる《悲願》の力に依る」と。ブッダの教説、その諒解(りょうかい)〔への逢着(ほうちゃく)〕は険難(けんなん)だ。その趣意は幽玄かつ浩々としている。〔だから、〕無類(むるい)の至人(しじん)、すなわち、三賢人の序列にある者、〈十の段階〉に居(きょ)する聖人すら、測れず、評し得ない。ましてや、一片(ひとひら)の羽毛のように重みのない、〈信頼の十の段階〉すら手にしていない私などが敵(かな)うはずも無い。〈覚った方(かた)〉の意趣を十全(じゅうぜん)に会得(えとく)し得(う)る術(すべ)は何処(どこ)にも無いのだ。否(いな)、一つだけ道がある、ブッダは此処(ここ)で「〔彼の国を〕目指せ」と迫(せま)り、アミダは忽(たちま)ち彼の国から出迎える。彼処(かしこ)より喚ばれ、此処(ここ)で促(うなが)される、——最早(もはや)行くのみだ。われわれの務めは謹(つつし)んで〈教え〉に遵(したが)うことだけなのだ。この汚れた体の息が止まる時を待って、さあ、〈真実の本質〉という永遠の幸を実現しようではないか。(397)

また、〔以下のようにも〕ある。

〈有無(うむ)〉の柵(しがらみ)と袂(たもと)を分かつ、彼の麗しき西方〔の国〕は、静穏(せいおん)にして、〈何もしない〉〔という理想的な境地〕に遊ぶ。〔翻(ひるがえ)って、〕彼の方々の精神は〈大いなる慈しみ〉を満遍(まんべん)無く湛(たた)え、〈あらゆるものごとの世界〉に息づいている。万(よろず)の〔化〕身を現して、すべての者を、余すこと無く、分け隔て無く、救い遂げる。ある時には神業(かみわざ)を振るって〈教え〉を説き、またある時には人の姿を借りて円(まど)かに幕を引く。思うが儘(まま)の姿をとり、それを目にした者は罪業(ざいごう)

《〔精神的〕実現》

が清められるのだ。
　更に、称賛の詩にはこうある。

　　いざ行かん、目当ての郷は懐かしき！
　　悪霊の国に留まる謂われ無し。
　　彷徨うは、念及ばぬ昔から、〈六種の境涯〉経巡りて。
　　訪ね倦ねし楽園よ、聞くは切ない声ばかり。
　　命終の暁待ちて、〈精神の自由〉の城を我が物と。(398)

〔以上の引用を総括して、親鸞は言う。〕
　私は気づいた、〈清浄な国土〉の真実の教理を構成する《教説》・《実践》・《信頼》・《実現》に思いを馳せ、それらすべてが、自らの有する〔真に〕価値あるものを尽くわれわれに届ける〈真実の世界から現れた方〉の、〈大いなる慈しみ〉が生み出す恩恵に相違ないのだ、と。原因にしても結果にしても、アミダという〈真実の世界から現れた方〉が、自らの有する〔真に〕価値あるものを《手ずから届ける》ために誓った、清浄で汚れのない《悲願》が達成されていることに依るのだ。原因が清浄だから、その結果も清浄なのだ。〔是非とも、〕そう理解してほしい。
　次は、〈戻ってくる《働き》〉〔という局面〕における《〔アミダが〕手ずから価値あるものを届けること》なのだが、これは、他者たちに〈教え〉の理解と実践を促すため、および、それらを恵み与えるために、この〔現実〕世界を目指してやって来るという〔局面〕、それを意味する。これが、「教えに従う者は〈覚った方〉に並ぶ地位を得ると確約する《悲願》」、そこから出来する〔愕くべき〕事態なのだ。それはまた、「教えに従う者が、この命が尽きる前に、その地位を得ると確約する《悲願》」とも言う。また、「〈戻ってくる《働き》〉における《手ずから価値あるものを届けること》に言及する《悲願》」とも言う。(399)
　これらすべてのことは『論説の注釈』に詳しく説かれているので、こ

こでは《悲願》を述べた一文を挙げないでおく。〔以下に、〕その『注釈』〔の長文を引用するので、そこ〕から直に読み取ってもらいたい。

『〈清浄な国土〉の論説』には〔次のように〕ある。
〔「他者の救済のための根源的な《悲願》」が表明している《〔献身的な〕働きかけ》あるいは活動をいう、〕第五の〈門〉は〈出ていく段階〉といわれる。すべての者が苦悩し災難に遭遇している、その様子を具に目にして、〈大いなる慈しみの心〉を有する〈覚った方〉は、その者たちを憐れむべき状況から救うためには、〈変化した体〉とならざるを得ない、ということだ。彼の方は〈生死〉の原野に、悪しき情欲の藪の中に分け入る、そこで、すべての者の教育と翻心に勤しむという使命を果たす。奇跡的な業を〔誠実に〕示し、〔行いを自ずと然らしめる、何事も無かったかのように、それは恰も〕遊び戯れるかのように。そう、この〔事態の〕すべては彼の方の根源的な《悲願》に由来し、それはあらゆる者の救済のために《手ずから届けられる》。これが〔彼の方の活動の〕第五の〈門〉なのだ、それは〈出ていく段階〉の中にある。
(400)

『論説の注釈』には〔次のようにも〕ある。
〈戻ってくる〔働き〕〉とは、〈清浄な国土〉に生まれた後に、この世界に還ってくるということ。〈心を一つの対象に留め〉そして〈正しい智恵を起こして対象を観る〉という修行を成し遂げ、普遍的救済のための様々な手段を案出する力を得た、それゆえ、〔行者は〕すべての者を教え導くために〈生死〉の森に還って来る、だからこそ、すべての者が〈覚った方を成り立たせる道〉に向かうのだ。〈向かっていく〉あるいは〈戻ってくる〉、いずれにしても、その主たる意図は、すべての者を〈生死〉の大海から救出することにある。そこで〔『論説』には、〕「〔〈覚った方〉は〕、自らの行いが産み出

《〔精神的〕実現》

した価値すべてを、その者たちに真っ先に届けようとする。こうして、彼の方は〈大いなる慈しみの心〉を完全に結実させたのだ」と記される。

また、〔以下のようにも〕ある。

『論説』にはこうある。

〈清浄な心〉を未だ獲得していない〈覚りを求める者たち〉でも、一度〈覚った方〉を目の当たりにすれば、必ず平等という〈真実の教えが具現した体〉となり、すでに〈清浄な心〉を獲得した〈覚りを求める者たち〉、あるいはより高い位にいる者たちのように、〈静閑とした平等性〉を獲得する。

〔これを注釈するなら、〕平等という〈真実の教えが具現した体〉とは、〈第八の段階〉〔と、それ以上〕の〈覚りを求める者〉が有する、〈真実の本質〉から生まれた体のこと。そう、それは〈静閑とした平等性を有する教え〉なのだ。そこで、平等という〈真実の教えが具現した体〉という。〔そして、〕この平等という〈真実の教えが具現した体〉を有する、〈覚りを求める者〉が獲得するものこそ、〈静閑とした平等性を有する教え〉なのだ。

この〈覚りを求める者〉は〈報生という瞑想〉を我が物としている。この瞑想の湛える人知を超えた力、その美徳によって、〈覚りを求める者〉は、〈一念〉の内に、瞬時に、上下と八方の隅々にまでも、同じ姿をして現れる、そして、すべての〈覚った方〉と、〈覚った方の海のよう〔に広大〕な集会〉に、様々に捧げ物をする。〔それだけでは無い〕、〈覚った方〉や〈教え〉、〈出家者の共同体〉とは全く縁の無い、数多の世界にさえも、〈覚りを求める者〉はあらゆる姿を取って現れ、すべての者の教育・翻心・救済に手を尽くすのだ。そして、〈覚った方の務め〉、その遂行に専心する。その一方で、往来する、捧げ物をする、救済するという思慮は、元より心中に無い。そこで、この〈覚りを求める者〉の身体を平等という〈真実の教えが具現した体〉と呼び、〈教え〉を〈静閑とした平等

性を有する教え〉と呼ぶ。

「〈清浄な心〉を未だ獲得していない〈覚りを求める者たち〉」とは、第八より低い七つの段階に止まる〈覚りを求める者たち〉のこと。この者たちもまた、百の、あるいは千の、あるいは百千万の、あるいは百千万億の、〈覚った方〉のいない国土に［その分身を］現じ、〈覚った方の務め〉を遂行することができる。〔ただし、〕その者たちは務めを果たすという思慮を持って瞑想に入る。思慮無しに務めることは叶わず、この思慮が残っているがゆえに、この者たちは「〈清浄な心〉を未だ獲得していない」と言われるのだ。

いずれにせよ、この〔低位の〕〈覚りを求める者たち〉でも、〈平和と幸福の清浄な国土〉に生まれて、アミダという〈覚った方〉と相見えたい、と願えばよい。それさえ実現すれば、〈教え〉においても〈体〉においても、必ず〈第七の段階〉を越えた〈覚りを求める者〉と、やがては同等となる。だからこそ、ナーガールジュナやヴァスバンドゥという〈覚りを求める者たち〉は、アミダの国に生まれたいと願い出るのだ。

質問したい。

『十の段階を説く経典』の記述を見てみると、〈覚りを求める者たち〉は段々と位を上げ、数多の〔永き〕カルパを要して、漸く、膨大な功績を築き上げることができるとある(403)。これに対して、アミダという〈覚った方〉と相見えるだけで、〈教え〉においても〈体〉においても、〈第八の段階〉［とそれ以上］の〈覚りを求める者たち〉と、やがては同等になり得る、そう言われても、先の〔『十の段階を説く経典』〕の話と、どう整合すればよいのか？

答えよう。

「やがては同等になる」とは言うが、「直ちに等しい」とは言わない。その者たちは、此処で言う〈覚りを求める者たち〉と、やがては、正しく同等になるのだ。

質問したい。

《〔精神的〕実現》

　直ちに同等になれないのなら、何故に同等だと言うのか？〈覚りを求める者たち〉は一度、〈第一の段階〉に達してしまえば、自ずと、段々に位を上げ、やがては、あの〈覚った方〉と同等の境地を獲得する。何故に敢えて言うのか、［低位の〈覚りを求める者たち〉］が高位の〈覚りを求める者たち〉と同等だ」と？

　答えよう。

　〈覚りを求める者たち〉は〈第七の段階〉にいる間に〈大いなる精神的自由の境地〉を獲得する、〔ところが、〕その時点で、まず「もはや獲得するべき〈覚り〉などは無い」と、時を同じくして「もはや救済すべき者さえいない」という、〔二つの〕決定的な誤信に正に陥っていくのだ。〈覚った方を成り立たせる道〉を放棄してしまう、そんな〈覚りを求める者たち〉を、究極の真理の実証へと導かねばならない。〔とすると、〕十の方角にいる〈覚った方〉すべてが、人知を超えた力を振るって、姿を現し、「前進せよ」と勧励しなければ、そのまま〔命を終えて〕ニルヴァーナに入ってしまうだろう、そう、〈二つの乗り物〉〔という教説〕を支持する者のようにだ。この存亡が懸かった危機を乗り切る唯一の道は、この〈覚りを求める者たち〉が、〈平和と幸福の清浄な国土〉に生まれ、アミダという〈覚った方〉と相見えることなのだ。だからこそ、この者たちは、最終的には、より高位の〈覚りを求める者たち〉のようになる、と言うのだ。

　『永遠の生命の卓れた経典』には、アミダという〈真実の世界から現れた方〉の根源的な《悲願》がこう説かれている。

　　私が〈覚りそのもの〉を得るとしても、別の〈覚った方の国〉から私の国に生まれる〈覚りを求める者たち〉に、その命が尽きる前に〈完全な覚り〉が担保されなければ、そして、非凡な才能を発揮し、〈覚りを求める者〉に負わされるすべての階位での勤めに励み、サマンタバドラという〈覚りを成し遂げ

219

る者〉の美徳を実践しなければ、〈最上の覚り〉を得たりはしない〔、それが私の決意だ〕──ただし、すべての者を自由に自在に助けたいという根源的な《悲願》を立てたがゆえに、普遍的救済〔を誓う〕鎧（よろい）で身を固め、〔真の〕価値を蓄（たくわ）え続け、すべての者を対岸に渡し、すべての〈覚った方の国土〉を巡（めぐ）って〈覚りを求める者〉に相応（ふさわ）しい修行をし、十の方角にいる〈覚った方・真理から現れた方（かた）〉すべてに捧げ物をし、ガンジス川の砂の数ほど多くの人、そのすべてに〈比類なく完全な最上の覚り〉を獲得させる、〔そのような勤めに励む〕〈覚りを求める者たち〉は除外する。(404)

　この経典（きょうてん）に依（か）れば、彼の国の〈覚りを求める者たち〉は、段々と位を昇って行く者ばかりではない。ここでいう〈十の段階〉とは、このジャムブーディヴィーパという世界において、ブッダという〈真理から現れた方（かた）〉が唱えた、暫定的な措置の一つに他ならない。〔だから、〕諸々の〈清浄な国土〉には必ずしも適合しない。〈五種の不思議〉の中でも、その最たるものは〈覚った方の教え〉なのだ。「〈覚りを求める者〉は、段々と位を昇って行くのが必須で、一気に跳び超えるのは不可能だ」と言うなら、〔〈教え〉を〕十分に学習していない者だと知られよう。

　「好堅（こうけん）」という名の樹がある。樹齢は今や100年。一日に1000フィート〔300メートルほど〕ずつ成長して100年が経つ。この樹の高さに比べれば、見慣れた松の木など足下（あしもと）にも及ばない。松は一日に1インチ〔2センチほど〕伸びるだけ。〔だから、〕好堅（こうけん）のことを聞けば、僅（わず）か一日で果たすその成長ぶりに当然疑いを持つはずだ。同じように、ブッダという〈真理から現れた方（かた）〉の教えを一回聞いただけで、アルハットという聖者の位が保証された者がいる、そしてまた、朝食前のブッダの説教に一寸（ちょっと）参加しただけで、〈ものごとは〔それ自体として〕生ずることはないという智恵〉の境地を得た者

《〔精神的〕実現》

もいる、〔しかし、〕そんなブッダの事績は人を説得するための手段に過ぎず、それが紛れもない事実だとは考えないだろう。実際、非凡な言説は凡人の耳には殊の外届き難い。信じて貰えないのは至極当然なのだ。

『〈清浄な国土〉に関する論説』にはこうある。

〔『論説』中の『詩』に〕「八行」に亘る簡潔な叙述があり、〔要を取って言えば、〕〈真実の世界から現れた方〉の、〈自己の向上〉と〈他者の救済〉という活動がもたらす、価値ある業績の次第を経て顕現していく道筋、それが説かれているのだ。どうか忘れないで欲しい。

この中の「次第を経て」とはどのような道筋なのか？　先行する十七行の詩句で、国を顕現させる価値の完成を述べ終えた。国が出来上がったからには、その国の主を知らねばならない。それゆえ、彼の〈覚った方〉に焦点を絞り、その価値ある顕現を見届けよう。彼の〈覚った方〉は何処に座っているのか？　まず、その台座を観想しよう。それが済んだら、座っている方を観想しよう。その次は〈覚った方〉の体、どんな姿をしているのかが肝腎だ。体の次は、どのように〈名〉を称えているか？　〈覚った方〉の口元に注目し、口唇の動きを読み取ろう。〈名〉が分かったら、その所以を知らねばならない。そこで、ブッダの意思を観想しよう、その具象を看取するのだ。彼の〈三種の行動様式〉〔身体・言語・意思〕は、その効果を十全に発揮している、そう知り得たなら、われわれは、人間と〈神々〉にとっての偉大な指導者から、教えを受けるに足る者の何たるかを知るだろう。それでは、次の懸案、すなわち、〈〔彼の国の〕数多の住人〉の価値を観想することに移ろう。〔そして、〕その人たちが膨大な価値を有していると知ったなら、そのトップに立つ者を知るべきだ。そこで、そのリーダーを観想しよう。リーダーは〈覚った方〉に他ならない。リーダーは年齢的にも年長の者と見做すべきだ。それゆえ、彼の方をマスターと仰ごう。彼の方の

(406)

(407)

大正618a

聖典288

221

手腕は如何ほどのものか？〈覚った方〉は［〈清浄な国土〉とその趣向を凝らした装飾のすべてを］現に主宰し保持している、さあ、彼の方の手腕を観想しようではないか。以上、〔『論説』中の『詩』の〕「八行分」を、次第を追って論じた。

さて、〈覚りを求める者〉を注釈する番になった。『論説』にはこうある。

〈覚りを求める者〉の価値の完成をどのように観想すべきか？ 考慮すべきは、四種の完成態の識別によって、正しい修行の価値を成し遂げるということだ。どうか忘れないで欲しい。〈唯そのようにあること〉［もしくは〈それだ〉という真理性］、これこそ、あらゆる〈教え〉の本質なのだ。この本質が獲得される時、活動していながら活動しない、且つ、活動していないのに活動している、という事態が招来される。これを真の修行という。その本質は唯一つ、ただし、四種の局面で顕現する。それゆえ、四部門の活動は一つに還元できるのだ。

(408)

『論説』には更にこうある。

「四種の局面」とは何か？

（１）一つの〈覚った方の国〉には、その志に相応しい務めに励む〈覚りを求める者〉がいる。微動だにせず、十の方角の至る所に、様々な状況に応じた姿を現す。〔そして、〕真の修行に身を捧げ、〈覚った方の務め〉に専念している。

これは『詩』にも謳われている。

〈穏やかで、幸ある国〉は清らかに、汚れ一つも纏わずに、
純正な〔教えの〕車の転きの、響きの届かぬ所無し。
〔この目にせしは、〕もろもろの〈覚り果たせし、その方〉
と、〈覚りを求める、者たち〉の、輝けしこと、日輪と、
［世界を］抱えて聳え立つ、〈須弥の山〉と憶えけり。

《〔精神的〕実現》

　というのも、恰(あたか)も濁(にご)り水から立ち上がって咲く白蓮(びゃくれん)の如(ごと)く、すべての者が〔覚りの〕花を開くよう、〈覚りを求める者たち〉は導くからだ。
(409)

　〈第八の段階〉と、それ以上の位の〈覚りを求める者たち〉は、常に瞑想(めいそう)の境地にいる。〔瞑想(めいそう)〕の力で、〈覚りを求める者〉は在所(ざいしょ)を離れることなく、十の方角の何処(どこ)にでも現れ、すべての〈覚った方(かた)〉に捧(ささ)げ物をする、と同時に、あらゆる者を教育し、翻心(ほんしん)を促(うなが)し、〈覚った方(かた)の教え〉に導くのだ。
(410)

　「純正な〔教えの〕車(くるま)」とは、〈覚り〉の位に付随する価値のこと。そこには、悪(あ)しき欲望は微塵も無く、その名残(なごり)すら無い。〈覚った方(かた)〉は、〈覚りを求める者〉すべてのために、この車輪を回し続けている、それを受けて、〈覚りを求める者たち〉も、絶えず、休むことなく、この〈教え〉の車輪を回し続けている、──あらゆる者の心田(しんでん)を開き耕すために。それゆえ、「〔車が回転する〕響きの届かぬ所無し」という。〈真実の教えが具現(ぐげん)した体(からだ)〉を日輪に喩え、その〈光〉は、〈《悲願》に応(こた)えた体(からだ)〉・〈変化した体(からだ)〉から放たれ、諸々の世界の隅々まで照らし尽くす。鞏固(きょうこ)なる〔〈教え〉の〕喩えとしては「日輪」でも褒(ほ)め足りない。そこで、その支え保つ力に重点を置いて「須弥(スメル)の山(やま)」を挙げるのだ。

　「濁(にご)り水から立ち上がって咲く」とは、経典(きょうてん)にはこうある、「高原の乾いた土壌に白蓮(びゃくれん)は育たない。濁(にご)り水の中で初めて花が咲く」と。同じように、人は悪(あ)しき欲望という泥の中を生きているようなものだ。それでも、〈覚りを求める者〉に教え導かれて、〈最上の覚り〉という花を咲(さ)かせることができる。だからこそ、〈三つの宝〉の繁栄は常に維持されるのだ。
(411)

　『論説』〔の「四種の局面」〕の
　　（２）〈悲願に応(こた)えた体(からだ)〉と〈変化した体(からだ)〉の〈覚りを求める者〉は、同時に、均一に、〈一念〉の裡(うち)に、大いなる〈光明〉を放つ。〈覚りを求める者〉は十の方角のあらゆる世界に出掛

DTS202

聖典289

けて行き、すべての者を教え、手立てを尽くして〈真実の教え〉への翻心を促す。そして、その者たちを苦悩から解き放つために、様々な修行法を案出するのだ。

これは『詩』にも謳われている。

　　無垢・晴朗なる、その〈光〉、
　　〈一念〉の、一時の中に、照らし出す、
　　〈覚りし方の集会〉を、
　　人々に、救いと恵みを与えんと。(412)

既に、〈覚りを求める者〉は「在所を離れることなく何処にでも現れる」ことを述べた。これだと、その活動には次第があるように思われてしまうかもしれない。そこで、この活動は「〈一念〉の、一時の中に」、また、「次第は無い〔すなわち同時に〕と宣うのだ。

『論説』〔の「四種の局面」〕の
（３）〈覚りを求める者〉の〈光明〉は、余す所無く、すべての世界の、〈覚った方の集会〉を照らし出す。［そこに集う、］無数の者たちも、一人も漏れること無く、〈覚った方〉すべてに捧げ物をし、恭しく敬い、そして、諸々の〈覚った方・真理から現れた方〉の〔真の〕価値を賞め讃えるのだ！

これは『詩』にも謳われている。

　　［〈覚り求めし、その者〉は］、尊き調、華衣、妙なる香、
　　諸々も、〔淡雪さながら〕舞い降らせ、
　　あらゆる〈覚った、方々〉に、すべてを捧げ奉る、
　　彼の価値を、ひたすら讃える心には、徒な意の一つも
　　無かりけり。(413)

《〔精神的〕実現》

「余す所無く」とは、すべての世界の、それぞれの〈覚った方〉を中心とする集会を、余す所無く訪問するということ、そして、〈覚りを求める者〉は、一つの世界、一つの集会も疎かにせず、立ち至るということだ。僧肇は言う、「目には見えなくとも、〈真実の教えが具現した体〉には多岐に亘る体があり、それぞれに違いがありながら、完璧で、絶妙なハーモニーを奏でている。〈真実の教えが具現した体〉は沈黙を守るが、多様な言説を操り、何処へでも、その深長な思念を伝え広める。その神秘的な力は、図ること無く働き、しかも、自然に実りを結ぶ」と。僧肇は実に頼もしい。

『論説』〔の「四種の局面」〕の

（４）〈覚った方〉、〈教え〉、〈信者の集まり〉という〈三つの宝〉が未だ存在していない、十の方角にある世界すべてにおいて、〈覚りを求める者〉は、〈三つの宝〉が湛える、海のように広大な価値を統轄し、維持し、現実のものとする。そうすることで、〈覚った方の教え〉に相応する真の修行というものへ、すべての人を導くのだ。

これは『詩』にも謳われている。

〈覚った方の、その教え〉、真価に満ちた宝物、
何処にも見えぬ世の中が、あるなら我は、
　冀う、そこに生まれて披露せん、
彼の方に倣って民に、その〈教え〉。

この〔「四種の局面」で、それぞれに挙げた『詩』の中、〕初めの三つでは、〈覚りを求める者〉が至る所に姿を現すとある、しかし、その者が行くのは〈覚った方々〉が現に存在している国々に限られている。［四つめの］『詩』が無ければ、〈真実の教えが具現した体〉の遍在性も全知性も限定的に捉えられてしまう、その必然と

して、最高の善の普遍的な適用にも失敗してしまうのだ。以上で、観想の実践の詳細を説く章を終える。(416)

　以下は、『論説』の注釈部分の第四節である。これを「《悲願》そのものの心に起因する清浄さ」という。この清浄さについて、[『論説』には、]「三種の顕現（けんげん）、すなわち、〈覚った方（かた）の国土〉、〈覚った方（かた）〉、〈覚りを求める者たち〉、それらの価値の完成態については検討を終えた。これらは、[すべての者を救済しようという]〈覚った方（かた）〉の《悲願》そのものの心に起因する。そのように理解してほしい」とある。「そのように理解してほしい」とは、この三種の顕現（けんげん）が完成した次第（しだい）を理解すべきだということ。(417)四十八等の《悲願》を成し遂げようと誓う、心の清浄さがあってこそ、その完成がある。原因が清浄だから結果も清浄なのだ。《悲願》そのものの心、それ以外の要因は無い〔と知らねばならない〕。

　『論説』には「約言すれば、〈ただ一つの真理〉がある」とある。(418)詳細に説けば、どうしても、上に〔長々と〕述べたような、国（あるいは国土）の顕現に関する十七行の詩句が、〈真実の世界から現れた方（かた）〉について八行（はちぎょう）の詩句が、また〈覚りを求める者〉についての四局面が説かれることになる。それらすべてを要約し、包括すると〈ただ一つの真理〉となる。なぜ総括したものと個々のものが一つの綾（あや）をなしているのか？　それは、〈覚った方々（かたがた）〉と〈覚りを求める者たち〉として顕在する〈真実の教えが具現（ぐげん）した体（からだ）〉は二区分できるからだ。一つは〈教えそのもの〉という〔不可視的な〕〈真実の教えが具現（ぐげん）した体（からだ）〉で、もう一つは可視的な〈真実の教えが具現（ぐげん）した体（からだ）〉だ。可視的であっても〈教えそのもの〉に依拠（いきょ）し、片（かた）や、〈教えそのもの〉は顕現（けんげん）することで目に触れる。この二つは区分できるが別個のものではない。それでいてなお、一つではあるが同一ではない。それゆえ、総括したものと個々のものとは、そのすべてを〈教え〉という言葉に委（ゆだ）ね、一つの綾（あや）をなしているのだ。〈覚りを求める者〉が、万一、この綾（あや）〔に秘（ひ）められた意義〕を会得（えとく）

《〔精神的〕実現》

し損ねたら、〈自己の向上〉と〈他者の救済〉〔という責務〕は履行できないことになる。

『論説』にはこうある。

> （1）〈ただ一つの真理〉とは、（2）清浄性（すなわち絶対性）である。清浄とは、（3）真にして実なる〈智恵（プラジュナー）〉であり、〈何もしない〉という〈真実の教えが具現した体（からだ）〉である。(419)

この三つの概念は溶け合〔い、一つにな〕っている。

〈真理〉とは何を意味するのか？　それは清浄（あるいは絶対）のことだ。なぜ清浄なのか？　それは〈智恵（プラジュナー）〉、すなわち、真にして実なる、そして、〈何もしない〉という〈真実の教えが具現した体（からだ）〉だからだ。真にして実なる〈智恵（プラジュナー）〉とは、〈真実の本体〉という〈智恵（プラジュナー）〉だ。〈真実の本体〉には形がない、それゆえ、真の知性（〈智恵（プラジュナー）〉）とは〈知性ではない〉こと。〈何もしない〉という〈真実の教えが具現した体（からだ）〉とは、〈真実の本質〉を身体としていること。〈真実の本質〉とは静寂（精神的自由の境地）なのだから、〈真実の教えが具現した体（からだ）〉には形がない。形がないからこそ、あらゆる形をとることができる。それゆえ、〈真実の教えが具現した体（からだ）〉には特徴が具わっている［例えば、〈三十二の〔大いなる〕徴（しるし）〉・〈八十の極めて優美な徴（しるし）〉のこと］。［今や〈真実の教えが具現（げん）した体（からだ）〉は人格を持っているのだ。］

〈知性ではない〉からこそ、知り得ぬものも無い。それゆえに、全知性とは真にして実なる〈智恵（プラジュナー）〉なのだ。〈智恵（プラジュナー）〉の特質が真にして実だというのは、〈智恵（プラジュナー）〉の有する本質が機能しつつ機能しないからだ。〈何もしない〉という〈真実の教えが具現した体（からだ）〉の定義とは、その本質が有形でも無形でもないということなのだ。

二重の否定は、否定の対極にある肯定を意味しない。そう、絶対的な肯定なのだ、だから、否定が対立することはない。それ自体が肯定なのだ。如何（いか）なる否定の出番も無い。それゆえ、この肯定は、

肯定でも否定でもない。どれほど否定しようと明示することはできない。だからこそ、これを清浄性（あるいは絶対性）と呼ぶ。清浄性とは真にして実なる〈智恵（プラジュナー）〉、〈何もしない〉という〈真実の教えが具現した体（げんからだ）〉のことなのだ。

聖典291　『論説』には、「二種の清浄性を知らねばならない」とある。(420)

[〈真理〉・〈智恵（プラジュナー）〉・清浄性、] この三つの相関については先に述べたとおりで、まず〈真理〉があり、〈真理〉から清浄に、清浄から〈真実の教えが具現した体（げんからだ）〉に至る。ここに至って、初めて二種の清浄性が区別されるのだ。そこで、[『論説』の著者は言う、]「知らねばならない」と。

『論説』にはこうある。

　　二種とは何か？　第一は客体としての世界（あるいは環境）の清浄性、第二は主体としての人格のそれである。客体としての世界の清浄性とは、十七通りの価値の完成、その顕現（けんげん）としての〈覚った方の国（かた）〉のこと。それは客体あるいは環境としての世界の清浄性である。主体としての人格の清浄性とは、先に述べたように、〈覚った方（かた）〉が八つの局面で出現し、また〈覚りを求める者〉が四通りに活動すること。これは主体としての人格の清浄性である。そのように、〈ただ一つの真理〉は二種の清浄性を有する。こう知らねばならない。(421)

主体としての人格（あるいは個々の命ある者たち）は、それぞれのカルマによって、その者なりの身体となり、他方で、国土あるいは国は、そのカルマにおいて、個々の命ある者すべてが共有することになっている。身体（あるいは主体）と客体とは、通常、一つではない。だから、「知らねばならない」と言われる。すべてのものは心の所産であって、その他に客体としての世界は存在しないのだが、やはり、個々の命ある者たちと、客体としての世界とは、一つではなく、異なっていると見做（みな）すべきだ。そう、ある意味では、二つに区別できるが、〔実際は〕異なっていない、すなわち、清浄性(422)

《〔精神的〕実現》

において一つなのだ。客体のことを指して〈器〉という言葉が用いられる。〈清浄な国土〉は客体としての世界、すなわち、個々の命ある者（あるいは人間）すべてが自らの存在する環境として使用し享受するところだ。それで〈器〉という。清潔な食品を不潔な容器に入れれば、食品も不潔になる、容器が不潔だからだ。容器に不潔な食品を満たせば、不潔な食品のせいで容器も不潔になる。両者が清潔であってこそ、清浄性が担保される。このように、一つの清浄性には二面性があるのだ。

質問したい。

個々の命ある者たちの清浄性という場合は、〈覚った方々〉と〈覚りを求める者たち〉に限定される。〈神々〉や人間も、通常、清浄性の中に含まれるのか？

答えよう。

そこにも清浄性という言葉は用いられるが、真の意味での清浄性ではない。出家の賢者とは悪しき欲望という〔身中の〕賊を駆逐する。それゆえ出家修行者なのだ。〔しかし、その一方で〕出家さえすれば出家修行者と呼ばれ得る。後に儀礼を経て王位に就く子は、既に〈三十二の大いなる徴〉を持ち、七種の貴重な宝を有している。自他共に認める王にはなっていないが、そうなる運命にあるのだから、王と見做される。通常、〈神々〉や人間についても同じことが言える。すべての者が〈偉大な乗り物〉の〈正式に確約された乗員〉となり、必ず〈真実の教えが具現した体〉という清浄性を得る。そうなることに決まっているから、清浄性という言葉が適用されるのだ。
(423)

「豊かで巧みな導き」とは、［『論説』にはこうある。］

　〈覚りを求める者〉は、〈心を一つの対象に留め〉そして〈正しい智恵を起こして対象を観る〉という方法で、ある時は要を突くように、ある時はこと細かに実践し、しなやかな心を実らせるのだ。
(424)　　　　(425)
(426)

DTS206

大正619a

聖典292

「しなやかな心」とは完き心、すなわち、〈心を一つの対象に留め〉そして〈正しい智恵を起こして対象を観る〉という修行が、ある時は要を突くように、ある時はこと細かに、和合して為された時に、得られる心なのだ。恰も水面に映る姿に見入る男のように、そのためには、水が澄んで穏やかでなくてはならない。透明性と平穏性、どちらも欠くことの無い〔鏡の如き〕水面で無ければ、真面に映らないのだ。

『論説』には、「ある時は要を突くように、ある時はこと細かに、ものごとの真のありようを知る」とあるが、これは〈真実の相〉（あるいは〈それだ〉という真理性）として知ること。こと細かに言えば二十九種であり、要を突けば〈ただ一つの真理〉であって、どちらにおいても、〈それだ〉という真理性が存しているのだ。

『論説』には、「このように、豊かで巧みな手段で、価値あるものを《手ずから届ける》ことを完成する」とある。

「このように」とは、要を突こうが、こと細かに言おうが、先に述べたものすべての〈真実の相〉を指している、ということ。そう、これさえ分かれば、〈三種類の世界〉にいるあらゆる者の迷妄性、その認識への扉が開くのだ。その迷妄性を見れば、そう、慈しみの心が呼び覚まされるのだ。〈真実の教えが具現した体〉を、〈それだ〉という真理性〔あるいは真実性〕として認識する時、そう、心身を挙げて頼り切るという〔救いを求める〕心情が呼び起こされるのだ。以下に、〈覚りを求める者〉が駆使する「豊かで巧みな手段」、すなわち、慈しみに目覚めるというそれ、救いを求めるというそれ、を詳しく述べよう。

『論説』にはこうある。

「[自らが有する価値すべてを他者に]《手ずから届ける》という〈覚りを求める者〉の豊かで巧みな手段」とは何か？　それは礼拝等の五種の実践［礼拝・賛嘆・誓願・観想・親授〔《手ずから届ける》〕］から成り立つ、〔中でも、〕〈覚りを求める者〉

《〔精神的〕実現》

が獲得してきた価値あるもの、あるいは善き資質を、すべての者へ《手ずから届ける》ことにおいて、〔それは初めて〕成り立つのだ。そう、〈覚りを求める者〉は、支援を受け保身し得る悦びに浸かることを望まない、一方で、只管に願うのだ、あらゆる者がこの世で忍ぶ苦悩のすべてを晴らそうと。それゆえ、〈覚りを求める者〉は、その手を差し伸べ、あらゆる者を抱き上げ、そして言うのだ、「願わくは、共に〈覚った方の平和と幸福の国土〉に生まれん」と。これを「〈覚りを求める者〉が《手ずから届ける》ことを完成する豊かで巧みな手段」という。(429)

ラージャグリハ〔という城〕で説かれた『永遠の生命の経典』によれば、〈三つのグループ〉の者は、修行の内実に差異はあるものの、一様に〈最上の覚りを求める心〉を呼び起こしている。〈最上の覚りを求める心〉は、〈覚りの獲得を願望させる心〉に他ならない。〈覚りの獲得を願望する心〉とは、〈すべての者の全き救済に努める心〉に他ならない。〈すべての者の全き救済に努める心〉とは、すべての者を包摂して、〈覚った方の国〉へ生まれ行くようにしたいという願望に他ならない。それゆえ、〈平和と幸福の清浄な国土〉、そこへ生まれたいと願う者には、〈最上の覚りを求める心〉への覚醒が必須なのだ。

〔ただし、〕〈最上の覚りを求める心〉が呼び起こされることなく、彼の国の住人が快楽を終日享受していると聞き及び、その悦びだけを目的にして〈覚った方の国〉へ生まれ行くことを願う者には、〈清浄な国〉へ生まれ行くことは叶わない。それゆえ、「〈覚りを求める者〉は、支援を受け保身し得る悦びに浸かることを望まず、その一方で、只管に願うのだ、あらゆる者がこの世で忍ぶ苦悩のすべてを晴らそう」とある。「支援を受け保身し得る悦び」とは、アミダという〈真実の世界から現れた方〉が、彼の根源的な《悲願》の力をもって、〈平和と幸福の清浄な国土〉を支え保つからこそ、その住人は終日快楽を享受する、という意味である。

価値あるものを《手ずから届ける》こととは、すべての者が一人残らず、〈覚った方を成り立たせる道〉を目指すように、積み重ねてきた価値のすべてを与えるということである。
　豊かで巧みな手段とは、〈覚りを求める者〉が〈智恵〉という松明を掲げることだ、そう、木々や草々に擬えられる、すべての者の悪しき欲望を焼き尽くさんと。〈覚りを求める者〉は願っている、「〈覚り〉を得ないまま取り残される者が一人でもいたら、私は〈覚り〉を得たりはしない」と。全員が〈覚り〉を獲得していないうちに、〈覚りを求める者〉が〈覚り〉を得てしまうというのは、松明だけが燃え尽きるに等しい。松明は木々や草々を焼尽に帰せしめるための手段だ。木々や草々に火が移るより先に、松明の灯が消えてしまうなんて、役立たずにも程がある。〈覚りを求める者〉は、自らを後回しにして、その務めに励んでいるのだ。これを豊かで巧みな手段という。
　要するに、「豊かで巧みな手段」とは、〈覚りを求める者〉がすべての者を［その慈しみの心で］包摂し、共に〈平和と幸福に満ちた覚った方の国土〉に生まれようと願うことなのだ。〈覚った方の国土〉に住むことは、〈覚り〉を獲得するための唯一の道、そう、類い希にして、最善の策なのだ。(430)
　「〈覚りの道〉を妨げるもの」とは、『論説』にはこうある。
　　〈覚りを求める者〉が価値あるものを《手ずから届ける》ことを実現してこそ、〈覚りの道〉における三つの障碍を取り除くことができる。三つとは何か？
　　第一は「自己への執着」、これは〈智恵〉によって払拭される、なぜなら、〈智恵〉というものは、自己の享楽を追い求めることがないからだ。(431)
　　向上に努め、転落を避けることを「智」といい、〈空〉と無我[a]を

---

a　自我の意識が無いこと。

《〔精神的〕実現》

理解することを「恵」という。「智」によって自己の享楽を追い求めなくなり、「恵」によって自己への執着から解放されるのだ。

『論説』にはこうある。

第二は「不安な心情」。これは慈しみの心によって払拭される、なぜなら、慈しみの心［すなわち慈悲］というものは、すべての者の苦悩を解き放つからだ。(432)

「慈」とは苦を抜き取り、「悲」とは楽を与える。「慈」によってすべての者は苦悩を免れ、「悲」によって不安を晴らすのだ。

『論説』にはこうある。

第三は「傲慢な想念」、この想念に染まることで、〈覚りを求める者〉は自惚れる、自身は捧げ物を受け取るに値する者だ、尊敬の眼差しを浴びるに値する者だと。この想念を払拭するためには、すべての者を憐れむ心情に駆られること、豊かで巧みな手段［すなわち方便］を駆使して、その救済に尽くすことが求められる。(433)

「方」とは清廉にして実直なこと、「便」とは私心を離れることだ。清廉にして実直だから、すべての者を憐れむ心情に駆られる。私心を離れているから、自身は捧げ物を受け取るに値する者だ、尊敬の眼差しを浴びるに値する者だという自惚れを回避することができる。

この三つが、〈覚り〉から人々を遠ざけている心の病なのだ。(434)

「〈覚り〉に順応する心」とは、『論説』にはこうある。

〈覚り〉に順応しない三つの障碍に対して、〈覚り〉に順応する三種の心が断固として対峙する、それゆえ、〈教え〉が実現されるのだ。その三種の順応とは何か？

第一は「無垢にして清浄な心」。〈覚りを求める者〉は自己の享楽を一切求めない。(435)

〈覚り〉とは無垢にして清浄な住居なのだ。〈覚りを求める者〉が自己の享楽を求める、万一、そんなことが起きたら、〈覚り〉に抵

触してしまう。だから、「無垢にして清浄な心」は〈覚り〉と順応しているのだ。

『論説』にはこうある。

　　　第二は「安穏にして清浄な心」。〈覚りを求める者〉は、すべての者が苛まれる苦悩を根絶するのだ。(436)

〈覚り〉というものは、すべての者の清浄にして安穏なる住居なのだ。〈覚りを求める者〉が、すべての者を〈生死〉の苦痛の中に放置して、そこから救い出さない、万一、そんなことが起きたら、〈覚り〉に抵触してしまう。〔だから、〕すべての者の苦悩を根絶することは〈覚り〉と順応しているのだ。

『論説』にはこうある。

　　　第三は「幸福にして清浄な心」。〈覚りを求める者〉は、すべての者に〈大いなる覚り〉を獲得させる、すなわち、その者たちを一人残らず抱き上げて、〈清浄な国土〉に生まれさせるのだ。(437)

〈覚り〉というものは、永遠の幸福に包まれた住居なのだ。すべての者が必ず獲得するものなのだ。〈覚りを求める者〉が、永遠の幸福に包まれた生活をすべての人に渡さない、万一、そんなことが起きたら、〈覚り〉に抵触してしまう。〔それでは、〕どうすれば、この永遠の幸福を最終的に獲得できるのか？〈平和と幸福に満ちた覚った方の国土〉という〈偉大な乗り物〉の教説において獲得するのだ。それゆえ、〈覚りを求める者〉は、すべての者を一人残らず抱き上げ、あの国土に漏れなく生まれさせる、と言われるのだ。

以上が、「〈覚り〉に順応する三種〔の心〕という〈教え〉の実現」である。どうか忘れないで欲しい。(438)

「〔上述の〕言葉とその意味との間に横たわる差異性および包括性」について、〔『論説』にはこうある。〕

　　　前述した三種の概念、すなわち、智恵・慈しみ・〔豊かで巧

《〔精神的〕実現》

　みな〕手段、この三種はみな〈智恵(プラジュナー)〉を取り込んでいる。〔その一方で、〕〈智恵(プラジュナー)〉はそれ自体に〔豊かで巧みな〕手段を有している。どうか忘れないで欲しい。 (439)

　〈智恵(プラジュナー)〉の、「恵」(叡智(えいち))という文字が〈真実の本体そのもの〉を表わし、片(かた)や、「智」(知識)という文字が、顕現(けんげん)した〈真実の本体〉と仲睦(なかむつ)まじき〔豊かで巧みな〕手段となる。〔智恵という熟語になることで、〕〈真実の本体そのもの〉が把握(はあく)され、すべてが究極の静寂に包まれる。〔これこそ〈智恵(プラジュナー)〉なのだ。〕〈真実の本体〉を、その顕現(けんげん)を通じて看取すれば、個々の枝葉(えだは)を顧みる。〔これが〔豊かで巧みな〕手段なのだ。〕「智」(知識)とは、〈真実の本体〉の個々の枝葉(えだは)を顧みて、その一々に子細に対応するが、元来(がんらい)、無知なのだ。究極の静寂をいう「恵」(叡智(えいち))とは、やはり無知だが、個々の枝葉(えだは)を顧みることを忘れない。そう、智恵と手段とは依拠(いきょ)し合い、動静を同じくする。智恵は動にして不動なり。手段は不動にして動なり。それゆえ、智恵・慈しみ・〔豊かで巧みな〕手段、この三種はみな〈智恵(プラジュナー)〉を取り込んでいる。〔その一方で、〕〈智恵(プラジュナー)〉はそれ自体に〔豊かで巧みな〕手段を有しているのだ。

聖典295

DTS210

　「どうか忘れないで欲しい」というのは、智恵と〔豊かで巧みな〕手段とが〈覚りを求める者〉の両親〔だと肝(きも)に銘(めい)じること〕。この二つがそろわなければ、〈覚りを求める者たること〉が十分にならない。なぜか？　智恵無しに、すべての者のために何かを為しても、〈覚りを求める者〉の行為は倒錯(とうさく)してしまうからだ。〔豊かで巧みな〕手段無しに、〈真実の本質〉を観想しても、〈真実の本体〉の一面しか視野に入らないからだ。そこで、「どうか忘れないで欲しい」というのだ。

　『論説』にはこうある。

　　〈覚り〉における三つの障碍(しょうがい)については既に述べた。第一に「自己への執着(とらわれ)」、第二に「不安な心情(こころ)」、そして第三に、自身は捧げ物を受け取るに値(あたい)する者だ、尊敬の眼差(まなざ)しを浴びるに

値する者だという自惚れ、すなわち「傲慢な想念」のことだ。この三つの心の病を一掃することが、〈覚り〉への障碍を一掃することなのだ。どうか忘れないで欲しい。

あらゆるものごとは、それなりの障碍物になるものだ。一陣の風は静寂を破り、大地は河水の流れを阻み、湿気は延焼を防ぐようなことだ。〈五種の重罪〉と〈十種の悪行〉とは、〈神々〉の世界や人間の世界への再生を阻害する。［〈精神的自由の境地〉への］〈四種の曲解〉は、〈ひたすら教えを聞く者たち〉の正しい境地の獲得を妨げる。この三つ〔の心の病〕が一掃されなければ、〈覚り〉への道は緊と塞がれてしまう。「どうか忘れないで欲しい」というのは、〈覚り〉への障碍が無いことを願うなら、この三つを一掃しなければならない、〔と肝に銘じることなのだ〕。

『論説』にはこうある。

既に、「無垢にして清浄な心」、「安穏にして清浄な心」、「幸福にして清浄な心」について述べた。この三つの心が統一されると、そう、奇跡に満ちた、幸福に満ちた、最も勝れた、〈真実の心〉になるのだ。どうか忘れないで欲しい。

〔さて、〕歓喜というものには三種がある。第一は表面的な歓喜で、五感が認識するもの。第二は内面的な歓喜で、〔四段階の〕一から三までの瞑想がもたらすもの。第三は〈教え〉による歓喜、すなわち、〈智恵〉から生まれるものだ。この〔第三の〕歓喜は、〈覚った方〉が発揮する〔真の〕価値を、心から愛でる時に呼び覚まされるのだ。

前述の三つの障碍を一掃することで顕わになる、清浄性を有する三つの心とは、要するに、奇跡に満ちた、幸福に満ちた、最も勝れた、真実なる一つの心なのだ。「奇跡に満ちた」とは絶妙であること。〈覚った方〉との出会いから生まれるので「幸福に満ちた」という。〈三種類の世界〉で経験しうる、すべての歓びを超えているから、「最も勝れた」という。「真実の」とは、虚偽でなく、倒錯

《〔精神的〕実現》

してもいないということだ。(442)

『論説』には、「《悲願》が目指したものの完成」について、こうある。

　〈覚りを求める者〉は、このように、（1）智恵、（2）手段、（3）自在な心、（4）最も勝れた〈真実の心〉を駆使して、すべての者を〈覚った方〉の〈清浄な国土〉へ生まれさせるという、〔一大事業を〕成し遂げる。どうか忘れないで欲しい。(443)

「どうか忘れないで欲しい」というのは、〈覚った方〉の〈清浄な国土〉へ生まれ行くことを可能ならしめるのは、上記の〔（1）から（4）の〕四つの清浄性があってこそであり、その他のいかなるカルマの状況も成し得ない、ということを肝に銘じることなのだ。

『論説』にはこうある。

　これこそ〈覚りを成し遂げる偉大な者〉、その者は〈教え〉の五種の活動に遵じて、意の趣く儘に自在に務めを成し遂げる。先に述べたように、五種の活動、すなわち、身体、言語、意思、そして〈智恵〉プラジュナーと〔豊かで巧みな〕手段とが、〈教え〉に適っているからなのだ。(444)

「意の趣く儘に自在に」とは、この五種の活動という価値に溢れる力で、〔行者たちを〕〈覚った方〉の〈清浄な国土〉に生まれさせ、同時に、〔自らも〕望みの儘に、何処へでも自由に往来するということだ。身体の活動とは〈覚った方々〉に額ずくこと。言語の活動とは〈覚った方々〉を讃えること。精神の活動とは誓いを立てること。〈智恵〉プラジュナーの活動とは観想すること。豊かで巧みな手段となって機能する〈智恵〉プラジュナーの活動とは、「価値あるものを《手ずから届ける》」ということ。この五種の活動が調和すれば、〈清浄な国土〉へ生まれ行くことをいう教説に適い、そして、自在なる活動が遂行されるのだ。(445)

『論説』には、「救済の実践の完成」について、こうある。

　五つの〈門〉において、五種の価値に溢れるものが、次第を

経て実践される。どうか忘れないで欲しい。五つとは何か？
　第一の〈門〉は「敷地の入口」、第二の〈門〉は「仲間入り」、第三の〈門〉は「道場の玄関」、第四の〈門〉は「入室して着席すること」、第五の〈門〉は「原野に戯(たわむ)れるが如(ごと)く」だ。(446)

　この五つの〈門〉は、入門してから再び世界に出掛けていくまでの、〈覚りを求める者〉が向上していく課程を、順を追って叙述したものだ。第一は〈清浄な国土〉に入ること、すなわち、〈偉大な乗り物〉の〈正式に確約された乗員〉となることだ。〈覚りを求める者〉は今や〈比類なく完全な最上の覚り〉への道を歩み始めた。〈清浄な国土〉に入ったら、〈真実の世界から現れた方(かた)〉を長(ちょう)とする、数多(あまた)の仲間の一人になる。この大いなる集会に加わったら、修行と安穏(あんのん)の道場に入る。道場の中に入ったら、そこは正(まさ)に、務めるべき修行を終えた者が入室を許される部屋なのだ。〔そして、〕この務めを終えたからには、外に出て、伝道の務めを果たさねばならない。この伝道こそ、〈覚りを求める者〉が自己充足し得る境地。これぞ、彼の〈出(か)て行く段階〉、そう、戯(たわむ)れるが如(ごと)くに原野へ繰り出していく活動なのだ。

　この五つの〈門〉の中、第一から第四までの〈門〉は「入る」という価値の完成。第五の〈門〉は、「出る」という価値の完成だ。(447)

　〈入る〉、または〈出る〉という価値とは何か？『論説』の説明を引こう。

　　第一の「入る」〈門〉とは、〈覚った方(かた)〉であるアミダに額(ぬか)ずいて礼拝すること、彼の国に生まれたいと願うこと。行者たちはこうして〈平和と幸福の世界〉に生まれる。これを第一の「入る」〈門〉という。(448)

　〈覚った方(かた)〉を礼拝し、その〈覚った方の国土〉に生まれたいと願うことは、〈第一の段階〉における価値である。

　『論説』にはこうある。

　　第二の「入る」〈門〉とは、アミダという〈覚った方(かた)〉を讃(たた)

《〔精神的〕実現》

え、彼の〈名〉とその意義とに遵じて、〈真実の世界から現れた方〉の〈名〉を称え、〈真実の世界から現れた方〉の〈智恵の光〉に依拠して修行すること。行者たちはこうして大いなる集会に加わる。これを第二の「入る」〈門〉という。(449)

彼の〈名〉とその意義とに遵じて、〈覚った方〉を讃えることは、第二の段階における価値である。

『論説』にはこうある。

第三の「入る」〈門〉とは、一心に［彼の〈名〉に思いを馳せ、］彼の国に生まれようと願い、〈心を一つの対象に留めること〉すなわち静閑の瞑想を実践することで、〈蓮の母胎〉と呼ばれる世界に入ること。これを第三の「入る」〈門〉という。(450)

彼の国に生まれようと一心に願うのは、〈心を一つの対象に留める〉すなわち静閑を求める修行をしたいがため、それが第三の段階における価値である。

『論説』にはこうある。

DTS213

第四の「入る」〈門〉とは、〈覚った方〉の優雅な姿を、〈正しい知恵を起こして観る〉こと。こうして〈清浄な国土〉を獲得し、多彩な〈教えの妙味〉を享受する。これを第四の「入る」〈門〉という。(451)

「〈教えの妙味〉を享受する」とは、この〈正しい知恵を起こして観る〉という実践の中に、初めから具わっているものには、「〈覚った方の国土〉の清浄性を観想するという妙味」、「すべての者を包摂することから生じる〈偉大な乗り物〉の妙味」、「究極的かつ奸詐無き支援を受ける妙味」、「捧げ物をする・礼拝する・奉仕する・〈教え〉を流布するなどの、〈覚った方の国土〉のあらゆる妙味」がある、ということ。「多彩な」というのは、これらと、その他の種々の〈教えの妙味〉が、［〈覚った方の国〉を緻密に構成している］無数にあるものごと、その一つ一つから生まれてくるからなのだ。これが第四の段階における価値である。

『論説』にはこうある。

[「他者の救済のための根源的な《悲願》」が表明している《〔献身的な〕働きかけ》あるいは活動をいう、] 第五の〈門〉を〈出ていく段階〉という。すべての者が苦悩し災難に遭遇している、その様子を具に目にして、〈大いなる慈しみの心〉を有する〈覚った方〉は、その者たちを憐れむべき状況から救うためには、〈変化した体〉とならざるを得ない、ということだ。彼の方は〈生死〉の原野に、悪しき情欲の藪の中に分け入る、そこで、すべての者の教育と翻心に勤しむという使命を果たす。奇跡的な業を[誠実に]示し、[行いを自ずと然らしめる、何事も無かったかのように、それは恰も]遊び戯れるかのように。そう、この〔事態の〕すべては彼の方の根源的な《悲願》に由来し、それはあらゆる者の救済のために《手ずから届けられる》。これが[彼の方の活動の]第五の〈門〉なのだ、それは〈出ていく段階〉の中にある。(452)

「〈変化した体〉を用いる」ことには、例として、『白蓮のような真理の経典』の「すべてを見渡す（観音）という名の〈覚りを求める者〉の章」が挙げられる。

「遊び戯れるかのように」ということには二つの意味がある。第一には「自在」ということ。〈覚りを求める者〉が人々の救済を図るのは、ライオンが鹿を襲い倒すようなことで、難無くできることなのだ。ライオンにとっては戯れに等しい。第二には「何事も無かった[〈何もしない〉]かのように解放する」ということ。すべての者は究極的には〈実在しないもの〉だ、〈覚りを求める者〉はそのように認識する。〈覚りを求める者〉は無数の者を解放するが、〈真実性〉においては、解放された者は一人もいない。〈覚りを求める者〉は、遊び戯れるかのように、すべての者を解放するのだ。

根源的な《悲願》の力とは、〈覚りを成し遂げる偉大な者〉が、その〈真実の教えが具現した体〉で瞑想に留まっていても、様々

《〔精神的〕実現》

な姿で顕現し、その類い希な力を振るい、多様な方法で教えを説くということ。すべては根源的な《悲願》の力のなせる業なのだ。恰も〈阿修羅の琴〉のように。その音を聞くも弾く者を見ず。これこそ〈教えを説く段階〉という、〔真の〕価値に満ちた、第五の段階の特質なのだ。(453)(454) （抜粋）

〔以上、『論説の注釈』からの延々とした引用を総括して、親鸞は言う。〕　大正620c
　こうして、〈偉大な賢者〉の真実の言葉は、私を、「〈大いなる精神的自由の境地〉の《実現》は、われわれに《手ずから届けられた》根源的な《悲願》の力による」という諒解へ逢着せしめた。そして、〈戻ってくる《働き》〉〔の局面〕において〔真に〕価値あるものを《手ずから届ける》〔、すなわち、自らの《働きかけ》をこの苦悩に満ちた世界に向け直し、命あるすべての者を救済しようする〕ことで、〈覚りを成し遂げる者〉は自身の真正な意志を顕示しているのだ。

　それゆえ、〔『〈清浄な国土〉の論説』の〕著者〔ヴァスバンドゥ〕は、究極にして無限なる〈ただ一つの心〉という信念を伝え広めることで、忍耐〔を強いられる〕、汚濁〔に満ちた、〕この世界にいる多くの者たちを遍く啓発する。〔それを受けて、〕指導者〔〈偉大な師匠〉である曇鸞〕は、〈覚った方〉の〈大いなる慈しみの心〉から生まれる、「〔真に〕価値あるものを届けるという、二つの方向の《働きかけ》」という教理を解説する。これによって、その偉大な師匠は、〈他者たちを救済する、そして、他者たちは救済される〉という教理の深い意義を、われわれに広く知らせている。

　〔だからこそ、言いたい、〕われわれ〔後世のもの〕は、謹んでそれを受け入れるとともに、とりわけそれに感謝すべきなのだ。

〈清浄な国土〉の真実の《〔精神的〕実現》を解説する文集　〔終〕

---

a 　Nyorai's は旧編集者によって挿入されたと考えられるので削除して訳した。
b 　74頁の脚注 a 参照。

後　　注

（ 1 ）　語彙解説「名」参照。
（ 2 ）　語彙解説「どうにもならない愚か者」参照。
（ 3 ）　T. 12: 266b29-c17.
（ 4 ）　T. 11: 92b22-28.
（ 5 ）　大拙が"you"と訳した「若」という漢字を、親鸞は「もし」の意で読んだ。いずれの解釈も今のこの文脈では可能である。
（ 6 ）　T. 12: 279c27-280a2.
（ 7 ）　T. 37: 146b-147b（抜粋）。
（ 8 ）　T. 12: 268a24-25.
（ 9 ）　T. 12: 269b13-14, 23-24.
（10）　T. 12: 272b8-9.
（11）　T. 12: 272c11-13.
（12）　T. 12: 273a22-23.
（13）　語彙解説「ローケーシュヴァラ・ラージャという覚った方」参照。
（14）　T. 11: 94c29-95a3, 14-15.
（15）　T. 11: 98a17-19.
（16）　T. 12: 301b8-13.
（17）　T. 12: 281b27-c1.
（18）　T. 12: 281c6-9.
（19）　T. 12: 282c17-28.
（20）　鈴木の用いた底本における七つの誤記の内の一つ。坂東本によると、「国」は「間」である。しかし、ここでの「間」は「国」のことなので、両書に意味的な違いはない。
（21）　T. 12: 288b10-11, 29-c3, 6-7, 10-11, 14-15, 26-289a2.
（22）　T. 3: 184b10-13.
（23）　T. 32: 529a（抜粋）。
（24）　T. 26: 25c3-18.
（25）　T. 26: 25c18-26a10.
（26）　T. 26: 26b20-c13.
（27）　語彙解説「確約された者たちの一員」参照。
（28）　T. 26: 26c13-27a2.
（29）　T. 26: 29a9-15.
（30）　T. 26: 29a15-17.
（31）　T. 26: 41b2-6.
（32）　現存せず。
（33）　T. 26: 41b13-18, 42a28-b1, c2-5.
（34）　T. 26: 42c8-14.
（35）　T. 26: 42c14, 43a9-12.
（36）　T. 26: 43a13-14, 19-20, b10-13, 18-21, c9-14.

(37) T. 26: 230c17-18, 231a24-25.
(38) T. 26: 233a22-25.
(39) T. 26: 41b2-6（抜粋）。
(40) 語彙解説「正式に確約されている」参照。
(41) T. 40: 826a26-b16.
(42) 曇鸞のこと。
(43) ヴァスバンドゥのこと。
(44) T. 26: 230c14,「告白」とは「ああ、〈世界に尊敬される方〉よ」のこと。
(45) T. 26: 230c14-15.
(46) T. 26: 231b10.
(47) T. 26: 231b15-17.
(48) T. 26: 230c14-15.
(49) T. 26: 230c15.
(50) ナーガールジュナの『中論』・『十二門論』、彼の弟子のアールヤデーヴァの『百論』（語彙解説「三論」参照）、そして『大智度論』（語彙解説参照）など。
(51) T. 40: 827a11-15, 18-b2, 14-18, 18-c3.
(52) T. 26: 230c16-17.
(53) T. 40: 827c5-6, 10-25, 26, 27-28.
(54) T. 26: 231b23-24.
(55) T. 40: 836a20-24.
(56) T. 15: 646a（抜粋）。
(57) T. 9: 778c7-13; T. 10: 432c18-27.
(58) T. 9: 777b5-8, 779a23-26; T. 10: 431b3-5, 433b19-21; T. 47: 5b6-c10.
(59) 語彙解説『偉大な乗り物の書』参照。
(60) T. 25: 108c-109b（抜粋）、T. 47: 16a1-7.
(61) T. 47: 422c3-6；T. 47: 16c21-25.
(62) 現存せず。
(63) T. 47: 14a19-27.
(64) T. 8: 731b2-5.
(65) T. 12: 342a（抜粋）。
(66) T. 47: 439a24-b19.
(67) T. 47: 439c28-29.
(68) 『永遠の生命の卓れた経典』のこと。
(69) T. 47: 441a17-c28.
(70) T. 47: 447c3-6.
(71) M. 1-87: 908b16-909a7（抜粋）。
(72) T.12: 344b（抜粋）。
(73) T. 12: 268a26-28（抜粋）。
(74) 鈴木の用いた底本における七つの誤記の内の一つ。「経典」の文字は、坂東本には欠けているが、ほとんど影響がない。
(75) T. 12: 347b10-348a10（抜粋）。
(76) T. 47: 447c12-448a13.
(77) 親鸞自身がつけた注。
(78) T. 37: 246b9-11.

- (79) 語彙解説「南無阿弥陀仏」参照。
- (80) 語彙解説「《実践》」参照。
- (81) T. 37: 250a28-b1.
- (82) T. 12: 268a26-28（抜粋）。
- (83) T. 47: 27a16-20.
- (84) T. 47: 27c25-27.
- (85) T. 47: 448c23-24, 449a21, 452b14-15.
- (86) 語彙解説「南無阿弥陀仏」参照。
- (87) ドラフトでは come up であったが、DTS では call up に修正した。しかし、現在では come up のままの方が原意に近いと判断している。
- (88) 『永遠の生命の卓れた経典』のこと。
- (89) T. 12: 272b11.
- (90) 語彙解説の「注釈者」と「解説者」とを参照。
- (91) T. 26: 43a11.
- (92) T. 47: 474c22-25.
- (93) T. 47: 476b14-17.
- (94) T. 47: 475c12-16.
- (95) T. 47: 477b6, c8-9, 14-15, 478a1-2.
- (96) T. 47: 478c7, 479c14-21.
- (97) 鈴木の用いた底本における七つの誤記の内の一つ。「その白蓮」とは、鈴木の用いた底本では「此華」だが、坂東本では「一華」である。ただし、引用元の『浄土五会念仏略法事儀讃』は「此花」(T. 47: 480c8) とある。
- (98) T. 47: 480a1, 6-7, 9-10, c1-2, 7-8.
- (99) 親鸞はそう読んでいないが、「多くを聞き戒律を守る者」と「戒律を犯す重罪の者」が対になっているようにも見える旨を、DTS の後注に記したが、拙速であった。
- (100) T. 47: 481a3, b13-482a5.
- (101) より早い時期の翻訳があったので、現存の翻訳はここでは新訳と言われるのだろう。語彙解説『永遠の生命の瞑想の経典』参照。
- (102) T. 47: 486b9, 487b11-12, 「教えの本質を体現する」については語彙解説「真実の教えが具現した体」と「真実の本質」を参照。
- (103) T. 37: 147c12-14.
- (104) T. 3: 184c16-28.
- (105) T. 11: 95a25-28, 前注の『慈しみという白蓮の経典』と、この『永遠の生命という真実の世界から現れた方の集会』から引用された二文は『述文賛』には見つからない。
- (106) T. 37: 154b17-19.
- (107) T. 37: 165c21.
- (108) T. 37: 163b17-21（抜粋）。
- (109) T. 37: 163c5-8（抜粋）。
- (110) T. 37: 156c14-18（抜粋）。
- (111) T. 37: 159c18-19.
- (112) T. 37: 161a6-7.
- (113) T. 37: 170c28（抜粋）。
- (114) T. 47: 179a13-20.

(115) 典拠不明。
(116) T. 37: 285b11-16.
(117) T. 19: 147ab（抜粋）。
(118) T. 32: 582b, 590c（抜粋）。
(119) T. 46: 115a（抜粋）。
(120) T. 12: 343b23-26（抜粋）。
(121) 現存せず。
(122) T. 37: 283c18-284a13.
(123) T. 37: 356b11-16.
(124) T. 37: 362a22-24.
(125) T. 37: 362b13-17.
(126) 『瞑想の経典』のこと。
(127) T. 55: 523c26, 524c22（抜粋）。
(128) T. 50: 343c11-344a4（抜粋）、T. 37: 285b16-27.
(129) T. 37: 280a23-24.
(130) 語彙解説「元照」参照。
(131) T. 37: 280a16-17.
(132) M. 1-33: 97b15-18.
(133) 語彙解説「名」参照。
(134) 典拠不明。
(135) 『アミダの経典』のこと。
(136) 典拠不明。
(137) T. 37: 242c19-21.
(138) 現存せず。
(139) T. 47: 136c23-24.
(140) T. 12: 272b14.
(141) T. 12: 268a27.
(142) T. 12: 346a12-26（抜粋）、T. 84: 77a16-20.
(143) T. 84: 48a8-13.
(144) T. 84: 48a14-22.
(145) T. 84: 51b14-15.
(146) T. 84: 84a1-2, 3-4, 6-7.
(147) T. 83: 1b2.
(148) T. 83: 18c29-19a5.
(149) T. 40: 838b2-3.
(150) 語彙解説「《実践》」参照。
(151) T. 26: 43a20, 語彙解説「正式に確約された乗員」参照。
(152) T. 40: 829b9（抜粋）、語彙解説「〈正式に確約された乗員〉」参照。
(153) 語彙解説「真実の教えが具現した体〔からだ〕」参照。
(154) T. 47: 439b12-13.
(155) T. 47: 479c17.
(156) T. 37: 278b13.
(157) T. 12: 279a1-3.
(158) T. 37: 273c28-29（抜粋）。

(159) T. 47: 448a9.
(160) T. 37: 272a17（抜粋）。
(161) 以下の文の著者は、智昇ではなく、実際は善導である。語彙解説「『集諸経礼懺儀』」参照。
(162) 鈴木の用いた底本における七つの誤記の内の一つ。坂東本によると、「十声」は「十声聞」すなわち「10回、声に出す、あるいは聞く」と読むべきである。この引用元の『集諸経礼懺儀』も「十声」（T. 47: 466b2）であるが、他の版では「十声聞」である（T. 47: 466, 注 8）。
(163) T. 47: 466a26-b3.
(164) T. 12: 279a2.
(165) T. 37: 273c28.
(166) T. 37: 272a2.
(167) T. 47: 11a23-27.
(168) 語彙解説「《実践》」参照。
(169) T. 26: 233a21.
(170) T. 40: 843b27-c1. 本文中では『論説』の引用としているが、実際は『注釈』の引用なので、『注釈』の頁を指示した。（以下＊）
(171) T. 26: 233a22-23.
(172) T. 26: 233a23-24.
(173) T. 26: 233a24-25.
(174) T. 40: 843c2-22. ＊
(175) T. 26: 233a24-25.
(176) T. 26: 233a24-25.
(177) 語彙解説「正式に確約された乗員」参照。
(178) T. 40: 843c22-844a27. ＊
(179) T. 37: 279b21-24.
(180) T. 12: 443b23-26, 685a27-b2.
(181) T. 12: 515b10-13, 759b14-17.
(182) T. 12: 524c11-16, 769a22-28.
(183) T. 12: 526a11-13, 770b29-c2.
(184) T. 9: 429b18-21.
(185) 語彙解説「イッチャンティカ」参照。
(186) T. 84: 65a17-18に依れるか。
(187) T. 12: 273b5-8.
(188) T. 40: 840a4-8, 12-16.
(189) T. 40: 832b24-27.
(190) T. 37: 246a5.
(191) T. 47: 448c3-4.
(192) T. 47: 213b26（抜粋）。
(193) 語彙解説「観想的あるいは実践的な善行」参照。
(194) 「自ら進んで説く」とは「アミダ自身によって説かれたことを意味する」と一般には理解される。一方、「他者のために説く」とは大拙の解釈であり、通常は、アミダ以外の者、すなわち「ブッダによって説かれた教え」と理解されている。
(195) 語彙解説「《実践》」参照。

(196) T. 40: 827a9-13.
(197) これは『永遠の生命の卓れた経典』に説かれた四十八願の中、第十一願に相当する。語彙解説「根源的な《悲願》」参照。
(198) ここは一般的には、「曇天でも暗闇は無い」と理解される。
(199) 語彙解説「正式に確約された乗員」参照。
(200) 『永遠の生命の卓れた経典』のこと。
(201) 語彙解説「《働き》・《働きかけ》」参照。
(202) ここでの「善人」は「観想的あるいは実践的な善行」（語彙解説参照）に当てはまる。
(203) 十悪と五逆を犯した者。
(204) 語彙解説「観想的あるいは実践的な善行」参照。
(205) 語彙解説「愚かで頭を丸めただけ」参照。
(206) 語彙解説「正式に確約された乗員」参照。
(207) この一文は鈴木の用いた底本には現れず、山辺赤沼『教行信証講義』（562頁）のコメントを反映していると思われる。この文はドラフトには見られるが、鈴木の自筆草稿には欠けている。
(208) T. 12: 268a26-28.
(209) T. 11: 93c22-25.
(210) 第十八願成就に関する一節に見い出される「アミダの〈誠意〉ある《働きかけ》」については、通常、自力の回向として理解されているが、親鸞は他力の回向として読む。サンスクリット本には回向 pariṇāma に相当する語は無い。語彙解説「《手ずから届ける》」参照。
(211) T. 12: 272b9-12.
(212) T. 11: 97c22-26.
(213) T. 12: 273b15-16.
(214) T. 11: 101a25-26.
(215) T. 11: 101b19-c1.
(216) T. 26: 231b15-17.
(217) T. 26: 230c17; T. 40: 835b13-c2.
(218) （210）参照。
(219) T. 47: 422a29-b2.
(220) 語彙解説「善導」参照。
(221) T. 37: 269c29-270a4.
(222) T. 37: 261a20-22.
(223) T. 12: 344c11.
(224) T. 12: 344c13.
(225) T. 37: 270c23-27.
(226) T. 12: 344c12.
(227) T. 37: 270c27-271a10, 24-26. ドラフトでは「その行為が真にして実なるものの裡にあると確信させよう。こうした理由から［〈清浄な国土〉を願わしめる心は、］〈真に誠実な心〉と呼ばれる」とある。
(228) T. 12: 344c12.
(229) 語彙解説「観想的あるいは実践的な善行」参照。
(230) 『瞑想の経典』のこと。

(231) 語彙解説「多様な道」参照。
(232) T. 37: 271a26-b25, 272a11-28, 272b6-10, 272b12-13.
(233) T. 12: 344c12.
(234) 鈴木の底本には誤記が含まれている。そして、訳文はかなりドラフトと異なる。ドラフトを和訳すると、以下の通り。〈覚った方〉の命令を受けて〈清浄な国土〉を願う心……この願いは信じる者たちに沸き起こる、それは［アミダが］真にして実なる心の中から命じたものなのだ。
(235) T. 37: 272b13, 18-273b14.
(236) T. 47: 448a20-22.
(237) 語彙解説「『諸経典中の賛歌の集成』」参照。
(238) この節はかなりドラフトと違っている。ドラフトは次のように読める。
　　第二に、『深い心』とは真実の信じる心に他ならない、それは次のように確信することにある、「善き資質のほとんどない、〈三種類の世界〉を生まれ変わり続ける、〈炎に包まれている家〉から逃げ出すことのできない、邪な情欲を待つ私たちありふれた者たちは、アミダという〈覚った方〉の根源的な《悲願》を、今や、信じることになっているのだ」と。アミダという〈覚った方〉の誓いは、あまねく効果的であり、それによって、アミダの〈名〉を一回あるいは十回称える者は、一瞬たりとも〈覚った方〉の誓いに疑いを宿さないので、〈清浄な国土〉へ確実に生まれる。この心境こそ、〈深い心〉と呼ばれるのだ。
(239) T. 47: 466a26-b3.
(240) T. 55: 852b23, 879a10-11, 959a27-28（抜粋）。
(241) T. 9: 777a11-13, b19-22, 780a21-24; T. 84: 51a27-b6.
(242) T. 84: 56a23-24.
(243) 語彙解説「《実践》」参照。
(244) (210) 参照。
(245) T. 12: 269c11-17.
(246) T. 11: 95a24-b2, 5-8.
(247) T. 37: 271a5-10, 24-26.
(248) (210) 参照。
(249) T. 12: 443b25-26, c19-21, 685b1-2, 25-27.
(250) T. 37: 271a25-26.
(251) T. 12: 589c2, 3-4, 837b12-13, 13-14.
(252) T. 12: 272b9-10.
(253) T. 11: 97c22-23（抜粋）。
(254) T. 12: 556c14-557a2, 802c20-803a7.
(255) T. 12: 573c28-29, 821a7-9.
(256) T. 12: 575b28-c3, 822c8-12.
(257) T. 9: 788a29-b1.
(258) T. 10: 326c13-14.
(259) T. 10: 72b18-c1, 7-73a12.
(260) T. 26: 230c17.
(261) T. 40: 844a29.
(262) 語彙解説「観想的あるいは実践的な善行」参照。
(263) (210) 参照。

(264) T. 12: 272b10-12.
(265) T. 11: 97c23-26.
(266) T. 26: 231b23-24.
(267) T. 40: 836a20-27. *
(268) T. 26: 232b22-24.
(269) T. 40: 841b4-9 （抜粋）。*
(270) T. 40: 843b19-21. *
(271) T. 37: 272b18-23.
(272) T. 37: 245c10-12, 21-22.
(273) T. 37: 258a11-15.
(274) T. 37: 265a23-24.
(275) 語彙解説「観想的あるいは実践的な善行」そして「多様な道」参照。
(276) T. 40: 842a15-26.
(277) T. 12: 348a20.
(278) T. 12: 348a20.
(279) T. 37: 363b17-18.
(280) T. 37: 363c1-4.
(281) T. 37: 363b18-19, c5-6.
(282) T. 12: 274b23-24.
(283) 典拠不明。
(284) 語彙解説「九種の段階」参照。
(285) M. 1-33: 283b12-284a3.
(286) T. 47: 228c4-9.
(287) (210) 参照。
(288) T. 12: 272b9-11.
(289) T. 11: 97c22-23 （抜粋）。
(290) T. 12: 273a22.
(291) T. 11: 98b17.
(292) T. 12: 575c24-576a1, 823a7-13.
(293) T. 37: 272a17, 272b （抜粋）。
(294) T. 12: 272b9.
(295) 語彙解説「正式に確約された乗員」参照。
(296) 善導のこと。
(297) T. 37: 272a17 （抜粋）。
(298) 語彙解説「一つの対象への瞑想」参照。
(299) T. 40: 842a19-20.
(300) T. 40: 832a24-27.
(301) T. 37: 267a27-b1.
(302) T. 46: 4a19-21.
(303) 語彙解説「三つのグループ」参照。
(304) T. 12: 267c6.
(305) T. 12: 269b9, 13-14.
(306) T. 12: 274b22-24.
(307) T. 12: 311c27-29.

後　　注

(308)　T. 12: 273b18.
(309)　T. 12: 289a2（抜粋）。
(310)　T. 12: 527a17-19, 771c9-12.
(311)　T. 47: 456a9-12.
(312)　T. 47: 439c3-8.
(313)　T. 12: 268c15-17.
(314)　T. 12: 268c18-20.
(315)　T. 11: 94b8-10（抜粋）。
(316)　T. 12: 273b15-16.
(317)　T. 12: 275b6-7.
(318)　T. 11: 101a18（抜粋）。
(319)　T. 11: 101a25-26.
(320)　T. 12: 346b12-13.
(321)　T. 13: 73c（抜粋）、T. 47: 4c3-7.
(322)　T. 12: 469c, 712bc（抜粋）。
(323)　T. 12: 469c, 712bc（抜粋）、T. 47: 14c29-15a6.
(324)　T. 25: 109a-110a（抜粋）、T. 47: 15a26-b8.
(325)　T. 12: 272bc（抜粋）。
(326)　T. 47: 7b15-20.
(327)　T. 12: 956c（抜粋）、T. 47: 17a19-22.
(328)　T. 47: 450a14-15, 451a20-21, 24-25.
(329)　漢字の「教」は、「教えること・教え」の意と、使役を表す補助動詞としても使われるので、大拙の翻訳は間違ってはいない。しかし、親鸞は「自ら信じ、他者に教えて信じさせる」と読み、漢字の「教」に、使役と「教えること」の両者の意を持たせたことが、坂東本によって知られる。

坂東本に基づくテキストは1958年に出版された。それは大拙が『教行信証』の翻訳に取りかかる前の年であるが、彼は親鸞のルビや送り仮名のないものを底本にした。彼は1942年に出版した浄土思想の本でも、これを使用していたので、これは彼の愛用本だったのであろう。

(330)　T. 47: 442a2-3, 6-7.
(331)　T. 47: 446b6-9.
(332)　T. 47: 25b1-3.
(333)　T. 37: 260c5-10.
(334)　T. 37: 278a9-22.
(335)　T. 12: 272b9-11.
(336)　T. 9: 42b（抜粋）。
(337)　『永遠の生命の卓れた経典』のこと。
(338)　この文は王日休の原文には見られない、おそらく親鸞によって付加されたのだろう。
(339)　T. 47: 283a20-24.
(340)　T. 12: 278b28-c1.
(341)　T. 11: 100c1-3.
(342)　『阿弥陀経疏超玄記』のことだが現存せず。
(343)　T. 47: 215a16.

(344) 語彙解説「九種の段階」参照。
(345) T. 47: 187a27-b3.
(346) T. 47: 449a7.
(347) T. 47: 430c19-20.
(348) T. 47: 449a9.
(349) T. 12: 426c3-4, 668a4.
(350) T. 47: 435b2-3.
(351) 語彙解説「事実として愚かで、戒律を守る僧侶でも信者でもないが、真のブッダの弟子だと自負する親鸞」参照。
(352) T. 12: 431b24-c2, c4-5, 673a1-8, 11-12.
(353) 語彙解説「デーヴァダッタ」参照。
(354) 『大乗涅槃経』では、この文の主語は「私」のことである（T. 12: 480b13, 723b20)。しかし、鈴木が用いた底本（坂東本も）には欠けているため、鈴木は主語を「君」のこととした。
(355) 頭、首、鼻、両腕、両足、すなわち体全体のこと。
(356) T. 12: 474a25-480b21, 717a13-723c28（抜粋)。
(357) 鈴木の用いた底本における七つの誤記の内の一つ。「ジーヴァカは応えた」をいう句は、坂東本や『大乗涅槃経』の北本（T. 12: 481a13）には欠けている。しかし、南本（T. 12: 724a21）には見いだせる。
(358) 鈴木の用いた底本における七つの誤記の内の一つ。坂東本では「汝命」ではなく、「於汝」となっている。『大乗涅槃経』北本（T. 12: 483c20）と南本（T. 12: 727a7-8）でも同様である。しかし、南本の他の版では「汝命」となっている（T. 12: 727, 注5）。
(359) 鈴木の用いた底本における七つの誤記の内の一つ。坂東本では「真実」ではなく「実親」となっている。『大乗涅槃経』の北本（T. 12: 484a14)、南本（T. 12: 727b2）も同様であるが、他の版本では「真実」になっている（T. 12: 727, 注15）。
(360) T. 12: 480c6-15, 17-481a1, 12-b3, 13-14, 482c4-15, 483c2-484b3, 9-19, 484c8-485b11, 723c10-19, 21-724a7, a20-b8, 21-23, 725c16-27, 726c17-727b21, 27-c10, 28-728c4.
(361) T. 12: 565b3-566a17, 811c18-812c6.
(362) T. 12: 268a27-28.
(363) T. 11: 93c24-25.
(364) T. 12: 268a26-28（抜粋)。
(365) T. 12: 346a12-22（抜粋)。
(366) T. 12: 346a12-22（抜粋)。
(367) T. 8: 304c27-305a27（抜粋)。
(368) 典拠不明。
(369) T. 12: 346a13-22（抜粋)。
(370) 親鸞自身がつけた注、T. 15: 633b5-8（抜粋)。
(371) T. 12: 346a16.
(372) T. 40: 834a14-c26.
(373) T. 3: 175c8, 大拙の英訳では「諸々の経典」とあるが、実際は『慈しみという白蓮の経典』のこと。
(374) T. 37: 277a22-b11.

後　　注

(375)　T. 47: 426a1-5（抜粋）。
(376)　T. 29: 94b23-25.
(377)　T. 9: 336b1-12.
(378)　T. 13: 737a26-b3; T. 39: 243c4-8（抜粋）、T. 84: 94a21-b13.
(379)　T. 12: 268a11-12. 語彙解説「根源的な《悲願》」参照。
(380)　(379) 参照。
(381)　(379) 参照。
(382)　T. 11: 93c7-8.
(383)　T. 12: 272b6-8.
(384)　T. 12: 271c4-9.
(385)　T. 11: 97c16-19.
(386)　T. 26: 231c26.
(387)　T. 40: 838a13-17. ＊
(388)　T. 26: 231c27.
(389)　T. 40: 838a18-27. ＊
(390)　T. 26: 231c28-29.
(391)　T. 40: 838a28-b5. ＊
(392)　T. 40: 838b22-24. ＊
(393)　T. 26: 231c8-9.
(394)　T. 40: 836c18-21. ＊
(395)　語彙解説「二人の覚った方」参照。
(396)　T. 47: 422a19-22; T. 47: 19b6-14.
(397)　T. 37: 246b9-16.
(398)　T. 37: 263a17-23.
(399)　語彙解説「命が尽きる前に完全な覚りが担保される」参照。
(400)　T. 26: 233a19-22.
(401)　T. 26: 231b24; T. 40: 836a24-27.
(402)　T. 26: 232b1, b3.
(403)　抜粋。
(404)　T. 12: 268b8-14.
(405)　語彙解説「シャーリプトラ」参照。
(406)　語彙解説「アングリマーラ」参照。
(407)　T. 26: 232b3-4.
(408)　T. 26: 232b5-7.
(409)　T. 26: 232b7-10.
(410)　DTS には all things とあるが、元々は「衆生」のことである。鈴木は、通常、「衆生」を「all beings 命あるすべての者」と英訳している。
(411)　T. 14: 549b6-7.
(412)　T. 26: 232b11-15.
(413)　T. 26: 232b15-18.
(414)　T. 38: 327a18-20.
(415)　T. 26: 232b19-21.
(416)　T. 40: 840a17-841b3.
(417)　T. 26: 232b22-24.

(418)　T. 26: 232b24.
(419)　T. 26: 232b24-25.
(420)　T. 26: 232b26.
(421)　T. 26: 232b26-c2.
(422)　「一つでは無く、異なっている」は、大拙が使用した底本と坂東本（真蹟集成1-369）では「異なっていない、一つである」（不得異不一）となっている（ちなみに、DTSでのdifferent and not oneは誤訳で、not different and oneとしなければならない）。
　　　　しかし、この箇所の引用元の『論説の注釈』（論註）の諸本間では特異な様相を示している。大正蔵本（T. 40: 841c13-14）では「異なってもいないし、一つでもない。一つでないとは……」（不得異不得一不一）となっていて、これは1256年に親鸞が加点した本（真蹟集成7-372）でも同じである。ところが、「親鸞加点本に先立って比叡山に存在していた」（取意）とされる、現存最古（1138年写）の金剛寺蔵本（日本古写経善本叢刊第3輯276頁、および「解題」337頁参照、国際仏教学大学院学術フロンティア実行委員会、2008年）では、坂東本と同じく「異なっていない、一つである」（不得異不一）なのである。ということは、親鸞は『教行信証』坂東本の執筆に際して、自らの加点本系では無く、金剛寺蔵本系の『論註』を用いた可能性があると言うことができる。
(423)　T. 40: 841b3-c27.
(424)　語彙解説「ただ一つの真理」参照。
(425)　語彙解説「二十九種の装飾」参照。
(426)　T. 26: 232c3-4.
(427)　T. 26: 232c4.
(428)　T. 26: 232c5.
(429)　T. 26: 232c5-9.
(430)　T. 40: 841c27-842b5.
(431)　T. 26: 232c10-12.
(432)　T. 26: 232c12-13.
(433)　T. 26: 232c14-15.
(434)　T. 40: 842b5-18.
(435)　T. 26: 232c16-18.
(436)　T. 26: 232c19.
(437)　T. 26: 232c19-21.
(438)　T. 40: 842b19-c6.
(439)　T. 26: 232c23-24.
(440)　T. 26: 232c25-27.
(441)　T. 26: 232c28-29.
(442)　T. 40: 842c7-843a6.
(443)　T. 26: 233a1-2.
(444)　T. 26: 233a3-4.
(445)　T. 40: 843a6-18.
(446)　T. 26: 233a5-7.
(447)　T. 26: 233a8-9.
(448)　T. 26: 233a9-10.

後　注

- (449)　T. 26: 233a11-13.
- (450)　T. 26: 233a14-16.
- (451)　T. 26: 233a17-19.
- (452)　T. 26: 233a19-22.
- (453)　語彙解説「教えを説く段階」参照。
- (454)　T. 40: 843a18-c1.

索　引

あ行——

アヴィーチという最も過酷な地獄……168, 170, 180, 186, 196, 201

アヴィヴァルティカ……………161

アジャータシャトル……2, 17-18, 165, 170, 176-182, 185-187, 190

アミダ……viii, 2-3, 6-7, 14, 23, 27-30, 32-33, 37, 40-55, 59-61, 64-66, 68-70, 72, 74-75, 81, 83, 88, 90-95, 102, 104-105, 107-113, 118-123, 125, 127, 133-136, 141-143, 146, 148-149, 151, 153, 158-160, 162-163, 195, 198-200, 203, 208-209, 211-215, 218-219, 231, 238, 247-249

阿弥陀経疏超玄記………………251

アミダの経典…45, 51, 82, 110, 112, 141, 246

アミダの大経典…………………151

あらゆる智恵に満たされた国土……106

あらゆるものごと………………124, 236

あらゆるものごとの世界……74, 157, 214

安楽集………37, 39-40, 71, 155, 213

偉大な乗り物………31, 34-35, 38-39, 58, 77-78, 82, 92, 131, 139, 150, 155, 165, 195, 198, 205, 208, 229, 234, 238-239, 244

偉大な乗り物という教理の論説………59

一から三までの瞑想……………236

一度でも思いを馳せる……………107

一度念じる………………104, 127, 146

一念……38, 69, 94, 104, 128, 137, 146-148, 151, 161-162, 200, 217, 223-224

一千の覚った者の出現する国………40

イッチャンティカ…………165, 203, 247

五つの汚れ…………………………51

五つの超人的な能力……………181, 190

五つの門………30, 32, 34-35, 74, 237-238

五つの欲望…………………………51

命が尽きる前に……………………215

命が尽きる前に完全な覚りが担保される………………76, 219, 253

因果関係……………………35, 165

因果の法則…………………51, 182

ヴァイデーヒー………2, 94, 159, 162, 166, 192-193

ヴァスバンドゥ……30, 32-36, 89, 92-93, 107, 133, 138, 218, 241, 244

ヴィパシュインという覚った者……190

エーランダ……………37, 38, 185, 186

永遠の生命の経典……10, 45, 47, 140, 231

永遠の生命の卓れた経典…6-7, 10, 15, 56, 88, 196, 219, 244-245, 248, 251

永遠の生命の瞑想の経典………54, 245

永遠の生命という真実の世界から現れた方の集会………8, 15, 55, 104, 124, 154, 209, 245

慧沼………………………………204

大いなる慈しみ……20-21, 24, 31-32, 37, 42, 59-60, 66, 71, 92, 94, 111-112, 118, 120, 122, 126-128, 132-136, 148-149, 156-158, 178, 195, 203, 214-217, 240-241

大いなる死（Nirvāṇa）…………105, 118

大いなる十億の世界………40, 43, 63, 113

行い（karma）………………29, 61, 167

教え（Dharma）………2-3, 15-16, 18-21, 23-26, 28, 31, 36, 49, 51-52, 55, 57, 62, 66, 72, 75, 77, 79-80, 84, 87, 90, 94, 103-107, 114, 123, 129-132, 134, 153-156, 158,

160, 163, 165, 173-175, 178, 186, 188-189, 191, 194-198, 201-205, 214-215, 217-218, 220, 222-226, 228, 233-234, 236-237, 239
教えそのもの……………………226
教えという宝……………………127
教えの蔵………………………6, 130
教えの宝…………………………117
教えの本質………………viii, 54, 245
恩恵をもたらす要因……………47, 214

か行──

解説者………………………98, 245
解放されること…………………184
戒律………6, 14, 19, 51, 53, 60, 62-63, 77, 98, 102, 114, 141, 146, 205, 208, 245, 252
ガウタマ…………………175, 192-193
限りなく清浄で普遍的な覚りの経典…17
確実に保証する正しい実践…………67
過去・未来、現在…………………189
価値あるものの核心………………14
可能にする要因……………………69
神々の四つの世界…………………77
亀の毛……………………………34
仮初め……………………187, 194
カルマ（karma）……3, 42, 48, 82, 115, 171, 182-183, 185, 190-191, 198-199, 205, 212-213, 228, 237
完全で大いなる精神的自由の境地…137, 162, 177
観想的あるいは実践的……83, 98, 139, 151, 163, 247-250
ガンダルヴァの城………………184
九種の段階………50, 110, 150, 212, 250, 252
教説…………i, vi, 2-4, 6-8, 10-11, 51, 95, 215
浄き国………………………50, 52-54
虚無主義…………………………185
極めて重い罪の者…………………94

禁制………………………………182
空…………………………37, 232
空虚……………………81, 85, 172
愚かで、…僧侶でも信者でもない……6, 14, 98, 102, 146, 208, 252
決して後戻りしない……15, 18, 24, 26-27, 30-31, 49, 57, 62, 82, 104, 114, 131, 134, 146, 161, 203
原因と条件………………………69
元嘉年間…………………………62
源空…………………………67, 95
源信…………………………65, 94
原理………………………7, 9-10, 171
行為（karma）………31, 83, 123, 170
効果をもたらす要因………………83
光明寺の師匠………41, 70, 82, 124, 136, 147-149, 153, 157, 163-164, 201, 203
虚空……………………34, 125, 214
心を入れ替えることが困難な三種の者たち………………………195
心を一つの対象に留めそして正しい智恵を起こして対象を観る……135, 216, 229-230
五種の汚れ……………30, 90, 108, 112
五種の重罪……20, 54, 62, 75, 103-105, 107, 114, 134, 165-166, 175, 177, 195-198, 201-205
五種の不思議……………………220
五種類の視覚………………10, 108
この上ない慈しみによる悲願………14
根源的な悲願………7, 14-15, 28, 30, 33, 43-45, 48, 56, 67, 70, 72, 75-76, 78, 80-81, 84, 86, 88, 90-92, 94-95, 103-104, 113, 119, 136-139, 141-143, 146-147, 152, 158, 162-163, 195, 216, 219, 220, 231, 240-241, 248-249, 253

さ行——

最上の覚り………8, 10, 15-16, 19, 22-23, 27-28, 30, 45, 47, 52, 61, 65, 68, 73-76, 78, 103-105, 128-129, 134, 140, 149, 151, 154, 162, 165, 170, 175, 177, 179, 186-187, 190, 209-212, 220, 223, 231, 238

最低の階級の中の最低の段階にいる者………………198, 201-202

覚った方々の中のアミダという無上にして完全な覚りを得た方が人々を救済する経典……………16

覚った方の教説とは異なる学派………31

覚った方の現前という瞑想………20-21

覚った方の現前という瞑想の経典……52

覚った方の名を称える……51, 57, 67, 114

覚った方（者）を念じる……20, 37-38, 43, 49, 51-55, 60, 62, 65, 68, 71-72, 82, 84, 91, 102, 111, 113, 156, 158-160, 162, 200

覚った方を念じる瞑想……37-39, 49, 51, 59, 62, 64, 157

覚り、その本性……………………189

覚りという超越性………………125

覚りという智恵…………………20

覚りとなるもの…………………79

覚りに至るための六種の行為……20, 22, 61, 79, 128

覚りの糧………………………20

覚りの本性………128-129, 163, 177

覚りを求める心………38-39, 140, 190

覚りを求めるダルマーカラ………89

賛歌………32, 46, 50-52, 62, 119, 213

三回の講義…………………162

三賢人の序列にある者…………214

三十三番目の世界………………191

三十二の大いなる徴………227, 229

三種の悪しき生存状況…17, 21, 77, 182, 198

三種の障害…………………38

三種の体………………42, 61

三種の認識……………………94

暫定的………71, 84, 88, 139, 150, 153, 163, 194, 220

詩………28, 30, 32-33, 35-36, 81, 89, 107, 133, 166, 168-169, 173, 187, 190, 204, 210-212, 215, 221-222, 224-226

死（Nirvāna）………………194

ジーヴァカ……173-174, 176, 178-180, 186, 193, 252

自己の向上……30-31, 73-74, 109, 125, 221, 227

自己の力………31, 59, 67, 77, 84, 93, 133, 139

実現……i, viii, 2, 4, 6, 18, 23, 35, 42, 51, 55-56, 61, 67, 69, 71, 74, 76, 84-85, 90, 92, 94-95, 102, 104, 114-115, 124, 154, 162, 179, 203, 208-209, 214-215, 218, 232-234, 241

実現する要因……………………90

実在主義………………………185

実践…i, vi, vii, 3-4, 6, 13-14, 20, 22, 26, 31, 34, 39, 40-42, 47-48, 50-51, 54-56, 59, 63, 67-69, 71-72, 74, 76, 88, 90, 91, 93, 95, 98-99, 101-102, 106-107, 109, 111, 113-115, 117-120, 123-124, 127, 131-132, 136-138, 143, 145-146, 148, 150, 153, 156-159, 162, 206, 208, 215, 220, 226, 229-230, 237-239, 245-247, 249

シッダールタ……………………175

娑婆………………117, 138, 158

シャマタとビパシャナーの書………150

シャマタとビパシャナーの論説………59

十億の世界…………………65-66

十七行の詩句……………221, 226

十二に分けられる（経典）……………35

十二部…………………………147

十の実践………………………159

十の信頼………………………159

259

十の段階……24, 214, 220
十の段階に居する聖人……214
十の段階を説く経典……218
十の段階を説く経典の注釈……20, 30
修行中……89, 111, 156
修行に就いていた時……203
手段……viii, 20, 23, 48, 88, 102, 127, 130, 135, 150, 216, 221, 230-233, 235, 237
十回思いを馳せる……198-201
出家者（śramaṇa）……124
十種の力を有する比類なき者……16
生死（transmigration）……118
清浄な国土……2, 3, 13-14, 28, 31-32, 34, 36-37, 43, 45-47, 50, 54-58, 62, 64, 67-70, 75, 77, 81, 84-85, 87-90, 93-95, 97-99, 101-102, 104, 107-110, 112-115, 117-121, 124, 131, 133-138, 140-143, 145-146, 149, 151-153, 157-158, 160-161, 163, 195-196, 198, 201-203, 206-208, 210-214, 216, 218-220, 222, 229, 231, 234, 237-239, 242, 248-249
清浄な国土の論説……29, 81, 92-93, 134, 138, 210, 216, 241
清浄な国土の教説……1-2, 4-6, 11, 14, 50, 58, 67, 131, 163
清浄な国土の真実の教理……6, 215
生ずることがない……34
心境（samādhi）……10
真実の教え……viii, 69, 224
真実の教えが具現した体……49, 72, 74, 78-79, 156, 208, 217, 223, 225-230, 240, 245
真実の世界から現れた方（者）……ix, 7, 31-33, 35, 37, 48, 68, 72, 74-75, 78, 80-81, 88-92, 94, 98, 102-103, 105-107, 120, 122, 125-129, 133, 135, 138, 141, 143, 199, 201-202, 209, 212, 215, 219, 221, 226, 231, 238-239
真実の場……163

真実の本質……viii, 78, 106-107, 208, 214, 217, 227, 235, 245
真実の本体……7, 10, 14, 33, 37, 49, 63, 78, 88, 102, 106, 132, 137-138, 150, 208, 227, 235
信じる心……42, 69-70, 95, 103, 119, 121, 126, 128-129, 131, 147, 149, 249
信心……102
信念……15, 25, 241
信頼（believing mind）……129
信頼（faith）……i, vii, 2-4, 6, 14, 26, 29, 31-32, 52, 58, 60, 63-64, 68-69, 75, 77, 85, 87, 88, 90-91, 93, 98, 101-104, 106-107, 109, 112-115, 119-122, 126-131, 133, 136-142, 146-148, 158-159, 161-162, 165, 195, 199, 208, 214-215
真理（Dharma）……73, 211, 226-228
真理（Suchness）……79
真理から現れた方（者）……ix, 4, 7-10, 14-16, 20-22, 32, 49-50, 54, 76, 87, 91, 98, 106, 108, 124, 129-132, 147, 175, 178-179, 186, 188, 191, 194, 213, 220, 224
卓れた経典……9, 47, 69, 80, 103, 123, 127, 142, 146, 151-152, 154, 157, 161, 195, 209, 213-214
すべての者に覚りを予告する……162
すべてを知り尽くす智恵……24
正式に確約された……31, 68, 76, 102, 148, 198, 208-210, 229, 238, 246-248, 250
聖者のための教説……67
精神的実現……i, vii, 4, 77, 207-208
精神的自由……24, 37, 50, 64, 74, 93, 110, 115, 118, 130, 157
精神的自由の境地……21, 71, 76, 78, 90, 102, 121, 130, 138, 152, 154, 167, 176-179, 184-185, 208-210, 213, 219, 227, 236, 241

世界に尊敬される方（者）……7-9, 19, 42, 105, 108, 152, 156, 164, 174-175, 178, 185-188, 190, 244
禅……iv, 163
善見……86, 190, 192-194
選択本願念仏集……67
禅宗……64, 162
善導……iv, 46, 69, 71, 94, 111, 119, 137, 247-248, 250
千の三乗の世界……46
装飾……63, 81, 222, 254
僧侶だろうと信者だろうと……58, 95, 140
それ（Suchness）……48, 73, 79, 88, 92, 208-209, 222, 230
尊敬されるべきすべての方（者）……103, 105

た行──

第一の成果……21, 68
醍醐……67
醍醐という乳脂肪のエッセンス……155
第五の門……30, 73, 136, 216, 238, 240
第十という最終の段階……159
大智度論……74, 156, 244
宝の国……117, 158
他者の救済……30, 72-75, 109, 123, 125-127, 133, 136, 195, 208, 216, 221, 227, 240-241
他者の力……31, 68, 72, 77, 84, 88, 93, 139
正しい信頼という覚った方を念じることの賛歌……89
正しい知恵を起こして観る……239
正しい道……67, 111, 150
ただ一つの真理……226-228, 230, 254
縦……82, 139-140, 150
多様な道……67, 249-250
ダラーニ……30, 35-36, 154
ダルマーカラ……16, 36, 81, 89, 124, 151
ダルマクシェーマ……19

小さな乗り物……77, 139
智恵……2, 8-9, 20, 27-28, 33, 36, 42-43, 48, 55, 57, 59-61, 73-74, 80-81, 86-88, 90, 94, 105-106, 111, 115, 123, 125-126, 130, 149-150, 155-156, 158, 175, 197, 210, 213, 232, 234-237, 239
智者……163
注釈者……49, 91, 98, 245
超越的な知性……24
治療しがたい三種の病……195
月を想う瞑想……178-179
ディーパンカラ……23
デーヴァダッタ……2, 167, 175, 190-193, 252
手ずから届ける……viii, 30, 36-37, 55, 61, 73, 83, 102, 104, 118-119, 134-135, 141, 147, 208, 215, 230-232, 237, 241, 248
手にし得る謂われなど無いはずの信頼……186, 194
道綽……93
曇鸞……40, 68, 74, 88, 93, 107, 213, 241, 244

な行──

名…「名」参照
ナーガールジュナ……20, 30, 32, 68, 92, 218, 244
七種の貴重な宝……229
七種の宝石……53
何もしない……95, 138, 153, 208-209, 214, 227-228, 240
南無阿弥陀仏……20, 67, 71, 198, 245
二巻の経典……64
西……27, 42, 50-52, 54, 115-118, 158, 163, 213-214
二十九回目の生存……22, 68
二十五人の覚りを成し遂げる方……45
二種の幻影……142
ニルヴァーナ……219
ニルヴァーナの経典……78, 125-126, 128,

147, 152, 155-156, 164-165, 176, 178, 190, 195

は行——

計り知れない覚りを有する者…………18
計り知れない清浄性を有する覚った方（者）……………………17-18
蓮の母胎……………………………239
働きかけ………viii, 6, 36, 56, 93, 102, 104, 134-136, 146, 216, 240-241, 248
八十の極めて優美な徴……………227
八種の困難な境遇…………………148
八種の正しい実践……………………29
果てしない海原………………………2
万人のための覚りの経典……………9
悲願‥vii, 2-3, 6-7, 14-18, 30-31, 42-43, 46-50, 55-57, 59-60, 63, 65, 69, 71-72, 75-76, 80-81, 84-85, 87-94, 98, 102-103, 110, 118-122, 124-127, 135-136, 138-139, 147-151, 156, 158-159, 195, 202-203, 208-209, 214-216, 226, 237
悲願に応えた体………………57, 209,
悲願に応えた体と変化した体………223
悲願に応えて現れた国土……49, 87-88, 93-94, 127, 151, 161
悲願に応えて現れた覚った方………88
悲願の達成をいう文……15, 127, 134, 209
ひたすら教えを聞く者たち……22, 24, 31, 209, 236
等しき味………………………………188
一つの心………32, 44-45, 71, 79, 89, 92, 98, 102, 110, 113-114, 121-122, 133, 138, 147-150, 152, 236, 241
一つの思念……………………………139
一つの対象への瞑想……………41, 250
独りで覚る者………………22, 24, 165, 206
白蓮……50-52, 86, 91-92, 155, 160, 223, 245
プーラナ・カーシャパ……………167, 176

二つの真理……………………………36
二つの乗り物……78, 80-81, 105, 137, 150, 157, 219
二人の覚った方……………………213, 253
物心に亘る二種の財宝………………61
ブッダ（Śākyamuni）‥ix, 2-3, 6-7, 10, 31, 42, 48, 50, 54, 58, 60, 90-91, 94-95, 105, 110, 112-113, 118-119, 141, 153, 158, 213-214, 220
ブッダの教説・本能的実践・精神的実現……………………………1-2, 4
ブッダの弟子……3, 6, 14, 98, 102, 146, 208, 252
智恵（プラジュナー） 2, 79, 86, 128, 156, 203, 227-228, 232, 235-237
清浄な国土へ生まれ行くのは分別が全く及ばないということ………208
変化した体………4, 44, 68, 84, 136, 209, 216, 223, 240
法師………………………………57-58, 62
方便……………………………………233
吼えるライオン………………………15
補助的な道……………………………67
届けることができないもの………133
炎に包まれている家……70, 117, 119, 249

ま行——

学びの途中あるいは学び尽くした……204
マンダ………………………………195
満ちあふれる光………………27-28, 149
三つの経典……………………………98
三つのグループ……64, 140, 142, 231, 250
三つの心（triple mind）……103, 121-122, 138, 150
三つの時空……………………………66
三つの毒矢……………………………169
三つの乗り物……78-79, 137, 150, 204-205
名（みな）……2, 7, 14-18, 20, 27-28, 31, 33, 40-50,

53-54, 56-57, 60-61, 63-67, 69-72, 75, 83, 88-90, 92-94, 103-104, 106-107, 112-114, 119-120, 123, 127, 138, 146-147, 151, 154, 160-161, 199-200, 221, 239, 243, 246, 249

向かっていく働き……………6, 14, 69, 137
無生………………………………49, 114
無知………………………………183-184, 235
無智………2-3, 6, 20-21, 24, 48, 54, 62, 71, 79-80, 86-88, 90, 103, 106, 122, 126, 137, 141-142, 152, 205
瞑想（dhyāna）………………………49, 51
瞑想（meditation）……30, 35, 41, 51, 72, 77, 156, 167, 204
瞑想（samādhi）………39, 49, 59-60, 64, 72, 178, 217-218, 223, 239-240
瞑想における五つの門………………32
瞑想の五つの門………………………34-35
瞑想の経典……41, 44, 65, 82, 110, 119, 149, 155, 159, 163, 195-196, 198, 201, 246, 248
瞑想の経典の解説………………107, 137
瞑想の第三段階（third Dhyāna Heaven）………………………203
妄念（karma）……………………………61
戻ってくる働き…………6, 215-216, 241
ものごとはそれ自体として生ずることはないという智恵……20, 24, 49, 62, 154, 164, 220
他者たちを救済する、そして、他者たちは救済される………………241

や行──

八つの世間的な慣わし………………177
止むことなく生まれ変わり続けている生（transmigration）…………153
有効な根拠………………………………86
指が折れた者……………………………192
ヨージャナ………………………………37, 38
要因……16, 55-56, 58, 60, 73-74, 77, 87, 89, 93, 102, 108, 127, 129, 131, 148-149, 152, 160, 182, 210, 226
抑止効果………………………………201-203
横に跳び超えていく………91-92, 139-140, 148, 150
四つの天界………………………………77
四つの悪言………………………………165
四十八（種）の悲願……47, 49, 53, 65, 75, 81, 110, 201, 203
四種の禁制……………………………114
四種の類の魔の敵……………………189
四種の暴流……………………………152
四種類の価値……………………………20, 22
四種類の智恵……………………………10

ら行──

ローケーシュヴァラ・ラージャという真理から現れた者………………124
ローケーシュヴァラ・ラージャという覚った方……………28, 89, 203, 243
論説の注釈…30, 68, 106, 132, 140, 149, 195, 215-216, 241, 254

鈴木大拙師の『英訳　教行信証』は、宗祖親鸞聖人七百回御遠忌（1961）に際して、当時の宮谷法含宗務総長の依頼により、その英訳に着手され、師の没後は東方仏教徒協会（EBS）に編集が引き継がれ、1973年に親鸞聖人御誕生八百年を記念して刊行されました。

　しかし刊行から時が経過し入手困難となったことから、宗祖七百五十回御遠忌の記念事業として、多方面からの協力を仰ぎ、親鸞仏教センターにおいて編集され、2012年に『鈴木大拙「英訳　教行信証」改訂版』がOXFORD UNIVERSITY PRESS, INC（オックスフォード大学出版局）より刊行されました。

　本書は『鈴木大拙「英訳　教行信証」改訂版』を底本として現代日本語訳をしたものです。

鈴木大拙（すずき だいせつ）

1870（明治3）年、石川県金沢市生まれ。1891年今北洪川に参禅。1892年東京帝国大学哲学科選科入学。1897年渡米。1909年帰国。同年東京帝国大学講師、学習院大学講師。1921（大正10）年真宗大谷大学教授に就任。大谷大学内に東方仏教徒協会を設立、英文雑誌『イースタン・ブディスト』を創刊。1946（昭和21）年財団法人松ヶ岡文庫を創立。1949（昭和24）年文化勲章受賞。同年より1958年まで米国に滞在し、コロンビア大学他で仏教哲学を講義。1956（昭和31）年宮谷法含宗務総長から『教行信証』の翻訳を依頼される。1960（昭和35）年大谷大学名誉教授となる。1961年英訳『教行信証』の草稿完成。1966（昭和41）年7月12日逝去。

〈主な著書〉
『禅の研究』、『浄土系思想論』、『日本的霊性』、『仏教の大意』、『東洋と西洋』、『妙好人』、『鈴木大拙選集』等多数。英文著作も『大乗起信論』、『楞伽経の研究』等がある。

親鸞『教行信証』（現代語訳）
――鈴木大拙の英訳にもとづく現代日本語訳――

2015（平成27）年11月28日　初版第1刷発行
2019（平成31）年3月28日　初版第2刷発行

編　　集　親鸞仏教センター
発 行 者　但馬　弘
発　　行　東本願寺出版（真宗大谷派宗務所出版部）
　　　　　〒600-8505　京都市下京区烏丸通七条上る
　　　　　　　　TEL 075-371-9189（販売）
　　　　　　　　　　 075-371-5099（編集）
　　　　　FAX 075-371-9211
　　　　　E-mail shuppan@higashihonganji.or.jp
　　　　　真宗大谷派（東本願寺）ホームページ
　　　　　http://www.higashihonganji.or.jp/

印 刷 所　中村印刷株式会社
装　　幀　株式会社 ザイン

© Matsugaoka Bunko 2015 Printed in Japan
ISBN978-4-8341-0497-4 C0015

詳しい書籍情報は　　　　　真宗大谷派(東本願寺)ホームページ
　東本願寺出版　検索　　　　真宗大谷派　検索

乱丁・落丁本の場合はお取り替えいたします。
本書を無断で転載・複製することは、著作権法上での例外を除き禁じられています。